中日近代化道路的比较研究

东方文化圈内的不同趋向

王少普 著

上海社会科学院出版社

目 录

前言 ··· 1

上 编

第一章 中日土地制度的区别 ··· 3
  一、"硬化"的私有地产和可以流动的私有地产 ························· 3
  二、具有等级结构的领主土地所有制及未形成等级结构的地主
      土地所有制 ··· 7
  三、有限制的土地所有权和较完全的土地所有权 ······················ 10
  四、与土地联系松散的领主及与土地联系密切的地主 ················ 14

第二章 中日小农经济的区别 ··· 16
  一、经济地位较为稳定的本百姓与极易分化的自耕农 ················ 16
  二、较易分解的小农经济结构与具有更大凝固性的小农经济结构 ··· 22
  三、基本实现了向商品经济小生产转化的日本农民与仍然处于
      自然经济形态的中国农民 ··· 32

第三章 日本商品经济与中国商品经济的区别 ····························· 45
  一、商品经济的发展对中日两国封建社会所发生的作用存在
      明显差异 ··· 45
  二、日本在江户时代中期已形成统一的国内市场,而中国在
      鸦片战争前,仍多为分散的小市场 ··································· 49

第四章　中日两国政治体制的区别 …… 54
一、双轨制政体与以皇帝为中心的单一政体 …… 54
二、分封制与郡县制 …… 58
三、世袭身份制与可以变动的等级制 …… 61
四、以上层本百姓为主的基层统治机构与以地主士绅为主的基层统治机构 …… 63

第五章　中日两国在意识形态方面的区别 …… 66
一、儒学在两国统治地位之牢固程度的不同 …… 66
二、中日两国对西方近代文化的态度存在较大差异 …… 75

下　编

第六章　在西方列强入侵的形势下，幕藩统治者与清廷面临危机的区别 …… 85
一、西方列强的入侵对中日两国造成不同程度的震动 …… 85
二、西方列强的入侵对中日两国原有的经济基础造成不同的影响 …… 93

第七章　日本幕藩改革与中国洋务运动的政策区别 …… 105
一、日本幕藩改革一开始提出了改革旧的政治体制的要求，而中国洋务运动基本不包含类似的内容 …… 105
二、日本幕藩改革鼓励发展商品经济；中国洋务运动虽有"振兴商务"的主张，但始终未成为清政府的主要经济政策 …… 111

第八章　日本幕藩改革与中国洋务运动开始前后，西学在中日两国传播程度及所起作用的区别 …… 116
一、西学在日本比在中国获得更为及时而有效的传播 …… 116
二、宣传"师夷长技以制夷"思想的《海国图志》在日本引起广泛共鸣，在中国却难以发挥同样影响 …… 121
三、西学在日本更为及时而有效的传播，对日本的改革发挥了重要的促进作用；而中国的洋务派基本未突破"中体西用"观的限制，没有也不可能促使洋务运动向更为深入的方向发展 …… 124

第九章　日本幕藩改革与中国洋务运动时期阶级关系的不同变化 ……… 130
　一、日本幕藩改革时期阶级关系的变化 ……………………… 130
　二、中国洋务运动时期阶级关系的变化 ……………………… 160

第十章　日本幕藩改革与中国洋务运动的不同转变 …………… 167
　一、日本幕藩改革转变为明治维新，中国洋务运动没有类似转变 …… 167
　二、中国的维新派缺乏日本以下级武士为主的急进改革派那样的力量，未能完成维新任务 ……………………………………… 176

第十一章　结论 ………………………………………………… 183

前　言

19世纪60年代前后,是中日两国向近代化发展的重要时期。在这一时期,日本实行了幕藩改革,并在幕藩改革之后,促成了资产阶级性质的明治维新,使日本逐步走上了独立发展资本主义的道路。在同一时期,中国发生了洋务运动,但继洋务运动之后发生的资产阶级性质的戊戌维新却失败了,中国未能如日本那样避免半殖民地半封建社会的厄运,走上独立发展资本主义的道路。

为什么曾经在长时间内以中国为主要学习对象的日本,到了近代,在发展道路上会与中国出现明显的区别？这是一个早已引起人们关切的问题。戊戌维新失败不久,梁启超在《新党某君上日本政府、会社论中国政变书》中便就此作过探讨,他认为原因是国际、国内两方面的。就国内而论有三:(1)"贵邦幕府虽威福久积,然于皇室则有君臣之分。敝邦西后则朝权久据,且于皇上冒母子之名。故讨逆幕,则天下之人皆明其义。语及西后,则天下之人或疑其名。"(2)"贵邦天皇与将军,一居京都,一居江户,不相逼处。故公卿处士之有志者,得出入宫禁,与天皇从容布置,而幕府无如之何。敝邦则皇上与西后同处一宫,声息相闻,且皇上左右皆西后之私人,皇上所有举动,西后无不立知。""一旦废立,即使外省有举义之兵,兵未及京都而彼已可立置皇上于死地,是皇上直为西后质子也。"(3)"皇上手下无尺寸之兵柄,与当时贵国之皇室略同。然当时贵国有萨长土佐诸藩相与夹辅,故虽藉处士之功,尤赖强藩之力。藩侯自君其国,经数百年,本藩之民皆其赤子,彼一举义,幕府无如之何。""敝邦则不然,各省督抚数年一任,位如传舍,顺政府之意,则安富尊荣,稍有拂逆,授意参劾,即日罢官矣。""处士以一身毫无凭藉,惟有引颈就戮而已。"就国际而论,"贵邦三十年前,外患未亟,其大忧仅在内讧,故专恃国内之力,而即可底定。敝邦今日如一羊处于群虎之间,情形之险,百倍贵国。"①看法不无见地,但涉及的主要是一些促成戊戌维新失败的直接因素,没有也不可能揭示出更带根本性质的原因。当然,这是我们不能苛求于前人的。

1949年后,我国史学界有学者相继对上述问题作了进一步探讨。就研究方法而言,大致有两种,一种是将中国的洋务运动与日本明治维新加以比较,在这种类型的比较中,由于研究者的目的不同,得出的结果也不同。一部分研究者以明治维新推行的资产阶级性质的变法政策,与洋务运动期间实施的政策加以比较,由此证明中国洋务运动的落后性;还有一部分学者以明治维新期间日本的国际国内条件与洋务运动期间中国的国际国内条件加以比较,以此证明并非中国的洋务派不思振作,而是由于国际国内条件的限制,使他们无法促成明治维新那样的转变。应该说,将中国的洋务运动与日本的明治维新加以比较的做法并非完全没有意义,但这种做法带有很大的局限性。造成这种局限性的根本原因在于洋务运动与明治维新不是同一性质、同一层次的运动。由于低层次运动的发展程度理所当然地不及较高层次的运动,因此证明了洋务运动比明治维新落后,对深入认识两国特殊的发展规律并不具有那么重要的意义。通过比较洋务运动与明治维新期间中日两国国际国内条件的区别,来说明不应将洋务运动的落后过多地归咎于洋务派,虽然在揭示洋务运动的落后原因上深入了一些,但由于论证的仍然是洋务运动比明治维新落后这样的常识性主题,因此同样无法在根本上为人们多提供一些东西。显然,由于上述局限性,将洋务运动与明治维新加以比较的做法,难以深入而正确地揭示19世纪60年代前后中日两国发展道路的区别及其原因。

有一些学者注意到了将洋务运动与明治维新加以比较的做法的局限性,主张对于具体的某一场运动,只应同相应层次的运动作比较,因而认为中国的洋务运动应同日本的幕藩改革相比才较为适当。应该说,这种类型的比较在方法论上比前一种做法高明,但注意到了比较对象的相应性,仅仅解决了正确选择参考系的问题,并非同时解决了如何将相应对象加以正确比较的问题。

---

① 中国史学会主编:《中国近代史资料丛刊·戊戌变法》(二),上海人民出版社1957年版,第601—608页。

笔者认为,要将相应对象加以正确比较,至少有三点是应该做到的:其一,注意选择足以暴露双方矛盾发展特殊性质的发展过程加以比较。中日两国具有近代意义的较大规模的发展,分别是以洋务运动和幕藩改革开其端的,而其发展道路之根本区别的明显暴露,则是以日本明治维新的成功和中国戊戌维新的失败为标志的。因此,要揭示19世纪60年代前后中日两国发展道路的区别及其原因,仅仅将洋务运动与幕藩改革加以比较,或者仅仅将戊戌维新与明治维新加以比较都是不充分的,而必须将洋务运动与幕藩改革,戊戌维新与明治维新同时加以比较。其二,避免作孤立的、线性发展的比较。人类社会是包括各种层次和多侧度关系的综合的多系统现实,而每一社会组织在世界范围中(特别是当着资本主义使世界各国之间建立起一种有机联系时)也不过是一个子系统。因此,要正确揭示两个国家在同一历史时期的类似运动导致的不同结果及其原因,仅仅着眼于这些运动的本身是不行的,还必须联系国际环境及两国社会结构的总体差别进行比较。其三,在运动中把握比较对象,注意事物发展过程中前后阶段的内在联系。事物的矛盾运动是作为过程展开的。在事物矛盾运动的过程中,随着诸多矛盾某些方面和某些性质的变化,事物矛盾运动的过程会显出阶段性,但阶段与阶段之间并非截然分开,而存在密切的内在联系,前一阶段的矛盾运动,为后一阶段的继续发展提供了根据。因此,要搞清洋务运动与幕藩改革的区别,就必须搞清洋务运动与幕藩改革前中日两国发展状况的区别;要搞清明治维新与戊戌维新之所以一成一败,就必须搞清幕藩改革与洋务运动的发展各具怎样的特殊性。总之,必须防止将幕藩改革与明治维新,洋务运动与戊戌维新各自作为绝对独立的发展阶段看待,而力求在运动中把握比较对象,注意事物发展过程中前后阶段的内在联系。

上述认识,是笔者研究19世纪60年代前后中日两国发展道路的区别及其原因的方法论基础。

从以上认识出发,19世纪60年代前后,中日两国国际条件的区别,应是重要的研究内容之一。但是在本书中,笔者不打算对此作深入探讨,原因有四:(1)笔者认为19世纪60年代前后,尤其在日本的幕藩改革与中国的洋务运动发端之时,中日两国所处的国际条件不具有本质的区别。这时的世界,由于资本主义生产关系在欧美若干国家首先获得突破性发展,正在发生急剧的变化,这种变化的根本特征如马克思所说:"资产阶级由于一切生产工具的迅速改进,由于交通的极其便利,把一切民族甚至最野蛮的民族都卷入到文明中来了。它的商品的低廉价格,是它用来摧毁一切万里长城,征服野蛮人最顽强的仇外心理的重炮。它迫使一切民族——如果它们不想灭亡的话——采用资产阶级的生产方式;它迫使它们在自己那里推行所谓文明制度,即变成资产者。一句话,它按照自己的面貌为自己创造出一个世界。"①中日两国作为落后的东方国家,面临着的都是上述性质的挑战。(2)当然,由于中日两国战略地位的不同,由于国际条件的某些具体差别,19世纪60年代前后,西方列强给予中日两国的侵略压力,在程度上是不同的,对此必须加以注意。关于这个问题,中外学者已有论述,例如日本羽仁五郎先生指出:英国由于在中国太平天国的人民革命中"已有痛苦的经验","在墨西哥也有不能忘怀的教训",因而对日本采取了慎重态度,力求促成自上而下的改革。1863年,英国驻日全权公使拉兹福特·奥尔考克便说:"我们与日本之间也不断产生着实际上的对立日趋尖锐化的危险。尽管我们在外交上作出种种的努力以求避免这种危险,但如果终于酿成战争的话,无疑将是日本遭到败北而被我们征服。可是在征服者与被征服者之间的那种露骨的关系下面,两国的民族不同,性格不同,彼此的目的、想法以及理解方法都有显著的不同,这样的两个国家一旦发生冲突进行战争之后,显然不能再融洽地相处下去。"因此"只要该国的民众还存在着亚洲人特有的刚强的性格,只要他们进行决定性的反抗,只要有叛乱、暴力或恐怖主义的危险,我们就应当极其慎重地寻求一种正确的解决办法"。②这种态度使日本反幕派在发动倒幕斗争时易于争取到较好的国际环境。(3)尽管西方列强给予中日两国的侵略压力在程度上的不同,会对中日两国在19世纪60年代前后的不同发展产生一定影响,但这种影响必须通过中日两国内部的矛盾运动发生作用。例如,在日本,由于英国侵略政策的变化和英法对立,使反幕派争取到英国支持,加速了反幕斗争胜利的步伐。而中国在戊戌维新时,不是没有列强之间的矛盾可以利用。中日战争后,李鸿章所主持的清廷外交政策的主要意图

---

① 《共产党宣言》,见《马克思恩格斯选集》第一卷,人民出版社1966年版,第243页。
② 羽仁五郎:《日本人民史》(中译本),生活·读书·新知三联书店1958年版,第50页。

是拉拢帝俄,以平衡日本的势力。这种外交政策,引起了英、日等国的警惕,为了防止帝俄势力扩大,损害它们的在华利益,英、日对受帝党支持的维新派采取了同情和拉拢的态度,日本特务游说过谭嗣同。谭嗣同对此作过如下记述:"鄙人顷在湖北,晤日本政府所遣官员三人,言中、日唇齿相依,中国若不能存,彼亦必亡。故甚悔从前之交战,愿与中国联络,救中国亦自救也。并闻湖南设立学会,甚是景仰。自强之基,当从此起矣!"①伊藤博文曾在戊戌维新期间来华,并觐见光绪,向光绪表示:"苟有利于贵国者,必诚心具陈。"②如果当时的维新派自身有力量的话,未必不能像日本的反幕派一样,利用列强矛盾,增强反对守旧势力、实行维新变法的力量。但是中国的维新派太弱了,伊藤博文觐见光绪的第二天,戊戌政变就发生了,维新派被慈禧太后轻而易举地打入血泊之中。伊藤博文闻讯,不禁慨叹:"太迟了,皇帝没有军权是不能做事的。"③在这种情况下,中国的维新派根本谈不上利用列强矛盾。(4)笔者同意王亚南先生1957年所提出的观点:"外力的束缚当然是大家可以不假思索而举出的答案。但我们稍读一点近代史,便知道除英、法这两个国家外,一切较后发达的近代国家,如德、美、日、俄等,它们向着现代的路上走,都曾受到外力的压制,所以把这种维新无效、改革无成的责任,完全诿诸外力,似乎不尽切合事实。本来,叫压迫束缚我们的外力,多担当一点责任,也并不是一件怎样说不过去的事,但最可虑的是,这样一种想法或认识,会妨碍我们去反省去探究那种阻碍现代化进行的其他较基本的或与外力同样重要的原因。"④

鉴于上述原因,笔者在论述19世纪60年代前后中日两国发展道路的区别及原因时,将把重点放在中日两国的内部因素上。全书共分两编十一章。上编比较中日两国社会总体结构的区别,下编比较中国从洋务运动到戊戌维新与日本从幕藩改革到明治维新发展过程的区别,以期从中寻找出一些规律性的东西。

---

① 《中国情形危急》,见《谭嗣同全集》第一卷,中华书局1958年版,第127—128页。
② 平塚笃:《续伊藤博文秘录》,东京春秋社1990年版,第129页。
③ 中国史学会主编:《中国近代史资料丛刊·戊戌变法》(三),上海人民出版社1957年版,第565页。
④ 《中国半封建半殖民地经济形态研究》,人民出版社1957年版,第39页。

上　编

第一章
中日土地制度的区别

封建社会的土地所有制中,占主导地位的是封建主的大土地所有制。但是,封建主的大土地所有制在不同的民族和国家中,由于条件的差异,会采取不同的具体形态。日本封建主的大土地所有制主要为领主土地所有制,如北岛正元先生指出的:"16世纪以后的日本,废除了以前居于土地所有体系之顶点的都市贵族的土地所有……使土地所有形态变成一元化的领主的土地所有。"①中国封建主的大土地所有制则主要为地主土地所有制②。这是两种在具体形态上表现出很大区别的封建主的大土地所有制。本章着重比较这两种土地所有制的区别。

一、"硬化"的私有地产和可以流动的私有地产

日本领主土地所有制下的私有地产,近似于马克思所说的西欧中世纪领主那种成为"已经硬化了的私有财产"的领地。③除了幕府对各大名领地进

---

① 北岛正元:《土地制度史》Ⅰ,《体系日本史丛书》7,山川出版社昭和五十五年九月版,第5页。
② 关于这一点,中国史学界尚有争议,侯外庐先生认为中国封建社会中占主导地位的土地所有制是封建国家所有,即以皇族地主的土地垄断制为主要内容,但侯外庐先生将这种土地所有制占主导地位的时期限定在明末清初以前,认为其后"更名田"的立法则"可以作为废除皇有或官有的土地所有制去看待"(见《中国封建社会史论》第15页)。承认中国封建社会的土地国家所有制在衰落,到清初已不起主导作用,而本编主要目的是论述近代之前中日社会结构的总体区别。因此,关于中国封建社会土地所有制问题的分歧意见,不会影响本文以地主土地所有制为中国封建主的大土地所有制主要内容的立论。
③ 中央编译局:《马克思恩格斯全集》第一卷,人民出版社1960年版,第369页。

行改易和减封①外,各大名的领地一般不发生扩大或缩小的现象。造成这种私有地产"硬化"的基本原因有二:

1. 土地主要由长子继承。

日本的家族是一种家长制严明的直系家族,其核心关系,不是夫妇关系,而是父子关系。在这样的家族中,继承整个家族、接替家长地位、继续行使户长权利和义务的,一般都是长子。与这种情况相适应,土地与财产也由长子优先以至全部继承。

上述制度不但适用于武士阶层,也推广至本百姓。延宝元年(1673年)六月,幕府发布《分地制限令》,规定名主百姓拥有田地在二十石以下者,一般本百姓拥有田地在十石以下者,不准实行分割,而只能由长子继承②。

2. 土地不许买卖。

宽永二十年(1643年)三月,幕府颁布《禁止田地永久买卖法令》。所谓"田地永久买卖",是相对"本物返"和"年季卖"这两种田地抵押方法而言的。"本物返"是指田地的使用权抵押出去,还本金后,田地使用权归属原主。"年季卖"指在一定的期限内将田地使用权抵押出去,到期后田地使用权归属原主。"田地永久买卖"则是将田地使用权永久地转让出去。德川幕府时期只禁"田地永久买卖",不禁"本物返""年季卖"。《禁止田地永久买卖法令》包括两部分。第一部分向代官和百姓明确表示禁止田地永久买卖。该法令命令代官说:"富裕的百姓买取田地,越来越富,而贫穷的百姓卖出田地,日子越来越不好过,因此今后禁止买卖田地。"对百姓则简单宣布:"不准田地永久买卖。"第二部分是对违反《禁止田地永久买卖法令》者的处罚条例,共有四条:(1)对卖地者,给以入狱至流放的处罚;如本人死亡,由子女顶罪,受同样处罚。(2)对买地者,给以入狱的处罚;如本人死亡,由子女顶罪,所买田地由卖地者所属领主没收。(3)在土地买卖中充当证人者,给以和买主一样的处罚,但本人如死亡,不由子女顶罪。(4)禁止"赖纳买",即不许抵押者将年贡③诸役随抵押田地一起抵押出去,以至使收押者得以获取抵押田

---

① 改易,取消封地;减封,减少封地。
② 北岛正元编:《土地制度史》I,山川出版社1975年版,第86页。
③ 年贡:日本庄园领主或封建领主从农民处收取的贡物,以后租税化了。德川幕府时期领主征收的年贡以米为主,为一般农民收获量的四成乃至六成。

地上的全部收获物。否则,将按"田地永久买卖"者一样处罚。①

宽文六年(1666年)又规定:百姓进行土地抵押时,除以普通百姓作为证人外,还必须请名主、组头等村役人担任证人,以加强对土地抵押过程中非法行为的监督。②

从《禁止田地永久买卖法令》的具体内容可以明显看出,幕府之所以禁止田地永久买卖③,一方面是为了防止因两极分化而出现年贡主要承担者——本百姓④数量减少的情况,另一方面则是为了保护领主阶级的土地所有权及年贡征收权不受侵犯。例如有了处罚条例的第二条规定,就可以防止将军的领地转入大名,也可以防止各大名间领地的相互转入,从而保证将军和各大名能够稳定地占有土地;而有了处罚条例的第四条规定,就可以防止本百姓以抵押田地的方式脱逃年贡诸役,使将军和各大名的年贡征收权不致受到富裕本百姓和商人的损害。

到17世纪中叶后,随着农业生产力及商品经济的发展,日本部分农民手中的剩余生产物增加,农村的贫富分化现象越趋明显。在这种情况下,农民通过抵押方式转让土地使用权的日益增多,其中有一部分贫苦本百姓破产后无力赎回押出的土地,往往致使这部分土地"当死",这种土地抵押实际上相当于"永久买卖"。伴随这种情况的出现,仅仅禁止田地永久买卖已不足以稳定领主对土地的占有。贞享四年(1687年)十一月,幕府除再次重申禁止田地永久买卖的法令外,又就田地抵押作了若干新规定,具体内容如下:(1)押出田地的本百姓破产时,如该田地的抵押采取的是"年季卖"的形式,在所规定的期限内,该田地由押入的农民耕种,超过规定的期限后,该田地由领主没收。(2)押出田地的本百姓破产时,如该田地在抵押时未明确抵押期限,立刻由领主没收。(3)抵押田地时,要至代官所告知役吏。⑤元禄七年

---

① 北岛正元编:《土地制度史》Ⅰ,山川出版社1975年版,第74—75页。
② 日本近世中期的法令集《御当家令条》第二五八号,转引自日本平凡社编纂《世界大百科事典》1972年版。
③ 由于土地所有权归领主,因此对本百姓来说,所谓"永久买卖",实际上意味着土地使用权的永久性有偿转让。
④ 登录于领主"检地账"上,承担年贡缴纳义务的日本农民。
⑤ 《德川禁令考》,见《御当家令条》第二一一二号,转引自日本平凡社编纂《世界大百科事典》1972年版。

(1694年)幕府又对田地抵押的期限作了限制：(1)禁止无期限地抵押田地。(2)田地抵押期限不得超过十年。①

到延享元年(1744年)五月,由于农村土地使用权的实际转让伴随着商品经济的发展仍然在顽强增长,形成一股重罚也无法遏止的势头。在这种情况下,幕府为了缓和与日益发展起来的新兴地主的矛盾,不得不将土地政策作一定程度的变更,例如将违反《禁止田地永久买卖法令》者的处罚条例作如下修改：(1)原规定对卖地者给以入狱至流放的处罚,现改为科以罚金。(2)原规定对买地者给以入狱的处罚,所买田地由卖地者所属领主没收,现改为仅将所买田地没收,不再对买地者给以入狱的处罚。(3)原规定对在土地买卖中充当证人者,给以入狱处罚,现改为科以罚金。(4)原规定搞"赖纳买"者与"田地永久买卖"者同罪,现改为对"赖纳买"双方科以罚金,没收所押土地,撤销在"赖纳买"证书上盖印之名主百姓的职务,训斥证人。修改后的条例,显然比原条例宽松得多,但从中仍然可以清楚地看到,幕府并没有放弃禁止土地永久买卖的原则。同年六月,当大冈越前守、岛长门守、水野对马守建议撤销《禁止田地永久买卖法令》时,将军德川吉宗立即指出："如果将田地永久买卖的处罚完全取消,百姓未必都懂规矩,迷于眼前得失而出卖土地者也会有吧！所以还是保留轻罪为好。"②从形式上说,《禁止田地永久买卖法令》直到明治五年(1872年)才被正式废除,所以在整个德川幕府时期土地的自由买卖都是非法的。

中国封建社会在土地继承与买卖方面实行的政策与日本有很大不同。

就土地继承而言,中国封建社会实行的不是长子继承制,家长死后,由各子分户析产。乾隆六十年《大清律例》规定："嫡庶子男,除有官荫袭先尽嫡长子孙,其分析家财田产,不问妻、妾、婢生,止以子数均分。奸生之子,依子量与半分；如别无子,立应继之人为嗣,与奸生子均分；无应继之人,方许承继全分。"③

就土地买卖而言,早在战国时期,中国封建社会就有允许土地买卖的记

---

① 《江户幕府法令》,见《日本村政史资料》第81页。
② 石井良助编纂：《德川禁令考》后集第二,日本创文社1959年版。
③ 《大清律例》,乾隆六十年本,卷八,第32页。

载。赵括便曾以国君所赐金帛"日视便利田宅可买者买之"。①秦汉以后,土地买卖更成普遍存在的事实。乾隆六十年《大清律例》规定:"嗣后民间置买产业,如系典契,务于契内说明回赎字样;如系卖契,亦于契内注明绝卖永不回赎字样。""卖产立有绝卖文契,并未注有找贴字样者,概不准贴赎。如契未载绝卖字样,或注定年限回赎者,并听回赎。"②承认土地所有权可以经过买卖转移,并对经过买卖转移的土地所有权加以保护。1889年,英国皇家亚洲学会中国分会在调查中国土地买卖及典当情况后也指出:在中国,"按一般惯例,所有土地可以绝卖;或者立契出典。"③

由于中国封建社会的土地不实行长子继承制,又可以买卖,因而中国很难形成长期稳定的土地占有状况,私有地产可以流动,而不像日本那样"硬化"。所以封建中国有"百年田地转三家","千年田,八百主"等不少反映私有地产变动不居的俗语。

二、具有等级结构的领主土地所有制及未形成等级结构的地主土地所有制

日本封建社会的领主土地所有制具有严格的等级结构。这种等级结构形成于织田信长、丰臣秀吉时期,在德川幕府时期则被进一步严密化、系统化。

这种领主土地所有制的严格等级结构,首先表现为全体社会成员被身份制划分成不同的社会等级,只有其中的最高等级才能领有土地。

日本身份制规定的社会等级为:士、农、町人(工、商),其下则为秽多、非人。

士即武士。这是日本近世封建社会中享有特权的贵族阶层。日本全国的土地基本由这个社会等级的最上层——将军和大名占有。德川幕府初期,大名有二百余人,至中期为二百六十至二百七十人。④将军和大名在自己

---

① 《廉颇蔺相如列传第二十一》,见《史记》卷八十一,中华书局1959年版,第2447页。
② 《大清律例》,乾隆六十年本,卷九,第19、17页。
③ 《英国皇家亚洲学会中国分会会报》卷二十三,第146—148页。
④ 日本教学研究社编:《历史中学事典》,日本教学研究社1992年版,第280页。

的领地上向农民征收年贡,年贡是地租与赋税的合一。除了旗本等部分高级武士,等级较低的武士不能直接拥有土地,但他们从将军和大名那里获得的俸禄来自年贡,是地租与赋税的转化物。

农主要指的是本百姓。这部分人中的大多数是独立经营一町左右的土地,拥有自己的住宅,以单婚家庭劳动为主体的小农。他们所经营的土地在法权上都不归他们所有,他们只是经过领主允准,取得部分土地的世袭使用权。1750年,松江藩在向农民颁布的法令中便明确指出:"国中全部土地皆属公物,非下可私之者。"①

町人一般指手工业者和商人。1643年,幕府公布有《禁止田地永久买卖法令》。因此,在原则上,从事工商业的町人是不大可能获得土地的。以后,随着商品经济的发展,町人实力增强,有些商人通过投资开发新田及典当,实际上占有了一部分土地,但这部分土地在法权上同样不归他们所有。

秽多、非人是身份极其低下的"贱民"。秽多只允许居住在生活条件极为恶劣的河滩、山谷等处,从事屠宰、制革等所谓的下贱工作。非人来自百姓、町人等级,有的因贫困沦落,有的是犯罪被贬,只能靠乞讨为生,当然更谈不上拥有土地。

领主土地所有制的严格的等级结构,还表现为武士阶层内部根据等级高低对土地进行的封建授受关系。武士阶层内部划分为二十几个等级,居于顶端的是将军,其次为大名;直属于幕府的武士中,有资格谒见将军的称为旗本,没有资格谒见将军的称为御家人;隶属于各大名的武士称为陪臣;武士中级别最低的是各藩的足轻。将军拥有全国最大的领地,其次是各藩大名。直属将军的武士,即旗本和御家人中,有一部分被将军赐给采邑,称为"知行所"和"给地",因而也拥有领地;其余的则仅领取禄米,称为"切米"和"扶持方"。各藩的陪臣中被赐予领地和领取禄米者的比例不一,多数藩在成立初期将领地的70%—80%封给陪臣作为知行地,20%—30%作为藩的直辖领地,即藏入地。以后,知行地逐渐减少,藏入地增多,两者的比例接近一比一,甚至更低些。因此,到近世后期,就总数而言,领取禄米者要超过

---

① 儿玉幸多:《近世农民生活史》,吉川弘文馆1958年版,第28页。

被赐予领地者,有的藩全部陪臣都领取禄米。①

马克思指出:"封建的土地所有权(feudale Grundeigen-lum),像君主国授与名义给君主一样,授与名义给他的主人(指土地占有者,如领主)。他的家庭底历史,他的门第历史等等,这一切给他把土地占有权个性化起来,并且把土地占有权正式地弄成他的门第,弄成一个人格。"②日本的领主土地所有权类似这种以土地的封建占有为基础的、通过封建的权力授受而形成的具有严格等级结构的特殊的土地权利。

中国的地主土地所有制未形成日本那样严格的等级结构。

中国封建社会也有等级制度,存在封建国家将土地封赐给贵族、勋臣、官僚的情况。例如清时皇族宗室、觉罗便由清廷分给大量庄田。被封为"衍圣公"的曲阜孔子后裔,也由清廷钦赐大量土地作为祭田、孔林地、庙基地、学田等,公爵世袭罔替,土地累代相传,但是中国封建社会不像日本那样将全国土地全部逐级封赐,土地可以自由买卖。特别是在土地商品化程度进一步提高的封建社会后期,地主获得土地的多少主要取决于其经济力量的大小,而不取决于等级的高低。因此,中国封建社会官僚缙绅的等级特权主要表现为在法律和赋役方面享受的特殊待遇,而不表现为按等级占有土地,所谓"随田之在民者税之,而不复问其多寡"。③例如乾隆年间江苏海州孟思鉴拥田五千余亩④。嘉庆年间湖南衡阳县木商刘重伟子孙拥田至万亩。⑤道光年间江苏吴江县沈懋德拥田万余亩。⑥直隶静海县娄步瀛拥地四十余顷。⑦湖南武陵县丁炳鲲拥田四千亩以上。⑧这些占有大量土地的地主都不见有缙绅身份记载。可见,在中国封建社会等级关系和土地间并没有直接的联系,中国的地主土地所有制没有形成如日本那样严格的等级结构。

---

① 古岛敏雄:《近世经济史的基础过程》,岩波书店1978年版,第11页。
② 马克思:《经济学—哲学手稿》(中译本),《马克思恩格斯全集》第42卷,中共中央马恩列斯著作编译局译,人民出版社1979年版,第46页。
③ 马端临:《通考·自序》,见中华书局影印之商务印书馆1936年的万有文库"十通"本。
④ 威妥玛(T.F.Wade)辑:《文件自迩集》,别发洋行1905年版,第150页。
⑤ 彭玉麟等:《衡阳县志》,同治年版卷十一,第5页。
⑥ 熊其英等:《吴江县续志》,光绪年版卷十九,第5页。
⑦ 中国社会科学院藏《京报》第五册。
⑧ 中国社会科学院藏《京报》第八册。

三、有限制的土地所有权和较完全的土地所有权

日本幕藩制国家是以对本百姓的直接剥削为基础的。本百姓附属于土地，无论将军还是大名必须直接领有土地才能实现对本百姓的剥削。这种体制本身决定了将军与大名之间必然存在着对土地所有权的激烈争夺，而德川幕府时期之所以允许大名领地特别是外样大名领地与天领①同时存在，在很大程度上是由于德川幕府虽然比其他领主强大，但还不具备将所有的外样大名都加以消灭的力量。在当时的外样大名中不但存在为数不少的拥有数万至数十万石领地的领主，而且还有加贺（石川县）的前田、萨摩（鹿儿岛县）的岛津那样拥有上百万石领地的强大领主。幕府第三代将军德川家光曾对各外样大名说起幕府初期将军对各外样大名的态度："我的祖父（家康）和父亲（秀忠），过去不仅和你们是友人，还因你们的协力得以夺取天下。因而待你们如宾客，若知道你们来到江户，便派幕府官员去接，有时还亲自出迎。"②这种微妙态度，恰恰反映出在将军心目中各外样大名是不容轻视的力量。在这种情况下，为了巩固统治全国的地位，幕府不得不以外样大名臣服为条件，用授与的名义承认他们对实际占有领地的所有权，同时分封亲藩大名和谱代大名，用以藩屏幕府并监视外样大名。

这使将军与各大名对土地的所有权都受到程度不同的限制。

就将军而论，在名义上全国的土地都归其所有。延宝五年（1677年）藤堂藩主在"触书"中便说："我等是暂时的国主，田地是朝廷（幕府）的财产。"③但在实际上，德川幕府直接控制并收取年贡的领地仅是天领，而对各大名的领地只能行使间接控制权，各大名对幕府没有纳税的义务，他们在各自的领地上收取的年贡供自己及其家臣团分配使用。

就各大名而论，他们的领地是由将军授与的，即使是"从祖先以来靠实力获取的领地"，也"必须由将军重新确认"。④各大名经将军确认的领地所有权并非世代有效，在将军更替时，各大名必须将"知行目录"送交幕府，对新

---

① 德川将军所拥有的领地。
② 高木卓：《日本的历史》卷三：《士、农、工、商》，日本读卖新闻社1972年版，第120页。
③④ 古岛敏雄：《近世经济史的基础过程》，日本岩波书店1978年版，第10页。

任将军表示臣服,再由新任将军发放"领知朱印状"(领地证明书),对领地所有权重新加以确认。1616年德川家康死,第二年4月,二代将军德川秀忠便下令:"择吉日授予诸大名领知朱印状。"①以后,历代将军继位时,都举行类似仪式。大名们对自己的领地所有权必须得到将军确认这一点是很明确的,冈田藩主池田光政便说:"上样(将军)承天之意治理全日本的人民;国主(大名)由上样授与得以治理一国的人民。"②

因为各大名的领地是由将军授与的,将军对各大名的领地拥有改易、减封、所替权力③。为了加强对各大名的控制,将军很乐意使用上述权力,《庆安御触书》中便规定:"地头(领主)是变更的,百姓以不变更其名田为便。"④据统计,关原之战后,石田三成一派的大名被取消武士资格、没收领地的有九十一家,达四百二十万石,被减封的大名为四家,达二百二十一万石。大阪之战后,被改易、减封的大名为三十五家,达三百十七万石。由大阪之战后到德川家光晚年被改易、减封的大名共有八十六家,达八百五十万石。外样大名们还常被"所替"到东北,或者四国、九州等边远地方。甚至像松平忠明家这样的谱代大名,在二百年间,领地也被所替十三次。⑤

大名们对他们陪臣的领地拥有同样的权力。陪臣的领地是由大名授与的,在大名更替时,陪臣必须呈递誓文,重新确认主从关系,以继续获得领地所有权。

各大名为了获得将军对其领地所有权的确认,必须承担一定的义务,这种义务主要有军役、参觐交代、普请等项。

军役是指发生战争时,各大名负有向幕府提供"军役人员"的义务。该制度建立于丰臣秀吉时期,规定各大名的领地分为军役高(负担军役的领地)和无役高(不负担军役的领地)两部分。据统计,当时无役高在各大名整个领地中所占的比例为百分之十四弱到百分之三十三点九不等。以毛利辉元家为例,其九十四万四千石领地中二十一万石为无役高,另外七十三万四

---

① 朝尾直弘:《锁国》,小学馆1977年版,第115页。
② 北岛正元:《土地制度史》I,山川出版社1975年版,第4页。
③ 所替,调换封地。
④ 古岛敏雄:《近世经济史的基础过程》,日本岩波书店1978年版,第9页。
⑤ 高木卓:《日本的历史》卷三:《士、农、工、商》,日本读卖新闻社1972年版,第122页。

千石为军役高,无役高在其全部领地中所占的比例为百分之二十二。①可见各大名的大部分领地属于军役高,必须负担军役。各大名向幕府提供"军役人员"的数额按军役高摊算。丰臣秀吉时期一般每百石提供四至五人。例如,1589年丹后细川家拥有军役高八万石,提供军役人员四千人;因幡宫家拥有军役高四万石,提供军役人员二千人。1591年筑前小早川家拥有军役高二十万石,提供军役人员八千人。②德川幕府时期曾分别于1605年、1616年、1633年、1649年,多次公布军役令,规定各大名的军役负担,后期一般为每五百石提供军役人员四至五人。③

参觐交代制是由向大名、家臣索取人质的作法演变而来的。向大名、家臣索取人质的做法始于丰臣秀吉时期。1589年丰臣秀吉借口:"诸国大名都以女子同道以聚乐",命令"今后应让她们在京",羽柴秀长、筒井顺庆等因此将妻子送去京都,"世上是故震动"。④此外,对在战争中被征服的大名,也向他们索取人质,九州征伐后,熊本、宇土等主要城主的妻子都被丰臣秀吉召见,置于大阪。⑤德川幕府时期继承了这种做法,并于1635年颁布的《武家诸法度》中将其制度化,形成参觐交代制度。该制度规定:幕府按各大名拥有领地的多少,在将军所在地江户给予大小不等的宅地,一万石到二万石的大名为二千五百坪(约合0.83公顷),十万石到十五万石的大名为七千坪(约合2.3公顷),加贺的前田家拥有百万石以上的领地,被给予三十万坪宅地(约合99公顷)。⑥各大名在上述宅地上建造住宅,让自己的妻子及子女常住江户。各大名本人则必须一年住在江户侍奉将军,一年返回领地生活。各大名至江户参觐交代时,只能依照幕府指定的路线往返。西日本的大名主要利用东海道,四国和九州的大名则经由濑户内海至江户。德川幕府让各大名尽此义务,一是为了加强对各大名的控制;二是通过这种需要消耗大量费用的年隔一年的长途跋涉,增加各大名的财政负担,削弱他们的力量。

普请是指各大名为幕府主持兴建的工程提供力役和资财。扩建江户城

---

① ② 《幕藩制社会》,《讲座日本史》4,东京大学出版会1980年版,第49—50页。
③ 井上清:《日本的军国主义》(中译本)第一册,商务印书馆1972年版,第56页。
④ ⑤ 《多闻院日记》。
⑥ 高木卓:《日本的历史》卷三:《士、农、工、商》,日本读卖新闻社1972年版,第127页。

时实行过最早的普请,以后在修建二条、伏见、骏府、名古屋等城时都实行过普请。

为了加强对各大名的控制,掌握他们对将军尽义务的情况,从德川家光时起,德川幕府就建立起向各大名派遣巡检使的制度,调查各大名的石高①、财政、武备、人口、藩政情况,以及本百姓的生活状况,并接受诉讼。②

各藩陪臣接受大名授与的封地或俸禄,同样必须对大名承担一定的义务,主要是提供军役和上交贡赋,否则,就会失去封地或俸禄。1617年,萨摩藩主岛津家久便对陪臣宣布:"自今以后,未纳贡物者,不分大小,均收回其知行(领地)。"③

恩格斯指出:"完全的、自由的土地所有权,不仅意味着毫无阻碍和毫无限制地占有土地的可能性,而且也意味着把它出让的可能性。"以此对照上述日本领主的土地所有权,我们可以发现,日本领主(包括幕府直属武士和各藩陪臣)虽然可以占有并自由使用自己的领地,作为其所有权的经济实现,可以向附属于土地的劳动者直接课取年贡和力役,但他们的所有权受到较大限制,他们必须以对将军或藩主尽一定义务为条件才能保住领地,他们对领地没有转让、分割和买卖的权力,而且他们的领地所有权随时可能被将军或藩主以各种借口剥夺。因而,日本领主的土地所有权是一种有限制的土地所有权。

中国封建社会的土地所有权则是较完全的土地所有权。

中国封建社会,特别是明清以后,地主土地所有制占支配地位。清初推行"更名田"制度,将明代皇有和官有的庄田划分给农民耕种,有的索取田价,有的不索取田价,都明谕"给印帖为恒业",清廷虽还保留一些庄田,但和以往相比,已微不足道。这标志着在中国历史上曾长期存在的皇族土地所有制基本衰落,因而当时的中国,对农民直接进行剥削的主要是地主,而封建国家则通过按田亩数量征税的办法,将地主从佃农处榨取的地租部分地转化为赋税,加以占有。在中国,封建国家主要依靠地主在全国范围内剥削农民、特别是佃农,不像幕藩制下的日本,以依附于土地的本百姓为直接剥

---

① 耕地数量。
② 古岛敏雄:《近世经济史的基础过程》,日本岩波书店1978年版,第10页。
③ 佐佐木润之介:《大名和百姓》,中央公论社1976年版,第136页。

削对象,将军和大名只有增加直接领有的土地,才能增加剥削收入。因而在中国,封建国家与地主争夺农民剩余劳动的斗争主要表现为国家提高赋税与地主少报田亩数,而不像日本那样表现为将军与大名对土地所有权的互相限制。为了保证赋税收入,在中国,封建国家极力加强对土地的控制,但主要是要求查清田亩数量。如《大清律例》规定:"凡欺隐田粮、隐瞒版籍者,一亩至五亩,笞四十,每五亩加一等,罪止杖一百,其田入官"①,而不是要求对土地所有权给予各种限制;而且由于"田主输粮、赡家,全赖田租"②,封建国家在法律上对地主土地所有权和地租剥削给予保护。《大清律例》规定:"凡盗耕种他人田(园地土)者,(不告田主)一亩以下笞三十,每五亩加一等,罪止杖八十;荒田减一等。强者(不由田主)各(指熟田荒田言)加一等。系官者各(通盗耕强耕荒熟言)又加二等。(仍追所得)花利(官田)归官、(民田)给主。"③对地产的转让和买卖也不予禁止,这使中国封建社会,特别是其后期的地主阶级享有比日本领主阶级完全的土地所有权。

四、与土地联系松散的领主及与土地联系密切的地主

日本领主阶级虽然拥有土地所有权,但他们与土地的联系是相当松散的。这主要因为:

1. 日本实行兵农分离的政策。这一政策始于织田信长、丰臣秀吉时期,德川幕府时期加以继承。规定拥有领地的旗本等武士必须住在江户,各藩陪臣也应集中于各藩城下町。这迫使许多在地领主和武士化的大名主离开土地,使他们与土地的联系变得极为松散。至17世纪中期,各藩推行改革,实行平均免,即由藩政府统一规定年贡率,这更使一些拥有领地的陪臣,几乎完全与土地脱离联系,所收年贡不过成为一种变相俸禄。

2. 本百姓在地。日本太阁检地④时,便规定本百姓不准离开土地。各大名所替(改换封地)时,可以带走陪臣,但本百姓必须留在原有的土地上。德

---

① 《大清律例》乾隆六十年本,卷九,第21页。
② 杜贵墀等:《巴陵县志》光绪十七年本,卷五十二,第5页。
③ 《大清律例》乾隆六十年本,卷九,第21页。
④ 太阁检地:丰臣秀吉执政时,在全国实行的土地丈量。

川幕府时期对这一政策加以继承。因此,江户时代便有学者认为,"武士是将军盆栽的树木",①就是说:武士是树木,领地是花盆,本百姓是泥土,将军是种植者。树木是随时可以被种植者从泥土中拔出、移植其他地方,甚至干脆使其脱离泥、盆而死亡。将军对大名频繁的改易、减封和所替,切断了各大名和原有领民世代相承的联系,为向大名家臣化的知行形态的俸禄制度的转变提供了条件。这样,各大名与领地的联系,实际上主要只能表现为按检地账登录的名额向本百姓索取一定的年贡。

3. 参觐交代制。由于实行这一制度,各大名必须让他们妻子儿女居住于江户,自己也必须年隔一年地居住于江户。这样,各大名与土地的联系被削弱得更加厉害。

中国封建社会没有类似日本的上述制度,不但庶民地主大部分居住于乡间,一部分缙绅地主不在官后,也往往退居乡间,"优游林下"。加上中国的地产不像日本那样"硬化",可以经过分户析产,特别是买卖而发生流动,一些达官贵人的子弟自小锦衣玉食,养成骄奢恶习,长大后往往挥霍无度,以至将祖传家业典卖殆尽,成为衣食无着的败家子。因而,中国地主阶级的各个具体分子其地位不如日本领主稳定。曾国藩便曾说:"凡天下官宦之家,多只一代享用便尽,其子孙始而骄佚,继而流荡,终而沟壑。能庆延一二代者鲜矣。"②为使子孙避免这种下场,中国的地主往往极力密切与土地的联系,"耕读为本"便成为中国封建社会一些有头脑的地主分子普遍提倡的家风。他们要求自己的子弟一方面饱读诗书,走科举升官之路;另一方面要关心农业生产,学会如何利用土地进行剥削。曾国藩在给其弟的家信中便说:"吾家子侄,半耕半读,以守先人之旧,慎勿存半点官气。不许坐轿,不许唤人取水添菜等事。有拾柴收粪等事,须一一为之;插田莳禾等事,亦时时学之;庶渐渐务本而不习于淫佚矣。"③这使中国地主阶级与土地的联系远较日本领主阶级为密切。

---

① 高木卓:《日本的历史》卷三:《士、农、工、商》,日本读卖新闻社1972年版,第122页。
② 《曾文正公全集·家书》,道光二十九年四月十六日,卷一,岳麓书社1985年版,第187页。
③ 《曾文正公全集·家书》,咸丰四年四月十四日,卷一,岳麓书社1985年版,第251页。

第二章
中日小农经济的区别

一、经济地位较为稳定的本百姓与极易分化的自耕农

德川幕府时期日本本百姓的经济地位与中国自耕农的经济地位相比，其重要特点之一是比较稳定。形成这种特点的根本原因在于幕藩制的日本是以对本百姓的直接剥削为基础的。

日本中世纪时，班田制瓦解以后，形成庄园制。庄园领主即所谓"本所"和"领家"，依靠地头和庄官管理庄园，向管下征收年贡。地头和庄官除按规定数额替庄园领主征收年贡外，一般自己也索取年贡。13世纪中叶后，甚至出现了"下地中分"的办法，即将庄园领地划分为二，一半土地的年贡缴给庄园领主，另一半土地的年贡归地头、庄官。地头、庄官因而日益发展成具有相当独立性的在地领主。

庄园内的基本赋课对象是持有"名田"的名主。①名田大小不等，一般在二町左右，大的也有达数十町的。大名主到14世纪逐步形成国人、地侍阶层，直接控制了庄园的相当一部分土地和劳动力，实际也成为一种在地领主。

到战国时期，战国大名取代了原来的庄园领主及守户大名，在各地建立领国。战国大名虽然和守护大名一样，仍然将自己的领国分为直辖领地及授予小领主的知行地，但已在极力缩小各小领主的权限，削弱他们对领地和

---

① 日本班田制瓦解后，国家不再编制公民户籍，按人头掠夺，而是编造土地册，登记土地课役人的名字，向这些人征收租税、徭役等。对这些登记入册的人来说，加强了他们对以自己名字登记的土地的占有权。这种权利叫"名"，拥有这种名的是"名主"，这种土地则叫"名田"。

百姓的控制，力图实现对百姓的直接剥削。

至织田信长、丰臣秀吉，特别是德川幕府时期，通过兵农分离、检地等方式进一步强化了上述倾向。

实行兵农分离，武士被组成为直接隶属于将军或大名的封建家臣团，脱离农村和农业，居住于各大名城下，在将军或各大名的指挥下，专门进行政治、军事活动，而由将军或各大名从向本百姓征得的年贡中拨出一部分作为俸禄授予他们。这使许多在地领主、武士化的大名主离开了土地，他们对本百姓等农民的剥削也转化为一种间接的剥削关系。

实行检地，建立起"一地一作人"制度，即规定实际耕种者一人为年贡负担人，称为本百姓，登录于检地账上；根据其所耕种的土地面积及等级，按一定的比例，以村落为单位向将军或各大名缴纳年贡。同时规定"农民父子和亲属，每户不得居住两个家族，应分别立户"①，迫使拥有较多劳动力的父权制大家族分立为单婚小家族，以增加承担交纳年贡义务的本百姓的数量。

经过逐步努力，将军和各大名几乎完全取消了处于他们与本百姓之间的在地领主、原来的国人地侍阶层等中间剥削者，而确立起他们对本百姓的直接剥削。本百姓缴纳的年贡，成为日本幕藩制国家的基本经济来源。这样，领主阶级便不得不在强化剥削的同时，尽量设法稳定本百姓的经济地位，以保证足够数量的剥削对象。领主阶级稳定本百姓经济地位的措施，大致可分为三个方面：

1. 利用超经济的强制手段，迫使本百姓与土地建立牢固的联系。前面提及的检地中实行的"一地一作人"制度，身份制中关于本百姓世代相袭不许改行他业、不许离开土地的规定，1643 年的《禁止土地永久买卖令》，1673 年的《分地制限令》等，都是日本领主阶级为了使本百姓与土地建立牢固的联系，以利其进行剥削而采取的超经济的强制手段。这些超经济的强制手段在迫使本百姓严格依附于土地的同时，起了稳定本百姓经济地位的作用。

2. 在极力榨取本百姓剩余劳动的同时，在一定程度上注意不侵吞本百姓的必要劳动。日本领主阶级的挥霍欲望随着商品经济的发展而不断增长，为了满足这种欲望，必然千方百计增征年贡。但是年贡征收量不可能无

---

① 井上清：《日本历史》(中译本)上册，天津人民出版社 1975 年版，第 290 页。

限制地呈上升趋势,当其超过本百姓的剩余劳动,侵吞到本百姓的必要劳动时,本百姓进行简单再生产的条件便遭到破坏。在这种情况下,就会出现大批本百姓破产,甚至"废村"(整个村落的百姓弃地不耕)的情况,结果往往导致"百姓一揆"(农民起义),造成领主阶级剥削收入的减少。例如幕府在享保初年(1718年)到宝历年间(1759年前),通过实行"定免法"及"有毛检见"等年贡征收方法,大大提高了年贡征收率,1751—1755年(宝历元年至五年)的五年中达到了平均每年征收年贡一百六十七万八千余石的水平,而与此相应便是百姓一揆数量的增加。据黑正岩先生"百姓一揆年表"的统计,1749年百姓一揆为十二起,1750年为十四起,1751—1754年十起,1755年十六起。其后,幕府年贡收入被迫下降,1757年为一百五十五万石。①

所以,日本领主阶级要维持其统治的"长治久安",保证剥削收入,在极力榨取本百姓剩余劳动的同时,往往在一定程度上注意不侵吞本百姓的必要劳动。幕府宣扬的"对百姓的赋课征收,掌握到让他们不死不活为好"之类的话,既包括有不断提高剥削程度的一面,也包括有让百姓保留进行简单再生产条件的一面。贞享元年(1684年),幕府对被改易的沼田领地进行检地时,便曾纠正了沼田氏在宽文检地时将田地等级各抬高一级的作法,降低了该领地上本百姓所负担的年贡量。以上州月夜野村为例,该村在延宝六年(1678年)的石高被确定为一千四百一十一余石,检地后被核定为七百四十余石,所负担的年贡量几乎减少一半。从而使该领地上的本百姓体制从濒于崩溃的局面中被再建起来。②

3. 对地主的中间剥削采取既保护又给以一定限制的政策,以迟缓本百姓内部的分化,保证领主阶级有稳定的剥削对象。随着农业生产力和商品经济的发展,一部分富裕本百姓及商人通过押进土地、投资开发新田等方式转化为新兴地主。由于新兴地主势力日益抬头,农田使用权的实际持有情况变得非常混乱,甚至使幕府定期进行的检地也很难开展。而且,作为幕藩统治机构末端的村役人,由于大多数是富裕本百姓,因而有相当一部分也转化为新兴地主。在这种情况下,领主阶级要保证年贡收入,巩固统治秩序,

---

① 古岛敏雄:《近世经济史的基础过程》,日本岩波书店1978年版,第341页。
② 儿玉氏:《矶茂左卫门的背景》,见(日)《历史评论》第55号。

必须将新兴地主组织到其统治体系中来。这使领主阶级被迫对土地政策进行调整,在一定程度上承认新兴地主阶级进行中间剥削的权利。元禄八年六月提出的《关于处理质地问题的十二条备忘录》,放宽对于土地抵押的限制,便是上述转变的标志。这种政策加速了农村的两极分化,对本百姓经济地位的稳定构成很大威胁。本百姓数量的减少必然影响领主阶级的年贡收入。因此,领主阶级为了使自己在与地主争夺农民剩余劳动的斗争中占据优势,往往对地主进行的中间剥削作种种限制。享保七年(1722年)四月幕府颁布《流地禁止令》,宣布撤回《关于处理质地问题的十二条备忘录》。《流地禁止令》指出:百姓押出的田地,到期无力归还借款即成死押,是套用江户町抵押宅基地的方法。在农村实行这种方法,必然使大量田地通过抵押的形式集中到富裕的本百姓及持有金钱的町人手中,造成土地耕种权的转移。这与禁止田地永久买卖的原则是相违背的。因此,今后对将抵押田地变成死押的作法一概不予承认。①《流地禁止令》并对地租额作了限制,规定地主将押进土地佃出而收取的地租不得超过该地押金额的百分之十五;而押出土地者只须每年偿付所得押金的百分之十五,不再支付利息,付清之后,土地即可赎回。②

《流地禁止令》颁布后,在身受地主和领主双重剥削的穷苦农民中引起极大反响,不少地方发生了穷苦农民以《流地禁止令》为根据向地主讨还田地的斗争,造成农村统治秩序的混乱。这是领主阶级始料不及的,因而到享保八年八月,便急急忙忙宣布撤回《流地禁止令》。但是新制定的法令,在不少方面仍然继续了《流地禁止令》的精神。例如享保八年九月二日评定所首座会议决定的押出土地的处理方针中曾规定:别小作人③如果在限期内不能交清地租,即令别小作人将已有的耕地及住宅交给地主抵债。但至次年,上述规定便更改为:别小作人如果在限期内不能交清地租,住宅、家财转归地主抵债,但其田地不得转让,只是在与地租款项相应的期限内④暂时转归地

---

① 北岛正元:《土地制度史》,山川出版社1975年版,第121页。
② 同上书,第121—122页。
③ 地主将押进的地佃给该地原主以外的人来耕种,这时的佃耕者称为别小作人。
④ 享保八年十月二日,幕府评定所规定了还清不同地租额的相应时间:五石以下三十天,五石至十石六十天,十石至五十石一百天,五十石至一百石二百五十天。

主使用,交清地租后,该田地仍归还原主。享保十一年六月四日,又进一步修改为:别小作人如果在限期内不能交清地租,需将家财抵债,但住宅与田地不得转让抵债。可见,领主阶级在对地主的中间剥削给予一定保护的同时,仍然加以限制,力图让穷苦本百姓保住其原有名田,极力避免出现因本百姓大量丧失土地,而使领主阶级减少或失去剥削对象的情况。

将幕府处理别小作人欠缴地租的有关规定,与其处理町内债务的有关法令对比一下,可以更加清楚地看出领主阶级的上述意图。在町内,如果发生拖欠地租、店租的情况,负债者除交还所租土地及店屋外,还须破产还债;如仍不能还清债务,保证人也须破产还债。显然,这是一种彻底保护债主的政策,与农村实行的让负债者保留名田、房屋的政策有很大区别。[①]

由于领主阶级采取了上述对地主的中间剥削既保护又限制的政策,在一定程度上延缓了农村的阶级分化,使许多穷苦本百姓在承受领主阶级和地主双重剥削的情况下得以勉强维持其经济地位。据统计,到1873年7月明治政府颁布地租改正法令时,佃耕地在全国耕地中所占比例不过30%左右。到19世纪80年代初,佃耕地在全国耕地中所占比例才达35.9%[②],可见,当时日本小农中占据多数的还是具有自耕条件的本百姓。

与日本幕藩统治者以本百姓为直接剥削对象的情况不同,中国封建统治者主要依靠地主剥削广大小农。在中国封建社会早期,当封建的国家土地所有制尚占较大成分时,封建国家往往通过直接剥削自耕农及依靠地主剥削佃户的方式对广大小农进行剥削。但由于中国封建社会基本上是地主土地所有制占支配地位,因此依靠地主剥削佃户始终是占支配地位的剥削方式。宋人王柏即说:"农夫输于巨室,巨室输于州县,州县输于朝廷,以之禄士,以之饷军,经费万端,其如尽出于农也,故曰民养官矣。"[③]随着地主土地所有制的发展,这种情况更为明显。到明朝,土地兼并日趋严重,大批农民失去土地,佃户激增。这时,封建国家原来实行的以户和丁为征发对象的赋税制度已很难维持,因而开始改行"一条鞭法",局部地区也有"摊丁入亩"的。到清朝康熙、雍正年间全面推行"摊丁入亩"。这种赋税制度不以户和

---

① 北岛正元:《土地制度史》I,山川出版社1975年版,第140—142页。
② 中村吉治:《日本经济史》下卷,1957年版,第98页。
③ 王柏:《赈济利害书》,见《鲁斋集》7宋版(山东巡抚采进本)。

丁为征发对象,而按田亩征收,从现象上看,它能在一定程度上减轻无地或少地农民的负担。但实际上,无地或少地农民为维持生计,一般都要租种土地,成为佃户。这就使地主可以把增加的赋税负担通过地租转嫁给佃户。因而,"摊丁入亩"并非对农民的仁政,而是封建国家适应地主土地所有制的发展,将剥削方式在更大程度上转变为依靠地主剥削农民。在这种情况下,保持尽可能多的自耕农对封建国家来说已不那么重要。相反,由于田亩绝大多数集中在地主手里,封建国家又按田亩征收赋税,保证地主最大限度地榨取农民的剩余劳动,对封建国家获得足够的赋税收入便显得更为重要了。乾隆年间,山东省由于租率太重,佃户难以负担,出现了佃户大批逃亡的情况。有鉴于此,乾隆十四年(1749年)三月,山东学政李田培奏请乾隆皇帝于秋收时"颁发旨令……劝谕有田者,将本年粮粒与佃民平分"。遭到乾隆皇帝斥责。乾隆皇帝指出:"佃民终岁勤动,固宜体恤,东省积欠之后尤应加意培养;但有田之户,经营产业,纳粮供赋,亦图自赡身家,岂能迫以禁令俾其推以予人,况佃民多属贫无聊赖,其中贤否不一,丰收之岁尚不免凌其田主,抗租负息,今若明降谕旨,令地方大吏出示饬遵,在田主既不能强以必从,而顽佃更得借端抗欠,甚至纷争斗殴,狱讼繁兴,田主惩前戒后,势将收回另佃,贫民转致失所,是欲以施惠而适以长奸,欲以恤贫而适以贻累地方。"①因此,中国的封建统治者,尤其在地主土地所有制充分发展的封建社会后期,不像日本幕藩统治者用很大的力量阻止本百姓分化那样去保持自耕农的地位,却"只是任他自贫自富,自有自无,惟知有田则有租,有身则有庸而已。田连阡陌由他,无置锥之地亦由他也"。②这使中国封建社会自耕农的经济地位远不如日本本百姓那样稳定。19世纪60年代前后中国自耕农在农民中所占的比例缺乏一个较为准确的统计数字,但根据一些片断材料和较后一些的统计数字可以估计出当时中国农民中自耕农的数量要低于佃农。例如,康熙四十二年(1703年)八月,康熙皇帝在第四次东巡后所发表的谕文中即说:山东"田间小民俱依有身家者为之耕种"③。1946年王亚南先生著《中

---

① [清]杨士骧等修、孙葆田等纂:《山东通志》卷首,影印民国四年至七年山东通志刊印局排印本。
② [明]张萱辑:《治生》,见《西园闻见录》25,1984年杭州古旧书店影印1940年哈佛燕京学社校勘本。
③ 《山东通志》卷首。同注①。

国经济原论》一书,曾对中国租耕地(即佃耕地)在全部耕地中所占的比例作过如下估计:"全国各地的情形虽不尽一致,即有的省区或地区的租地较之自耕地为普遍,而在其他省区或地区,又有相反情形,但综合来看,在全国耕地中,租耕地约占百分之六十左右(这是根据不同观点的外国学者之概计而作的评估。据马扎尔:西南诸省地主,占有耕地百分之六十到七十,扬子江流域占有百分之五十到六十,河南、陕西占有百分之五十,山东占有百分之三十到四十,湖北占有百分之十到三十,东北诸省占有百分之五十到七十;据拉西曼:自耕农在中国南部十二省,只占百分之二十三,半自耕农占百分之二十五,而纯粹的佃农却占百分之四十三)。"① 显然,中国自耕农在农民数量中所占比例远低于日本具有自耕条件的本百姓在农民数量中所占的比例。这正说明了中国自耕衣的经济地位远不如日本本百姓那样稳定。

二、较易分解的小农经济结构与具有更大凝固性的小农经济结构

本百姓和水吞百姓②作为独立的生产单元,构成日本社会最基层的生产结构;自耕衣和半自耕农作为独立的生产单元,构成中国社会最基层的生产结构。这两种小农经济结构的基本形式都是农耕生产与家内手工业的结合,主要是耕与织的结合。日本《庆安触书》(1649 年)规定:"男子耕地,女子织布和做饭,夫妇都应劳动。"③ 中国史籍上像"乡村纺织,尤尚精敏。农暇之时,所出布匹,日以万计,以织助耕,女红有力焉"④,以及"农作外……惟织木棉,以自衣被,绅士农家,无男妇皆为之"⑤ 之类的记载屡见不鲜。清同治年间,位居总督的曾国藩在给其子曾纪泽的信函中甚至也说:"家中兴衰,全系乎内政之整散,尔母率二妇诸女,于酒食纺织二事,断不可不常常勤习。"⑥ 可

---

① 王亚南:《中国半封建半殖民地经济形态研究》,人民出版社 1957 年版,第 210 页。
② 水吞百姓:份地很少的日本农民,经济地位类似中国的贫雇农。
③ 日本教学研究社编:《历史中学事典》,日本教学研究社 1990 年版,第 292 页。
④ 上海市地方志办公室编:《(康熙)松江府志》5,上海社会科学院出版社 2005 年版。
⑤ 于汝川:《(光绪)栖霞县志》卷一:《物产》。
⑥ 《曾文正公全集·家书》同治五年十一月初三日,卷二,上海东方书局 1935 年版,第 1297 页。

见,耕织结合是中日两国小农经济结构的基本形式。

日本与中国小农经济结构的基本形式虽然都是农耕生产与家内手工业的结合,但结合的牢固程度有相当大的差异。前者较易分解,后者具有更大的凝固性。造成这种差异的原因是复杂的,择其主要而言,有一点应该引起充分重视,这就是日本有较中国高的农业劳动生产率,因而剩余产品也较中国充分。这使日本小农,特别是本百姓更有可能积蓄一定数量的剩余劳动,利用这积蓄起来的剩余劳动,雇用劳动力,成为劳动力购买者,从而突破家内手工业的限制,发展专业化、商品化的手工业生产。

日本之所以能有较中国为高的农业劳动生产率,关键是中国小农承受着比日本小农更高的剥削率。如前所述,中国自耕农的经济地位不如日本本百姓稳定。因此,日本小农中居多数的是本百姓,本百姓的经济地位与中国的自耕农相似;而中国小农中居多数的则是半自耕农、佃农,半自耕农、佃农的经济地位与日本的水吞百姓相似。日本本百姓承受的剥削主要是年贡,而水吞百姓则必须承担年贡与地租的双重剥削。中国自耕农承受的剥削主要是赋税,半自耕农、佃农则必须承担赋税与地租的双重剥削。因此,本百姓、自耕农与水吞百姓、半自耕农、佃农相比,如果都经营相同面积的土地,前者可以比后者多占有一个净租量。这使本百姓、自耕农的经济地位明显优于水吞百姓、半自耕农、佃农。由于日本小农中居多数的是本百姓,中国小农中居多数的是半自耕农、佃农,所以,从总体上完全可以推测中国小农承受着比日本小农更高的剥削率。

中国小农承受的剥削率比日本高,还有以下原因:

1. 如前所述,日本领主阶级与土地的联系比较松散,这使他们增加剥削量的努力受到一定影响。例如年贡是根据土地单位面积的标准产量即"石盛"按比例折算的,但因为检地间隔时间较长,所以石盛一般并不能准确反映当时土地单位面积的实际产量。随着农业生产力的发展,土地单位面积的实际产量即"宛米",一般都要高于检地时所定的石盛。以享保三年中穗积村(位于距大阪四里半处)本百姓七郎兵卫所耕田地为例:上等水田石盛为十五石/反,宛米为二十三石/反;中等水田石盛为十三石/反,宛米为二十一石/反;下等水田石盛为十一石/反,宛米为十六石/反。上等旱田石盛为十二石/反,宛米为二十三石/反。宛米共计超出石盛百分之六十三。①高出石盛的产量,在征收年贡时是不计算在内的,这在实际上便降低了年贡征收率。

中国的地主阶级绝大多数居于乡村,与土地的联系比日本领主阶级密切,一般说来对土地的实际情况了解得更加清楚,因而往往能够比较频繁地调整剥削率,使剥削量随农业生产力的发展同时上升,得以在更大程度上将农民通过改良土壤、改进农业生产技术等方式而增加的剩余劳动攫取去。

2. 幕藩制的日本是以本百姓为直接剥削对象的。为了保持足够数量的剥削对象,如前所述,幕藩统治者大都对地租额作一定限制,在《流地禁止令》中便曾规定地租额不得超过土地押金额的百分之十五。在征收年贡时也注意不侵吞本百姓的必要劳动。此外,幕藩统治者对高利贷的利息率也有较严格的限制。在《庆安御触书》中告诫农民少借高利贷,并举例说:若年息为百分之五十,按复利计划,借米二俵,五年后便成十五俵,十年后则膨胀至一百余俵②,以期引起农民对高利贷破坏性的警惕。③据统计,元文元年借贷年利率规定为百分之二十;其后至天保十三年为百分之十五;天保十三年后为百分之十二。④

如前所述,中国封建国家是依靠地主阶级剥削和统治广大小农的,实行的是"农夫输于巨室,巨室输于州县,州县输于朝廷"的剥削方式。在这种剥削方式下,封建国家与地主阶级在剥削农民的剩余劳动方面,矛盾较小,共利性较大。由于封建国家按田亩征收赋税,而田亩绝大多数集中在地主手里,只有让地主最大限度地榨取农民的剩余劳动,才能保证封建国家的赋税收入。因此,中国封建国家对地租率一般没有严格的限制,这使中国农民所承受的地租剥削较日本为重。在中国"见税什五"和对分制是历代普遍盛行的剥削状况,通常的剥削率始终维持在百分之百的水平。"农民用自己的工具去耕种地主、贵族和皇室的土地,并将收获的四成、五成、六成、七成甚至八成以上,奉献给地主、贵族和皇室享用。"⑤例如乾隆时期江西新

---

① 福山昭:《近世农村金融的构造》,雄山阁1975年版,第47页。
② 俵是装谷物或木炭等用的草袋,也作重量计算单位,一般以米四斗为一俵。
③ 福山昭:《近世农村金融的构造》,雄山阁1975年版,第15页。
④ 《近世大阪的物价和利息》第46页。
⑤ 《毛泽东选集》卷二,人民出版社1991年版,第594页。

建地方,上等田每亩交租二石,中等田每亩交租一石五、六斗,下等田每亩交租一石。①而当时的亩产量,即使浙江一带的高产田,也不过三石。②就是说,新建佃农必须将自己收获物的百分之七十以上交给地主。另据顾炎武记述,苏、松两府每亩产米一至三石,每亩租额八斗至一石三斗。若上等田按产米三石、租米一石三斗算,则地租率为百分之四十三;下等田按产米一石、租米八斗计,则地租率为百分之八十。③福建海澄县的地租率高达百分之七十一点二五。④这种高于百分之百以上的剥削率在当时的中国并非罕见。不少封建官吏也不得不承认:"富者类多鄙吝刻薄;贫者则别无营生,大约佃种他人田者居多。此辈终岁勤动,所得粮食,除充交田主租息外,余存无几,仅堪糊口,最为贫困。"⑤因为同样的原因,中国的高利贷利率也较日本高。在中国,历代利息率有高有低,但一般都在百分之百左右。据记载,清时"称贷者,其息恒一岁而子如其母"。⑥

3. 中日两国小农承受剥削率的差别,由于两国人口数量的悬殊,变得更加明显。如前所述,日本的继承制度为长子继承制。幕藩统治者实行这种政策的目的在于防止因分地析产而造成本百姓数量减少,以保持剥削对象的稳定性。但这种政策却使本百姓长子以外的其他子女失去继承家业及土地的权利,"或者成为养子,或者沦为佣人,或者当医者徒弟,或者出家,"⑦有不少甚至落于衣食无着的境地。这在日本造成了严重的重长子,轻其余子女的社会心理状态,加上广大农民承受的剥削虽较中国为轻,但也相当沉重,因而,日本农村中相当普遍地流行着称为"子间引"的风俗。本多利明说:子间引是"箱根岭以东诸国的风俗,上方、中国('中国'系日本地名)、四国实行子间引的也很多"。《磐城志》对"子间引"作过如下解释:"所谓'子间引',即'间拔'的意思。这是由农业中的'间苗'引申而来的词。"⑧就是说栽

---

① 陈道:《江西新建田租说》,见《皇朝经世文编》卷三十一,经世文编书局1827年版。
② 张履祥:《补农书》下,风《杨园先生全集》卷五十,陈祖武点校,中华书局2002年版。
③ 顾炎武:《苏松二府田赋之重》,见《日知录》卷十,1670年顾炎武自刻本。
④ 顾炎武:《海澄县志·夺租议》,《天下郡国利病书》卷九十三,上海古籍出版社2012年版。
⑤ 佚名:《请定交租则例以恤贫民疏》,《心政录》卷二,见中国社会科学院经济研究所抄本,转引自《清史论丛》第七辑戎笙论文《清代社会各阶级处理主佃矛盾的对策》。
⑥ 李兆洛:《凤台县志·论食贷》,见《皇朝经世文编》卷三三六,经世文编书局1827年版。
⑦ 北岛正元:《土地制度史》,山川出版社1975年版,第86页。
⑧ 津下刚:《近代日本农史研究》第115、116页。

培植物时,要实行"间苗",以使留下的植物能吸收充分养分茂盛成长;而养育孩子时,则要实行"子间引",去掉其余的孩子,保证继承家业的长子能够长成。因此,当时农民家庭一般只留两个男孩一个女孩,其余的都被"间引"了,即俗语说的:"一是卖,二是留,三是以防夭后愁。"头胎生个女的,帮作家务,长大后嫁出去,等于卖掉;第二胎生个长男,留着继承家业;第三胎再生个男孩,以防长子夭折无人继承家业。①据记载:元禄年间日本农民一夫一妇还生子女五六人甚至七八人以上;到宝历年间后,"生一二人后,便不再生,余皆间引"。②这使人口总数长期徘徊不前,"十八世纪中叶达到三千万的日本人口,到十九世纪中叶为止的一百多年间几乎没有什么增加。"③"日本人口,十七世纪初约为二千万人,估计这时到享保时期的一个半世纪中,增加到三千万人以上,但此后,在幕府体制下的人口并没有很大的增长。"④

中国的继承制度是析产制,相对来说不易导致重长子轻其余子的心理状态。康熙五十一年(1712年)又发布《滋生人丁永不加赋》的诏令,之后将赋税制度全面改行"摊丁入亩",不再以丁户为征发对象。由于突然撤除了农民头上的人头税压力,贫苦农民不再以"生子为不祥",⑤不少家庭还希望通过多生育,增加劳动人手以改变贫困状况,结果导致人口猛烈增长。清初人口为五千万左右,康熙十八年(1679年)为一亿另五百三十四万三千另四十五人;到乾隆六年(1741年)达一亿四千三百四十一万人,乾隆五十五年(1790年),突破三亿,到道光二十年(1840年)时,则达到四亿一千二百八十二万人;咸丰元年(1851年)为四亿三千二百十六万四千四百十七人。⑥

上述中日两国不同的人口增殖情况,使两国的人口总数之比由17世纪中叶的大约五比一,急速变化为19世纪中叶的十一比一。

再看一下中日两国在17世纪中叶至19世纪中叶耕地和人口增长率的

---

①③ 张萍:《日本的婚姻与家庭》,中国妇女出版社1984年版,第68页。
② 津下刚:《近代日本农史研究》第115、116页。
④ 井上清:《日本历史》(中译本)中册,天津人民出版社1974年版,第416页。
⑤ 董鹏翱修、牟应震纂:《禹城县志》卷五《食货献志》《丁徭》,嘉庆十三年版。
⑥ 根据《清朝文献通考》《清朝续文献通考》《清朝通典》《清朝通志》《清实录》《东华录》《清史稿》的有关资料统计。

区别。日本江户时代初期耕地约为一百六十三万町步,明治初期耕地约为三百另五万町步,①耕地增长率大约为百分之八十七。人口增长率则约为百分之五十。在中国,康熙十八年(1679年)耕地为五百四十九万二千五百七十七顷,咸丰元年(1851年)达七百七十一万六千二百五十四顷②,耕地增长率大约为百分之四十。人口增长率则大约为百分之三百。日本的耕地增长率超过人口增长率约百分之三十七,中国的耕地增长率则负于人口增长率约百分之二百六十。

从上述分析中可以明显看到,中国社会及经济发展承受着远比日本为重的人口压力。中国社会及经济发展承受的过重的人口压力所造成的后果,在乾隆初期就开始表现出来。当时米价腾贵,不但歉收之省如此,就是历年产米之地在风调雨顺之年亦无不倍增。乾隆皇帝因此要各省"深究其受病之由",并"确切入告"。结果,许多省的封疆大吏皆异口同声地说:原因在于"户口渐增","百病以人多为首"。③

在地主土地所有制更加发展,土地兼并日趋严重的情况下,沉重的人口压力,必然导致农村劳动力过剩,使佃户陷于租地不易的窘困境地。而地主则可以利用佃农的竞相争租,大幅度地增加地租,提高剥削率。据清人盛枫记载,因佃农竞争严重,淮扬一带"无尺寸之荒芜","贫民惟恐不得富民之田而耕之,故豪家之田,不患无十五之税"。④有的地主甚至"今年索取明年之租,若不预完,则夺田另佃矣,另佃必添租"。⑤这无异雪上加霜,使中国小农原承受的比日本小农为重的剥削变得更加沉重。

中国小农承受的较日本小农更重的剥削率,势必使中国小农从事再生产的条件较日本小农更为困难,也使中国小农的生产积极性较日本小农更为低落。清代常见到如下记载:佃农"欲治良田,必积二、三年之苦工,深耕

---

① 井上清:《日本历史》(中译本)中册,天津人民出版社1974年版,第348页,及《历史中学事典》,日本教学研究社1990年版,第302页。
② 根据《清朝文献通考》《清朝续文献通考》《清朝通典》《清朝通志》《清实录》《东华录》《清史稿》的有关资料统计。
③ 《清高宗实录》卷三三一,中华书局1985年版。
④ 盛枫:《江北均丁说》,见《皇朝经世文编》卷三十,经世文编书局道光七年(1827年)版。
⑤ 孙嘉淦:《八旗公产疏》,见《皇朝经世文编》卷三十五,经世文编书局道光七年(1827年)版。

易耨,加以类治。田甫就熟而地棍生心,必添租挖种矣"。①在这种情况下,必然产生"贫为富者佃作之客而终运地方,知苟活而不知尽农之功"。②

因此,中国封建社会后期的农业劳动生产率与日本相比不能不处于较低的状况。据统计,日本在17世纪末时上等水田石盛为稻米一石七斗至二石③,取其中则为一点八五日石,按田地等级每降一等递减二斗的标准计算,中等水田石盛为一点六五日石,下等水田石盛为一点四五日石,下下等水田石盛为一点二五日石,平均石盛则为一点五五日石/反,折合二百七十九公斤/反。另据美国西里尔·E.布莱克等人统计,当时日本的粮食产量为二点五吨/公顷,并指出:"这些产量与马来西亚、朝鲜和(中国)台湾1952年至1963年的产量相差无几,大大超过目前(二十世纪七十年代)菲律宾和印度的产量。"④当时中国南方单位面积产量约为稻米二石/亩,折合一百二十公斤/亩。

详见下表:

17世纪～18世纪初中国南方稻米产量

时　间	地　区	产量(石)	资　料　来　源
顺治十五年(1658)	浙江桐乡	3	张屐祥:《杨园先生全集》卷五十:《补农书》下
康熙十六年(1677)	苏松嘉湖	1.5—2.5	《切问斋文钞》卷十五,靳辅:《生财裕饷第一疏》
康熙二十二年(1683)	江苏江阴	3	《钦定授时通考》卷二十一　31《江阴县志》
康熙二十八年(1689)	浙江平湖	1	叶廉锷:光绪《平湖县志》卷二:《地理志》下
康熙五十五年(1716)	浙江平湖	2	凌介禧:《程、安、德三县田赋考》卷二:《程、安、德三县民困状》
雍乾年间	江苏江宁	2	方苞:《望溪集》卷十七:《家训》

日本一反约为九九一点八平方米,中国的关内一市亩约为六六六点七平方米,因此日本一反约合中国一点五亩。据前所述,日本每反平均产量为

---

① 孙嘉淦:《八旗公产疏》,见《皇朝经世文编》卷三十五,经世文编书局道光七年(1827年)版。
② 《古今图书集成·职方典·湖广总部》,中华书局于1984—1988年影印1934年版。
③ 日石,每日石为十日斗,每日斗为十日升,每日升合1.804公斤。
④ 西里尔·E.布莱克等:《日本和俄国的现代化》(中译本),商务印书馆1984年版,第93页。

二百七十九公斤,中国南方每一点五亩的平均产量则为一百八十公斤。所以,日本每反耕地的平均产量比中国南方每一点五亩耕地的平均产量约高出九十九公斤,折合中国市斤为一百九十八斤。中国北方的粮食产量更为低下,"北方种田一亩,所获以斗计"。①如果以全国范围的平均产量与日本相比,相差会更大。

日本农业劳动生产率较中国高,这使日本小农较中国小农更有可能积蓄起一定数量的剩余劳动。以位于畿内河内国交野郡甲斐田村的德右卫门家为例,德右卫门三十八岁,有六十三岁母、二十八岁妻,及二岁子,拥有宅基地七亩,旱田三亩二十五步、水田三亩,此外还佃种旱田六反(面积单位皆日制)。其收入支出情况如下表:

作　物	收入			支出(匁)	
	收获量(石)	单价(匁)	代银(匁)		
米	15.812	80	1 264.98	年贡诸役	61.60
麦	3.000	60	180.00	小作年贡	672.00
菜　种	3.028	90	272.47	肥料代	437.25
其　他			39.00	食粮代	320.00
合　计			1 756.45		1 490.85

收支之差:1 756.45－1 490.85＝265.60 匁
余业收入:195.00 匁
总剩余: 460.60 匁

总剩余达四六〇点六匁,如按当时米价折合成稻米则为五点七五石(日石),一千另三十七公斤。德右卫门家自己占有的土地与佃种地的比例为一比八点七五,佃种地占大多数,在本百姓中当不属上层,故其剩余数额有一定代表性。②另据美国西里尔·E.布莱克等人统计,德川幕府时期日本许多藩生产的粮食,"一般比它们的农村人口消耗的粮食至少多出百分之二十或百分之三十。"③

---

① 伊会一:《敬陈末议疏》,见陆跃:《切问斋文钞》卷十六,清乾隆四十年(1775 年)刊本。
② 竹安繁治:《近世地租的构造》第 240—241 页。
③ (美)西里尔·E.布莱克等:《日本和俄国的现代化》(中译本),商务印书馆 1992 年版,第 94 页。

◀◀◀ 东方文化圈内的不同趋向

中国农业劳动生产率较低，这就使中国小农可能积蓄的剩余劳动量远不如日本。让我们看看嘉庆道光年间松江地区耕地十亩的小农的收入支出情况，农本："一亩之田，耒耜有费，籽种有费，罱斛有费，雇募有费，祈赛有费，牛力有费，约而计之，率需千钱"；地租："还田主租息一石"；收获："以中年约之，一亩得米二石"。①当时米价为每石三千钱左右，偿付十亩田地农本需米三点三石左右，再扣除十石地租，则农民所剩之米为七点七石左右，折四百六十二公斤。若也以四口之家论，除去口粮消耗外，几乎没有剩余。因此，即使在农产量较高的江南地区，小农仅靠农业收入维持生活的，"十室之中，无二三焉"。②北方则"收获除先完官外，大率不足糊口"。③

马克思指出："超过劳动者个人需要的农业劳动生产率，是一切社会的基础，并且首先是资本主义生产的基础。"④由于日本农业劳动生产率较高，能够提供比中国多的剩余产品，这就使日本从事农业的人口和从事手工业的人口具有了比中国大的实行分工的可能，从而使日本的手工业，主要是纺织，能较早地在更普遍的程度上突破家内手工业的规模。井原西鹤所著《日本永代藏》中叙述了一个河旁的九助的故事，描写了大和地区（今奈良县一带）一个叫九助的水吞百姓，由于他比别人加倍勤奋，并且有创造力，逐渐扩充土地成为富农；以后又雇用更多人，当上了一天能加工三贯（一贯＝3.759公斤）皮棉的农村手工业工场老板；不久，又成为批发棉布的大商人。这虽然仅是一个故事，并非对真人真事的记载，但确实反映了当时日本小农中部分人的发展趋势。据中村哲、川浦康次等先生掌握的资料反映："1842年（天保十三年），在宇多大津村有十八家织布行，在自己的作坊里使用了工人一百三十七人，其中八十七人是雇用的；同时使用工人七人以上的九家作坊雇用的工人占全部工人的66.4%"。⑤幕府后期，"在大阪周围的村子里，有半数村民种棉的例子很多。在这种村子里，上层农民日益扩充棉业生产。中农以下，一直到下层农民都从事棉织品生产，并且也超过了副业性的家庭工业

---

① 陈尧：《农书》，见《（光绪）通州直隶州志》卷一；章谦：《备荒通论》。
② 刘锦藻：《清朝续文献通考》卷六十；《市籴五》1912年版。
③ 于汝川：《（光绪）栖霞县志》卷一，《物产》。
④ 《马克思恩格斯全集》卷25，中共中央马恩列斯著作编译局1983年版，第885页。
⑤ 《幕末经济阶段的有关问题》，载《历史学研究》1958年11月第225号，第78页。

范围,还雇用几个工人"。①

中国农业劳动生产率较低,能够提供的剩余产品很少,这使从事农业的人口和从事工业的人口实行分工的可能大为减少,手工业因而很难突破家内规模,形成社会分工。这种情况即使在被称为鱼米之乡的江南也不例外。苏常地区"乡民食于田者惟冬三月,及还租已毕,则以所余米舂白而置于囷,归典库以质衣。春月则阖户纺织,以布易米而食,家无余粒也。及五月田事迫,则又以衣易所质米归,俗谓种田饭米。及秋稍有雨泽,则机杼又遍村落,抱布贸米以食矣"。②浙江平湖地区,"户勤纺织,妇女燃脂夜作,成纱布,侵晨入市,易棉花以归。或捻棉线以织绸,积有羡余,挟纩赖此,糊口亦赖此"。③一直到1943年,据日本"南满洲铁道株式会社"研究人员在华北的农村调查,当地除"村中上等收入阶层妇女,一般不纺织或只为家庭消费而纺织","其他妇女差不多都终年纺织,纺出比自家需要高出几倍的纱布来,帮助维持家庭生计"。④

此外,中国人口压力远较日本大,中国小农家庭的成员一般较日本多,日本小农占有土地的状况在总体上又优于中国小农,这就使中国小农家庭的劳动力剩余要比日本小农家庭严重。这一因素和前述的中国农业劳动生产率低于日本、剩余产品不如日本充分等因素结合在一起,便导致中国小农家内分工的发达程度往往超过日本。以浙江海盐养蚕业为例,"盐邑城狭人众,力耕不足糊八口之家,比户养蚕为急务。……是月也,男不盬,女不梳,间以捻泥、割麦、撒种诸事,白叟黄孺,各有攸司,是为忙月"。(着重号为笔者所加)。⑤以陕西石泉县植棉农户为例:"王国相……子五人,孙二十人……专务棉,棉为利微,而长有绵绵之致。一岁中无虚日,亦无闲人,皆事其事。其为耕为种为耘为耨皆男事也。为纫为弹为纺为织,皆女事也。至收敛之际,男女同作,有摘者,有担者,有馌者,幼孩絜筐使之拾遗絮。"(着重号为笔者所加)⑥日本小农一般的家庭人口为四至五人,显然不可能有如此细密完

---

① 守屋典郎:《日本经济史》(中译本),生活・读书・新知三联书店1963年版,第7页。
② 黄卬:《备参》上:《力作之利》,《锡金识小录》卷一,光绪二十二年刊本。
③ 叶廉锷:《(光绪)平湖县志》卷二,《地理志》下。
④ (美)黄宗智:《华北的小农经济与社会变迁》,中华书局1986年版,第201页。
⑤ 徐用仪:《(光绪)海盐县志》卷八,《风土》。
⑥ 赵德林等修、张沆等纂:《石泉县志》卷三,道光十四年刻本。

备的家内分工。这种细密完备的家内分工使中国小农经济生产在人力、物力和时间的节约上显出较高的优越性。这种优越性使不可能有较多资金投入手工业形成专业化商品生产的中国小农,更加着重于从发展家内分工中挖掘生产潜力。这样,不仅进一步加强了耕种与纺织的结合,而使纺织中纺纱与织布等各道工序的分离也较日本困难。18世纪初叶,日本"已能在各国产地看到专以采购籽棉、去籽、纺纱、织制条纹布或素布等专业者"。①德川幕府后期,纺织中各道工序的分工日益发展,"有人终年以弹棉花为业,接着又把它纺成棉纱,呈卷轴形状,经由中间商人,卖给各处织布业者,有的织成条纹布,送到各类染坊去染色;有的织成素布,由批发行赊买以后,分别加以染色加工,衣料卖给布商。总之要经过十四五道手续,提供许多的职业,养活各种家庭的人。"②到19世纪初叶,"按皮棉、棉纱、棉布等商品种类形成分工市场","不仅广泛地达到尾张西部,而且在一宫、岩仓、起等地"出现。③而中国鸦片战争前,即使在江南、华北、鄂中等棉手工业最发达的地区,纺织中各道工序的分离程度也很低。以棉纱生产为例,仅在江南地区一些城镇中,作为农村纺纱业的补充,有一些妇女日纺纱数两出售以糊口;在个别地方,一些擅长纺纱的农户中出现很少数的专业纺纱者,出现有"布经团"的市场,显然这还谈不上纺与织的地区分工。总之,棉纱的商品数量在棉纱的总产量中所占比重很小,而且棉纱的商品生产基本限于江南地区,没有棉纱的远销。因而,广大农民主要是自纺自织,纺与织等各道工序紧密结合,很少分离。上述情况,使中国小农经济结构的凝固性在较大的程度上超过了日本。

三、基本实现了向商品经济小生产转化的日本农民与仍然处于自然经济形态的中国农民

列宁在论述封建社会向资本主义社会过渡的必要条件时曾指出:"在资本主义的历史发展中有两个重要关键:(1)直接生产者的自然经济转化为小商品经济;(2)小商品经济转化为资本主义经济。"④这是人类社会发展中的

---

① 守屋典郎:《日本经济史》(中译本),生活·读书·新知三联书店1997年版,第14页。
②③ 大藏永常:《棉圃要务》,载《日本科学古典全书》卷十一,《朝日新闻社》昭和十七年(1942年)版,第260页。
④ 《列宁全集》卷一,中共中央马恩列斯著作编译局编译,人民出版社1985年版,第77页。

一条带普遍意义的规律。但是在不同的国度中,由于历史条件的区别,上述转化的过程会表现出很大差异。以中日两国论,在幕府后期,日本农民已基本实现了向商品经济小生产的转化;而中国农民在鸦片战争前,乃至鸦片战争后一个相当长的历史时期内,仍然基本处于自然经济形态。造成这种差异的原因,除本章第二节指出的日本农业劳动生产率比中国高,小农经济结构较易分解,及将在下章论述的由于两国统一的国内市场形成的早晚而造成的影响外,还有一个重要原因即两国自然经济形态的不同。

日本在太阁检地以前,曾有一个庄园经济占主导地位的历史时期。大化改新时日本建立过班田制,但为时不久班田制逐步瓦解,开始出现庄园。从9世纪起,随着庄园的发展,庄园主开始争取不输不入权。所谓不输,即对国家不输租税,不承担杂役;所谓不入,开始时指国衙检田使等政府官吏不得进入庄园,后扩大到由庄园主掌握庄园内的司法权和警察权,他们能够对所谓"盗犯毁害之辈,以追却为例",能够私设"笼居"(监狱),关押庄民。[①]取得不输不入权,庄园主便获得了完全领主权,使庄园成为其私人领地。这种具有不输不入权的庄园在11世纪迅速增多,至12世纪在日本各地已经普遍化。

日本庄园内的土地分作"庄佃"(领主的直营地)和"庄田"(出租地),这些土地由庄园的专属农民耕种。领主阶级利用其掌握的超经济强制的权力,迫使庄园的专属农民按其需要进行分工,承担"夫役""年贡""杂公事"等剥削。"夫役"即徭役劳动,包括让农民用自己的工具耕种领主的直营地、运送年贡粮、修筑灌溉工程等。"年贡"是以稻米交纳的实物地租。"杂公事"也是实物地租,专指稻谷以外的其他农业和手工业产品。据《醍醐杂事记》记载,仁安元年(1166年)曾祢庄进献给领主的"杂公事",计有丝柏皮绳、海藻、青苔、粗布、凉粉、神马草(献给神社的马草料)、点心、酒、丝等,柏原庄进献的有木炭、草包、饲草、垫子、菖蒲、火把子、丝柏皮绳、木桶、饭柜、勺子等。[②]另据一些史料记载,庄园进献的"杂公事"中还包括有麻、纸、漆、水果、青菜和其他杂货等。可见,领主的各种需要基本是庄园内部的农业和多种手工业予以满足的。

显然,日本的庄园与西欧中世纪的庄园相类似,是一种有着比较发展的

[①] 小野武夫:《日本庄园制史论》,有斐阁1979年版,第226、91页。
[②] 同上书,第226页。

分工,因而能够保持较高自给程度而同外界很少联系的经济实体。这是一种较为纯粹的自然经济形态,封建领主"除了土地上所提供的东西外,没有什么可买,而这些土地的产品他们已经有了"。①

进入近世,日本庄园制没落,依附于土地的本百姓直接承受幕藩领主的剥削,小农经济取代庄园经济成为日本社会基本的经济结构。原来主要居住庄园专属农民的村落,转变为幕藩的基层统治单位,成为以本百姓为主的小农的居住点,但是原来庄园内部较为发展的分工在各个村落里仍然留存下来。由于这种情况的存在,在一定的条件下,特别是当整个社会的商品经济有了新的发展,日本农村便更易于形成专业分工及社会分工,从而促进以交换为目的商品经济小生产的发展。

中国封建社会是地主制经济占主导地位。地主占有土地,但本人并不耕种,一般都将占有的土地分散出租给佃户经营,自己坐收地租。因此地主制经济下的主要劳动者是佃农及耕种自己土地的自耕农,他们都是以小家庭为单位,依靠家庭劳力从事农作的小农。这种小农作为一种经济实体,与西欧及日本中世纪的庄园相比,规模要小得多。这种小规模的经济实体,内部一般只能形成耕种与纺织的家内分工,不可能产生如西欧或日本庄园内部那种能满足领主各种需要的多种分工。加上中国封建政权实行中央集权制,朝廷赋予地主的权力,一般不会达到允许其拥有司法权和警察权的程度,其超经济强制力与西欧及日本的庄园主相比略为逊色,这就使中国的地主较难利用特权迫使农民按照其需要进行分工。又由于中国地主与佃户的关系不如西欧及日本庄园专属农民与庄园主的关系稳定,因而同一地主的各个佃农也难以像庄园专属农民那样形成固定的分工。

显然,中国的小农作为一种经济实体,与西欧、日本的庄园制相比,具有规模小、分工不发展的特点。因而其自给自足的程度也相对较低。可以说,这是一种非纯粹形态的自然经济。由于这种自然经济内部的分工程度较低,因而其形成专业分工及转化为社会分工都比较困难,而这必然影响农民向商品经济小生产的转化。

基于上述原因,中日两国农民在鸦片战争之前的发展程度是有区别的,

---

① 汤普逊:《中世纪社会经济史》下册(中译本),商务印书馆1963年版,第323页。

可以说日本农民基本实现了向商品经济小生产的转化,而中国农民则基本上仍然处于自然经济形态。这种区别,主要表现在下述方面:

其一,日本农村有了较多的以价值增殖为目的的商品经济小生产者,而中国农村占绝大多数的仍然是以生产使用价值为主的农民,进入流通的主要是满足自己需要后余下的部分产品。

17世纪后期,日本全国各地农村便出现为数不少的农村工商业者,如1686年,河内国富田林村从事制油、酿酒、纺织、洗染、制糖、造酱以及医药、理发等行业的商人和手工业者有七十六家。① 天保十四年,河内国交野郡田口村从事农业以外其他职业的人口为二十一人,占总人口的18.8%;所从事的职业达十几种,详情见下表:

天保十四年田口村的商工业从事者②

业　种	人数	人名(持高町)
酒造	1	新兵卫(1.422)
水车油稼	1	兵治郎(0.065)
质屋	1	武右卫门(3.662)
古道具、生药	1	喜兵卫(0.280)
荒物小商请卖	2	五郎右卫门(0.307),兵治郎
荒物、盐物请卖	1	惣七(5.105)
绵缲、俵物小商	1	治左卫门(0)
绵缲、盐肴小商	2	庆三郎(?)藤吉(?)
系车拵卖	1	善兵卫(9.041)
酒请卖	1	武兵卫(8.393)
酒请卖桶屋	1	又兵卫(0.487)
酒请卖荒屋	1	嘉兵卫(0)
野道具锻冶屋	1	新兵卫(0.590)
锄锹柄手拵卖	1	吉左卫门(1.877)
冬分米花屋	1	善右卫门
肥类小商	1	吉郎兵卫(0.430)
小间物小卖	1	增兵卫(3.872)
大工职	2	长左卫门(7.252)半兵卫(4.050)
合　计	21	

---

① 胁田修:《近世封建社会的经济构造》第304页。
② 福山昭:《近世农村金融的构造》第27页。

再如上州山田郡大间间,至1828年共有六百八十九户人家,其中从事农业的为二百九十一户,从事工商业的则为三百九十八户,占总户数的百分之五十八。① 据幕府在19世纪初对全国一百十个村的调查,有百分之二十至百分之二十五的农民兼营工商业。② 到19世纪中叶,这个比例当更高。以越后西蒲原郡吉田村为例,18世纪末,该村还是一个单一生产稻米的村庄。到19世纪中叶,从事稻米生产的仅有七十三户,从事植棉、弹花、织布的共有七十二户,船民三十一户,打短工的一百三十八户,木匠一百零一户,从事杂业及伐木的共四十九户,谷物商二十一户,另外还有一部分居民从事其他七十三种具体工种不清楚的职业。③

随着农业劳动生产率的提高和社会分工的发展,农业也进一步商品化。一方面谷物越来越多地转化为商品,详情见下表:

日本稻米产地中一些较为典型的本百姓所种稻米的商品化率④

	地 域	家 名	年 代	保有反别(町)	内米作反别	收获高(石)	贩卖高(石)	反当收量(石)	商品化率(%)
	A	摄津下大市村	彦兵卫	1775（安永四年）	1.75	1.16	28.0	14.5	2.55	51.8
	B	摄津西昆阳村	代田家	1792（宽政四年）	3.10	1.90	45.1	20.7	2.37	45.9
I	C	摄津下阪部村	沢田家	1865（庆应一年）	?	3.50	80.4	45.2	2.30	56.2
	D	河内八尾木村	木下家	1842（天保十三年）	2.56 1.33	1.23	31.6	17.5	2.57	55.4
	E	安芸下黑濑村	土井家	1839（天保十年）	1.12	1.05	29.4	13.0	2.80	44.2

---

① 长谷川伸三:《幕藩体制崩坏时期在乡町的动向》,载日本《地方史研究》第十四卷第四号。
② 山口和雄:《日本经济史讲义》,日本经济新闻社1994年版,第51页。
③ 农政调查会:《今井家的地主构成》,见《新潟县大地主所藏资料》第九集1968年版,第278—289页。
④ 有关数据来自下述著述及史料:八木哲浩《西摄的米的商品化及在乡商人》,见《研究》第16号;山崎隆三《地主制成立期的农业构造》;小林茂《近世农村经济史的研究》;冈光夫《近世农业经营的展开》;后藤阳一《十九世纪山阳筋富家经营的特点》,见《史学杂志》第63编第7号;《长野县史》近世史料编5—2;《岐阜县志》近世6。

续表

	地 域	家 名	年 代	保有反别（町）	内米作反别	收获高（石）	贩卖高（石）	反当收量（石）	商品化率（%）
Ⅱ	F 信浓安县郡上村	清水家	1803（享和三年）	?	3.00	50.4	21.9	1.68	43.5
	G 飞驒吉城郡半田村	渡边家	1809（文化六年）	?	2.50	47.4	12.8	1.90	27.1
Ⅲ	备后惠苏郡田原村	索右卫门	1865（元治二年）	1.65	1.39	20.7	0	1.49	0

上述本百姓所种稻米的平均商品化率达到了百分之四十六点三。此外，以桑、茶、楮、漆、红花、蓝、麻（棉）等所谓"四木三草"为代表的经济作物的栽培也大大发展。在丹后、丹波、美浓、信浓及关东西北部地区，桑蚕业获得普遍发展；山城、近江、伊势、伊祝、骏河是茶的生产中心；越前、长门、土左成为楮的特产地。阿波、出羽分别为蓝和红花的种植中心；北陆、出羽生产麻；河内、摄津、和泉等地植棉业特别发达。此外，茶种、生蜡、烟草生产也很兴盛。九州是菜种栽培中心；生蜡主要产地为筑前、筑后；常陆国种植烟草的土地多达一百十五余町步，产量为一百七十三万斤。①

由此可见，日本农村工商业者再加上从事经济作物栽培的农民，两者在总数中所占的比例是相当高的，他们已不是以生产使用价值为目的的旧式农民，而成为以价值增值为目的的商品经济小生产者。例如，据统计畿内地区棉花的种植面积在德川幕府中期开始较大幅度地减少，这从由大阪向江户输送的皮棉数可以看出。详情见下表：

大阪历年向江户输送皮棉数量②

1724 年（享保九年）	103 530（本）
1725 年	69 012
1726 年	98 119
1727 年	134 381

---

① 原田伴彦：《历史研究》1985 年第 5 期，第 172 页。
② 该表反映大阪历年向江户输送的皮棉数，有关数据来自以下著述：《大阪市史第一》；名和统一《日本纺织业的历史分析》。

续表

1728 年	78 696
1729 年	102 398
1730 年	84 025
以上平均数	95 737
1830—1844 年(天保年间)	60 000
1860 年(万延一年)	22 660
1861 年(文久一年)	33 400
1862 年(文久二年)	15 400
1863 年(文久三年)	31 560
1864 年(元治一年)	66 834
1865 年(庆应一年)	30 882
1866 年(庆应二年)	25 170
1867 年(庆应三年)	2 664
万延年以来平均数	28 571

造成这种变化的主要原因:一方面由于棉花的栽培逐步扩展到过去的棉花购入地,因而使棉价停滞甚至跌落;另一方面植棉所需要的肥料价格上升,使植棉收益转而低于种稻。据八木哲浩先生对摄津武库郡上互林村冈本家的分析,1756 年(宝历六年)至 1763 年(宝历十三年),该家植棉与种稻的收益基本相当,每反得银四十五匁。而从 1764 年(明和元年)至 1771 年(明和八年),由于肥料价格上涨,植棉所需的肥料成本每反约相当于种稻的三倍,因而种稻每反得银五六点二匁,而植棉每反得银五三点七九匁,种稻的收益每反要超出植棉二点四一匁。在这种情况下,不少农户缩减了植棉面积,结果造成畿内地区棉花产量明显缩减。可见,当时畿内的农田经营已为价值规律所左右。[①]

鸦片战争前后的中国农村,虽然不能说没有专业分工和社会分工,但程度相当低;虽然不能说没有以价值增值为目的的商品经济小生产者,但占绝大多数仍然是以生产使用价值为目的的旧式农民,其生产过程基本不受价值规律的制约。这种情况甚至到了 20 世纪三四十年代还没有多大改观。美

---

① 八木哲浩:《西摄的米的商品化和在乡商人》,见《研究》第 16 号;竹安繁治《近世畿内农业的构造》,御茶的水书房 1969 年版,第 226 页。

籍学者黄宗智先生曾根据日本"南满铁道株式会社"研究人员20世纪30年代在华北平原三十三个自然村实地调查的资料作过有关研究。这三十三个村中除四个村的非农业户所占比例不详外,其余二十九个村的非农业户口占总户数的平均比例仅为百分之十六点三。①而这二十九个村庄中包括属于石家庄市市郊的东焦村和属于济南市市郊的南权府庄,以及靠近唐山、北京、天津、石家庄等城市的一些商业化程度较高的村庄。如上推至鸦片战争前后,以全国范围论,比例当远远低于百分之十六点三。此外,根据对三十三个村中的一个,即丰润县米厂村的研究,黄先生发现即使按"最低价值"来计算当地贫农户的自家劳动,"得出的农场(即小农家庭所耕种的土地——笔者注)'净利润'仍是一个负数,也就是说,他们的劳动所得低于市面工资价格"。②这些农户之所以会在边际报酬下降至市面工资以下时,仍继续投入劳动力进行生产,显然是因为对一个有剩余劳动力及挣扎于饥饿边缘的贫苦农民家庭来说,谋求生存是放在第一位的。因此,只要边际劳动报酬保持在零以上,他们就会继续投入劳动力,而不像受价值规律支配的经营式农业那样,绝不会在净利润是负数的情况下继续投入劳动力。据统计,米厂村自耕农占百分之十四点九,半自耕农、佃农占百分之七十一点五,年工占百分之十三点六。显然,贫苦农户占绝大多数③。就是说,米厂村多数农民的生产过程是与价值规律相背离的。米厂村靠近天津,在20世纪30年代的中国尚属商业化程度较高的村庄。如果也上推至鸦片战争前后,以全国范围论,农民的生产过程与价值规律相背离的情况当更严重。

其二,日本农村在专业分工及社会分工较为发展的基础上,出现了商业资本深入生产领域及支配生产的情况;而中国农村由专业分工及社会分工发展较低,就一般情况而言,商业资本尚未深入生产领域,更未取得支配生产的地位。

在日本农村,随着商品经济小生产的发展,出现了为数可观的新兴在乡商人。例如河内八尾周围地区,19世纪中叶,在乡商人已达一百八十四人。

---

① 根据(美)黄宗智:《华北的小农经济与社会变迁》,中华书局1986年版,第321至328页的附表计算。
② (美)黄宗智:《华北的小农经济与社会变迁》,中华书局1986年版,第197页。
③ 同上书,第324页。

◀◀◀ 东方文化圈内的不同趋向

其中的丹北郡在1791年(宽政三年)不过二十六人,到19世纪中叶,便增至七十人,其中不乏像池田家那样每年从事白棉布交易达一万二千一百九十一疋至二万零四百七十一疋的商人。①再如上州山田郡的大间间,1828年(文政十一年)时共有人家六百八十九户,其中专门从事农业的为二百九十一户,在乡商人和手工业者则达三百九十八户。②又如上田藩上盐尻村1833年(天保四年)时,共有人家一百七十户,其中六十九户为在乡商人。事实正如守屋典郎先生所指出的那样:"随着农民商品生产的增大,农村商人在农民中间到处成长起来。"③

日本农村与中国农村相比,有着专业化分工和社会分工较为发展的特点。由于具备这一特点,在乡商人发展起来后,便易于通过"放纱收布"或"放机收布"等方式,使商业资本深入生产领域乃至支配生产。根据三瓶孝子先生的研究,"德川中期以后,棉布需要量大增,商品流通发达,随着市场扩大,生产方式必然变革,从原有的贩运公司中产生了织东,织东向农民放机收布,这就产生了放机制度"。④根据井上清先生的研究,"随着商品流通和生产的进一步发展,有的富农乘机兼做商业资本家,不但收买农村家庭手工业的产品,贩卖牟利,有的还事先贷给农民原料,使农民用自己的工具加工,而给以微不足道的加工费(一般都是给产品)来收买产品。更进一步,例如棉织业等,不但棉纱,连织机等一切生产手段,统统由商业资本家供给农家,生产者只出卖劳动力,加工费也多改用货币支付的工资形式",⑤因而出现了包买商乃至手工工场主。守屋典郎先生也指出:"德川时代中期以后,商人不仅向农民购买作物,而且经由批发行方式进行控制和组织生产。于是小农就不经过本家⑥而独立地与批发行发生关系。"⑦反映上述观点的史料很多,如1843年(天保十四年),位于畿内地区的宇多大津村中便有赁织九户,

---

① 安冈重明:《商业的发展和农村构造》,见宫本又次编《商业性农业的展开》,有斐阁1955年版。
② 长谷川伸三:《幕藩体制崩坏时期在乡町的动向》,见《地方史研究》第十四卷第四号。
③ 守屋典郎:《日本经济史》(中译本),生活·读书·新知三联书店1997年版,第14页。
④ 三瓶孝子:《日本棉业发达史》,庆应书房1941年版,第28页。
⑤ 井上清:《日本近代史》(中译本),商务印书馆1972年版,第7页。
⑥ 一族的嫡子之家称本家,庶子之家称分家。
⑦ 守屋典郎:《日本经济史》(中译本),生活·读书·新知三联书店1963年版,第12页。

丝稼一百六十四户,赁织、赁纺的问屋制家内工业广泛存在。不仅该村如此,附近的村庄中也可以或多或少地看到这种情况。①再如尾张西部地区木曾川东岸鹈多须代官所管的四十二个村庄中,1844年(天保十五年)有织户三百二十二户,织机一千四百三十五台,其中"出机",即租赁来的织机便有四百七十一台。②又如桐生芦川等地的一些织户,"缺少资金,不得不靠借贷或向批发商预支原料。他们完全在商人资本的控制下,又靠商人供给原料,又靠他们销售棉布"。③到德川时代后期,这种由商业资本家支配的家庭工业,在农村纺织工业中占据了主要地位。据三瓶孝子先生研究,当时"织布业不仅设在产棉区,还发展到邻近地区,这种织布业都是以批发行的家内工业为主"。④

中国由于土地可以自由买卖,商人往往根据传统的"以末致财,用本守之"的原则从事经济活动,将经商所积累的资金用于购置田产,加上中国农村专业分工及社会分工程度较日本为低,这使中国的商业资本较难深入农业的生产领域,更谈不上取得支配地位了。以棉纺织业为例,像日本在德川幕府后期所出现的包买商,即那种"购买了暂时还占有生产工具但已经不再有原料的劳动力","成了超过他原来商业利润以上的剩余价值的占有者",并且"为了达到这个目的,还必须使用追加资本,以便购买纱等物品并让它们留在织工手里,直到织成织物为止"的包买商。⑤在中国,是到了"放纱收布"或"放机"的阶段才出现的,即他们是在纺和织分离的基础上产生的;但这是在20世纪有了机制纱以后才出现的。

其三,德川幕府后期,日本农村已经出现一定数量的手工作坊和手工工场;而中国在鸦片战争时期,手工业基本上仍然属于农民的家内劳动。

由于日本农村以价值增殖为目的的商品经济小生产者不断增多,势必加速两极分化。例如福山城下郊外市村的土屋家,从1699年(元禄十二年)的检地账看,所持土地连一反也不到,以后由于从事棉花等经济作物的种

---

① 津田秀夫:《幕末期的雇佣劳动》,见《土地制度史学》八号;中村哲《明治维新的基础构造》,未来社1968年版,第51页。
② 盐沢君夫、川浦康次:《寄生地主制论》,御茶の水书房1957年版,第149页。
③ Mikid Samiya/Koji Taira《日本经济史大纲》(英文本)第139页。
④ 三瓶孝子:《日本棉业发达史》,庆应书房1941年版,第30页。
⑤ 恩格斯:《价值规律和利润律》,见《资本论》卷三增补,人民出版社1975年版,第1025页。

植,到1773年(安永二年)所持土地达十七余石(折合一町三反左右),到1807年(文化四年)所持土地达四十四石(折合三町四反左右)。① 又如丹北郡的池田家,在延宝年间只有地九石,由于兼营棉布生意,到1867年(庆应三年)持有土地达四十石。② 上述情况并非罕见,根据对畿内产棉区摄津、河内农民情况的调查,可以发现天保期以后持有土地十石左右的中农层加速分解,土地进一步向上层本百姓手中集中,而持有土地五石以下及无高农民数量增多。详情见下表:

摄津、河内棉作地区农民分化情况表③

	土地所有规模	天保期(户)	开港前(户)	明治初期(户)
摄津	100石以上	0	0	0
	50—100石	2	2	3
	30—50石	9	11	11
	20—30石	15	12	18
	10—20石	40	33	28
	5—10石	38	35	33
	5石以下	73	77	79
	合　计	177	170	172
河内	100石以上	2户	3户	3户
	50—100石	8	9	11
	30—50石	11	8	7
	20—30石	15	13	8
	10—20石	22	20	18
	5—10石	23	20	18
	5石以下	54	53	43
	合　计	135	126	108

日本农村的手工作坊主及手工工场主的重要来源之一便是富裕农民。例如和泉宇多大津村,1843年(天保十四年)时共有二百七十七户人家,其中二百三十五户与棉织业有关。在这二百三十五户中有十四家织户,共有族

---

① 冈光夫:《幕藩体制下的小农经济》,法政大学出版局1976年版,第125、126页。
② 安冈重明:《商业的发展和农村构造》,见宫本又次编《商业的农业的展开》,有斐阁1955年版。
③ 有关数据来自下述著述:山崎隆三《地主制成立期的农业构造》,青木书店1961年版,第40—43页;布施市史编纂委员会编《布施市史》第二卷,1967年版,第496—497页。

劳力四十六人,雇用劳力四十七人,各户平均拥有劳力为七人,其中最大的一家织户,拥有家族劳力四人,雇用劳力二十三人。再如尾张西部地区木曽川东岸鵜多须代官管内四十二个村庄,1844年(天保十五年)有织户三百二十二家,织机一千四百三十五台。在其中的起村,独自拥有织机五台以上的织户有十家,雇用劳动力达五十人,最大的一家拥有织机八台,雇工十人。小信中岛村还有拥有织机二十六台的织户。上述织户实际便是由富裕的农民棉手工业者中产生的手工作坊主。①

又由于日本在乡商人大量出现,商业资本深入生产领域在德川幕府后期,这种由商业资本支配的家内生产在农村中占据了主要地位,这也为进一步组织手工作坊及手工工场提供了良好的基础,成为日本农村手工作坊主及手工工场主的另一重要来源。这一情况如井上清先生指出的:"绢绸和木棉的织品,一开始虽然都是由农家的妇女们用自家的原料、自家的织机和其他工具织成的,但逐渐地这些制造品的中间批发行就预先贷给织布者以织机和原料来织(纺纱时也是预先贷给棉花的),成了在批发行(资本家)支配下的手工业而生产了。比这种形式再进一步,批发行自己也有了很多的织机,而且还雇用了称作机织下女的女工,使其在小工场内劳动,在缫丝方面,也是买进茧来使女工来操作的。而在更进步的时候——主要是进入了十九世纪以后——在工场内,很多的女工分工地来作一桩事情的所谓工场手工业也发生了。"②

综上所述,可知通过富裕农民的上升及在乡商人的投资,到德川幕府后期,日本农村已出现了相当数量的手工作坊及工场手工业,有的达到了较大的规模。如武州,在天保年间(1830—1844年)便有使用百余人的棉织业手工工场。③

目前,日本学术界对德川幕府后期日本的工场手工业究竟发展到何种程度尚有分歧,但承认工场手工业已经出现,并有了一定程度的发展,则是

---

① 津田秀夫:《幕末期的雇佣劳动》,见《土地制度史学》八号;中村哲:《明治维新的基础构造》,未来社1968年版,第51页;盐沢君夫、川清康次:《寄生地主制论》,御茶の水书房1957年版,第151页。

② 井上清:《日本历史(国史批判)》(中译本),生活·读书·新知三联书店1957年版,第138页。

③ 土屋乔雄:《日本经济史》,弘文堂1964年版,第105页。

没有疑义的。即便像楫西光速先生这样认为幕府后期日本经济还未发展到工场手工业占统治地位阶段的学者也认为："一般说来,幕末诸工业的生产形态,可以认为是资本主义家庭劳动乃至批发行支配的家庭手工业占统治地位。可以认为已有相当的工场手工业或接近工场手工业。"①

中国由于农业劳动生产率较日本低,农业能够提供的剩余产品少,加上土地自由买卖程度比日本高,富裕农民中连手工作坊主都很难产生。例如,到鸦片战争前夕,农民小商品生产最发达的江南松江七邑的布上市量已达二千数百万匹,有"衣被天下"之称,然而由于纱无法提高商品化,作为其后道工序的织布业就只能长期关闭在小农家内,连独立的小商品生产的小作坊也没有,更不要说工场手工业了。又由于中国的商业资本较难深入农民的生产领域,更没有如日本的商业资本那样对农民的家庭工业取得支配地位,因而经过商业资本的进一步组织而形成工场手工业也较日本困难。当然,这并不是说清末中国就没有工场手工业,例如根据今人调查,山东淄川县栗家庄有一个地主兼丝织机房主的毕家。这家在乾隆时有一百余亩地,并做机户,由一张机增至几张机。到道光二十年(1840年),他家有三百余亩地,他家的恒盛机房也已有二十张机。到光绪二十年(1894年)前后,有约九百亩地,恒盛机房也发展为拥有二十六间厂房,七十二张机,雇工一百余人的工场。②但这是我国发现的在鸦片战争前丝织业工场手工业的唯一实例。因此,尽管当时中国部分先进地区经济上的资本主义因素的最发达的程度可能不一定亚于日本,但如果就其普遍程度而言,从目前掌握的资料看,中国与日本有相当明显的差距。

---

① 楫西光速:《日本经济史》(全订版),御茶の水书房1975年版,第110页。
② 景甦、罗仑:《清代山东经营地主底社会性质》,山东人民出版社1959年版,第68—76页。

第三章
日本商品经济与中国商品经济的区别

一、商品经济的发展对中日两国封建社会所发生的作用存在明显差异

"资本在历史上起初到处是以货币形式,作为货币财产,作为商人资本和高利贷资本,与地产相对立。"①这种矛盾发展到一定程度,便将社会主要矛盾由封建主阶级与农民阶级的矛盾转变为封建主阶级与资产阶级的矛盾,最终导致封建社会的崩溃。但是在不同国度中,由于历史条件的区别,上述矛盾的具体过程会有不同的表现。

相比较中国而言,日本货币权和土地权的矛盾要尖锐得多。造成这种情况的根本原因是日本土地占有结构的封闭程度远远超过中国。如本书第一章所述,日本土地所有制是领主阶级对土地的集体所有与对这种所有的按等级的分割。这种土地所有权借以实现的经济形式便是领主向本领本百姓征收的年贡。本百姓是领主阶级主要的直接剥削对象。为了维护这种土地所有关系和剥削关系,日本领主阶级严格禁止土地买卖,并规定土地由长子继承,不许分割。贞享四年(1687年)幕府还发布有关命令,禁止商人投资开发新田,"町人请负之新田今后应停止"。②以后,幕府由于财政困难,为了扩大耕地面积,增加年贡收入,在享保七年(1722年)取消了禁止商人投资开发新田的命令,并允许商人将新开发的田地佃出去收取地租,在一定期限内

---

① 马克思:《资本论》(中译本)卷一,人民出版社1975年版,第167页。
② 《德川禁令考》前集二一一一号,东京创文社1981年版。

对新开田征收的年贡率也低于已耕地,但是新田开发出来,所有权仍属幕府,开发新田的商人必须承担缴纳年贡的义务,而且允许商人投资开发新田的命令基本上在天领范围内实行。由于天领和私领领地多有犬牙交错的情况,因此开出的新田经常遇到所有权的争执。例如,享保七年后,信州下高井郡米子村的竹前权兵卫经营信州滝山硫黄山积累了一定的资金,投资开发位于越后国北蒲原郡的紫云寺泻,开得新田二千町步。新发田藩主认为该新田位于新发田藩中,所有权应归新发田藩。几经争执后,幕府同意将该田地作为新发田藩的领地。[1]所有权归私领后,投资者的受益便很难得到保证。由于上述原因,尽管幕府取消了禁止商人开发新田的命令,但相当一部分商人,对将资金投入田地仍持有明显的保留态度。例如在元禄、享保时代已拥有日本最大商业资本的三井家,在当时的典当业务中尚不敢收入新开田地作为抵押品。享保十二年(1727年)三井家开设在大阪的两替店的手代在给主人的"献言"中便说:"关于收入新田地作为抵押品一事,前几年已讨论过好几次,因未得主人同意而中止了。""根据我的理解,主人之所以不让把新田作为抵押品,或者是考虑到会流入外行手中,或者是担心作为抵押品的新田如果是领地替和私领就麻烦了。"[2]

此外,日本有着严格的身份制。这一身份制是以对土地的封闭式的占有结构为基础的,又是为维护这一封闭式的土地占有结构服务的。武士等级以外的其他社会等级至多只能取得一定份额的土地占有权和使用权,却无缘掌握土地的所有权。这更使商业资本不易流向土地。

在上述情况下,日本的货币权与土地权必然处于较为对立的状况。

由于货币权与土地权的矛盾比较尖锐,日本的领主经济难以吸收商业利润和高利贷息,形成强大、统一的经济力量。

中国土地可以自由买卖,虽然也有"士农工商"的社会等级区别,但这种区别不是世袭和凝固的,可以流动。这与日本封闭式的土地占有结构和凝固的身份制有显著不同。这种条件易于形成地主、商人、高利贷者的三位一体,使地主、商人、高利贷者得以共同分享货币和土地权。

---

[1] 北岛正元:《土地制度史》Ⅰ,山川出版社1975年版,第186页。
[2] 同上书,第154页。

第三章　日本商品经济与中国商品经济的区别

在中国封建社会中,农业是主要的生产部门,土地是主要的生产资料,又可以买卖,置办地产便成为社会财富最稳妥的生息形式和主要归宿。康熙年间安徽桐城县张英在《恒产琐言》中曾作如此论述:"天下货财所积,则时时有水火盗贼之忧。至珍异之物,尤易招来速祸。草野之人有十金之积则不能高枕而卧。独有田产,不忧水火,不忧盗贼。虽有强暴之人,不能竟夺尺寸;虽有万钧之力,亦不能负之以趋。千万顷可以值万金之产,不劳一人守护。即有兵燹离乱,背井去乡,事定归来,室庐畜聚,一无可问,独此一块土,张姓者仍属张,李姓者仍属李,芟夷垦辟,仍为殷实之家。呜呼!举天下之物不足较其坚固,其可不思所以保之哉!"这一论述相当生动地反映了中国封建社会对土地价值的特殊认识。

从上述认识出发,不仅地主阶级千方百计地扩大土地所有,商人和高利贷者也往往将自己通过经商和放高利贷而积累下的相当一部分资金用来购买土地,使自己跻身地主之列,进可以经商牟利,退可以佃田收租,以减少专营商业和高利贷发放的风险。到乾隆年间,由于承平日久,"丁口愈盛,食指愈繁,田地贵少,寸土为金"。①商人、高利贷者对土地贪求表现得更加强烈,"近日富商巨贾挟其重资,多买田地,或数十顷或数百顷"。②"约计州县田亩,百姓所自有者不过十之二三,余皆绅衿商贾之产"。③逢到凶年荒岁,商人、高利贷者购买土地的活动往往更为活跃。乾隆五十一年,"豫省年岁不登,凡有恒产之家,往往变卖糊口。近更有于青黄不接之时,将转瞬成熟麦地贱价准卖。山西等处富户,闻风赴豫,举放利债,借此准折地亩。贫民已经失业,虽遇丰稔之年,亦无凭借。……是富者日益其富,贫者日见其贫"。④20世纪60年代河南南召县对地主家族史的调查中有这样一则记载:一个叫彭太的山西曲沃商人,乾隆年间"每年的商业剥削约有几十万两银子的收入",几年之内在南召县买地"猛增到六百多顷"。⑤

商人、高利贷者通过购买土地转化为地主,以减少从事商业及高利贷

---

① 《清高宗实录·乾隆七年九月》,华文书局影印本1980年版,卷一七五。
② 胡定奏折,见《清代户部钞档》,乾隆五年。
③ 方苞:《清定经制劄子》,见《方望溪全集》,中国书店1991年版,集外文卷一。
④ 蒋良骐:《东华录·乾隆》卷一零三,中华书局1980年版,第19页。
⑤ 《罪恶之家》,河南人民出版社1964年版,第146页。

活动所承担的风险;地主眼红于商人及高利贷者获得更高剥削率,往往将部分地租用于商业及高利贷活动,以牟取更多的货币财富。例如康熙年间,缙绅地主、原任少詹事高士奇,"亲家陈元师、伙计陈秀芳,开张段号,寄顿各处贿银资本约至四十余万"。此外,在"苏松淮扬,王鸿绪等与之合伙生理,又不下百余万"。①缙绅地主,原任刑部尚书任乾学"发本银十万两,交盐商项景元于扬州贸易,每月三分起利。本年七月间,著伊孙婿史姓家人李相,押项景元于八月二十日到京算帐,共结算本利一十六万两。又布商陈天石新领乾学本银十万两,见在大蒋胡同开张当铺。其余银号,钱庄,发本放债,违禁取利,怨声载道"。②缙绅地主如此,庶民地主也不例外。如"台州太平县乡户金某,富甲一方,家资万。今年台温两府,米粮昂贵,贫民食用维艰。金复积货居奇,藏米数千石,不肯出粜,故昂其价"。③又如光绪二年四月,山东烟台"天旱无雨,有一富户意欲囤积居奇,将各村米谷尽行收买"。④

因此,在封建的中国,地主、商人、高利贷者往往都是一身而三任,地主同时又是商人、高利贷者;商人同时又是地主、高利贷者;高利贷者同时又是商人、地主。而且,随着商品经济的发展和土地商化程度的加深,地主、商人和高利贷者在从事地租、商业和高利贷剥削方面的机会日见均等,上述三位一体的情况更见明显。由于这种关系,在中国,地租、商业利润和利息之间的转化很少遇到障碍。这使作为统治阶级的地主阶级,既能控制土地权,又能通过经营商业和高利贷控制货币权,从而把最稳妥的生息形式和能获得高额收益的生息形式糅合一起,形成以地租剥削为基础的、结合商业利润和高利贷息的"三位一体"的封建经济。这是一种远比日本领主经济更能经受得起商品经济冲击的强大和统一的封建经济。在这种封建经济中,商品经济要发挥促使封建社会结构解体的作用是相当困难的。

---

① 蒋良骐:《东华录·康熙》,卷四十四,中华书局1980年版,第23页。
② 同上书,第25页。
③ 《益闻录》第691号,光绪十三年七月初九日。
④ 《申报》光绪二年四月十八日。

二、日本在江户时代中期已形成统一的国内市场，而中国在鸦片战争前，仍多为分散的小市场

　　统一的国内市场的形成，与交通运输的发达是分不开的。日本国土较小，又是一个海岛国家，各个地区距离大海都不超过七十英里。这种自然条件很便于形成遍及全国的发达的交通网。故山鹿素行曾不无自得地说：日本"上西下东，前拥数州，有河海之利；后据绝壁，濒临大洋，每州皆可漕运。故四海虽广，犹如一家"。① 为了加强对全国的控制，幕府修建了江户至京都之间即太平洋沿岸的东海道，贯通于本州中部山区的中山道，江户至日光之间的日光街道，从日光街道的宇都宫到白河的奥州街道，从江户到甲府之间的甲州街道。除上述五条主要干道外，各地方还修建了称为"胁街道"或"胁往还"的街道，发展起使用牛马驮运货物的收费驮运业。陆路交通外，日本还充分利用其得天独厚的自然条件，建立了发达的海运业，大宗货物的运输主要依靠海运。南海路，即从大阪至江户之间的太平洋海岸行路最为发达，这里航行的船只达四百艘以上，载重量共计四百石（二十至四十吨）。西海路，即从大阪经过濑户内海，绕九州北岸到达长崎的航路也很发达，一直是日本西半部的中央大动脉。为了把奥羽的幕府领地的粮米和其他年贡物资运到江户，1671 年，江户的大商人河村瑞轩受幕府委派，开辟了从陆奥沿岸经过太平洋到达江户的东部航路。第二年，又开辟了从松前和出羽的各港，经过日本海，到达下关的西部航路，在日本历史上首次完成了以江户和大阪为中心的、连接整个日本沿岸的海上交通路线。它与上述以五条主要街道为干线的陆上交通线相衔接，形成了联系全国的交通网。这为统一的国内市场形成提供了重要的前提条件。

　　日本的幕藩制是建立在领主阶级对本百姓直接剥削的基础之上，本百姓向领主阶级缴纳的实物年贡主要是米。领主阶级剥削来的年贡米，除自己和家臣团食用外，余者出售于市场，换取货币，购买枪支、其他武器等军需品和诸如布匹、绢帛之类的手工业品，以满足统治及消费需要。大量年贡米

---

① 信夫清三郎：《日本政治史》（中译本）卷一，上海译文出版社 1982 年版，第 49 页。

东方文化圈内的不同趋向

的出售,以及手工业品的购入,使领主阶级要求形成大规模的市场。

幕府为了限制各大名经济力量的发展,禁止各大名及武士直接与外国人进行贸易,力图使"各大名成为原料产地,而以幕府直辖都市(即江户、大阪、京都)作为加工和贩卖地",①以造成各藩对幕府统治机构所在的中央地带的依附。因而各藩对主要手工业品的需求,及为此而进行的交易,只有江户以及大阪、京都所在的畿内地区才能得到满足。

1635年(宽永十二年),幕府为了加强对各大名的控制,实行参觐交代制度,各大名的妻、子作为人质长住江户,各大名则年隔一年地至江户侍奉将军。各大名往返于江户时,带有大量随从,以前田氏等有力大名,所带随从往往多达四千余人。当时有童谣形容这种情况:"纹金的箱笼,齐整的随队;桥子前面,奴仆卑顺,长矛摇动……"②为了维护这种奢侈生活和大规模往返,各大名必须在江户、畿内地区消耗大批年贡米。例如佐贺藩1599年(庆长四年)的上述支出占全部藏米的百分之三十五,1604年占百分之四十七。荻藩1632—1636年(宽永九—十三年)五年均占百分之六十。③这进一步刺激了年贡米和其他物资由全国各地向江户、大阪、京都等地的输入。据依田熹家先生分析,江户时代中期,日本便形成了以大阪为中心的统一的国内市场。④

为了保管和出售年贡物资,大名们在大阪等地设立了许多"藏屋敷"(仓库)。据统计,仅大阪一地,1747年为八十九处,1756年为八十五处,1783年为七十七处,1814年为九十二处,1835年为一百一十处。⑤自西部航路形成后,元禄年间,每年从各地输往大阪的年贡米达一百十八万石——百四十万石。整个近世中后期,每年都保持在一百万石——百五十万石左右。⑥下表反映的是元禄至文政年间各地向大阪输送米的具体情况:

---

① 安冈重明:《幕藩制的市场构造》,见岩波讲座《日本历史》卷十:《近世》二,岩波书店1974年版,第263页。
② 高木卓:《日本的历史》卷三:《士、农、工、商》,读卖新闻社1972年版,第126页。
③ 中部た子:《近世都市社会经济史研究》,晃洋书房1974年版,第48—49页。
④ 依田熹家:《十九世纪后半叶日中两国的近代化》,见《社研研究シソース》十六号昭和五八年六月,第5页。
⑤ 本庄荣治郎:《日本社会经济史概论》,清文堂出版社1973年版,第457—458页。
⑥ 宫本又郎:《近世初期大阪的领主米谷流通》,见《国民经济杂志》卷一二五,第6号。

日本元禄至文政年间各地输送稻米至大阪一览

	元禄末年 藩数	元禄末年 登米高（万石）	元禄末年 比例（%）	享保初年 藩数	享保初年 登米高（万石）	享保初年 比例（%）	延享四年 藩数	延享四年 登米高（万石）	延享四年 比例（%）	安永六年 藩数	安永六年 登米高（万石）	安永六年 比例（%）	文政年间 藩数	文政年间 登米高（万石）	文政年间 比例（%）
九州	26	42.2—51.9	35.7—36.8	8	26.5—32.0	34.3—35.2	23	36.0—44.4	40.1—37.5	21	34.8—42.2	40.6—37.4	28	57.9—66.0	33.2—34.2
四国	10	11.1—15.5	9.4—11.0	4	9.5—10.6	11.4—11.7	8	10.9—15.1	12.1—12.8	7	10.7—14.8	12.5—13.1	12	20.7—22.9	11.9—11.9
中国	14	25.9—30.9	21.9—21.9	5	27.0—29.0	32.5—31.9	10	23.9—28.8	26.6—24.3	7	24.2—28.8	28.2—25.5	14	41.0—45.4	23.5—23.5
近畿	8	6.5—7.2	5.5—5.1	2	4.0	4.8—4.4							18	11.7—13.3	6.7—6.9
北陆	4	23.5—24.6	19.9—17.4	6	14.2—15.2	17.1—16.7	1	11.0—20.0	12.2—16.9	1	11.0—20.0	12.8—17.7	10	19.25—20.35	11.1—10.5
中部关东	1	1	0.8—0.7							1	1.0—2.0	1.2—1.8	5	3.4—3.6	2.0—1.9
东北	2	8.0—10.0	6.8—7.1				2	8.0—10.0	8.9—8.5	1	4.0—5.0	4.7—4.4	12	20.2—21.4	11.6—11.1
总计	6.5	118.2—141.1	100.0—100.0	25	83.2—90.8	100.1—99.9	44	99.9—100.0		38	85.7—112.8	100.0—99.9	99	174.15—192.95	100.0—100.0

从上表中可以看出，几乎全国各地、各藩都有大量年贡米输入大阪，其中以九州地区最高，占三至四成，四国地区居次，占二至三成，北陆地区第三，占一至二成，近畿地区数量最少。可见，长距离贸易占据重要地位，这些输入大阪的年贡米在大阪基本作为商品米出售。北陆的米市在日本当时号称第一，据说一刻间便有数额达银五万贯目的行市交易。①

---

① 井原西鹤编写：《日本永代藏》卷一，译林出版社1994年版。

◀◀◀ 东方文化圈内的不同趋向

  大阪在输入大量年贡米的同时,向各地输出大量商品,据统计1714年(正德四年),从大阪输往各地的商品价银达九万五千七百九十九贯。①

  如果比较一下大阪输出、输入商品的种类,可以发现输入大阪的商品主要是以米和杂谷为首的农产品及水产、林产。例如正德四年,输入大阪的商品为一百十九种,主要有米、菜籽、木材、大豆、盐、小麦、盐鱼、胡麻、生鱼、苎、炭、干鱼、薪、烟草、棉花等种类,而自大阪输出的商品则是以农产加工品和金属制品为主的手工业制品。例如正德四年,由大阪输往全国各地的商品为九十五种,主要有菜籽油、条纹布、精炼铜、白布、棉籽油、旧衣服、皮棉、酱油、铁制工具、豆饼、麻油等种类。②这反映畿内地区和各藩所进行的商品交换已具有相当明显的社会分工基础。

  中国是一个拥有辽阔国土的大陆国家,虽然有较长的海岸线,但能利用海运之便的仅是沿海之地。内陆运输主要依靠横贯东西的长江及连接南北的大运河,此外还有珠江水系、淮河航运,以及黑龙江、松花江等。虽然到清中期,中国的内河航运路线全部航程达到五万公里上下,大体具有了近代的规模,但是由于道路及交通工具的限制,陆路运输始终处于辅助地位,又无可以普遍利用的海运条件。因此,中国当时绝不可能在二十多倍于日本的广阔土地上形成如日本那样遍及全国的发达的交通网。1936年12月,毛泽东发表《中国革命战争的战略问题》时,还把中国交通发展的不平衡作为中国政治经济发展不平衡的重要表现之一,指出:在中国"若干的铁路航路汽车路和普遍的独轮车路、只能用脚走的路和用脚还不好走的路同时存在"。③这给中国统一的国内市场的形成带来严重障碍。

  中国没有兵农分离制度和参觐交代制度,除皇族和一部分缙绅地主居住在城市外,绝大多数庶民地主居住于乡间。这使中国统治阶级的消费活动,不像日本领主阶级的消费活动基本集中在城下町,特别是江户、大阪、京都等中央地带,相对来说比较分散。

  中国的城市市场也是以地主阶级的消费需要为基础发展起来的。但是其主要消费人口不是日本那样年隔一年地来往于江户和各藩的大名,而是

---

①② 大石慎三郎:《正德四年大阪进出商品表》,见学习院大学《经济论集》第三卷一号,1966年。
③ 《毛泽东选集》卷一,人民出版社1991年版,第187页。

定居于城市的皇族和部分缙绅地主;其主要消费资金不像日本那样来源于各大名在中央地带出售本藩年贡米所得货币,而来源于俸禄,俸禄取自清政府的赋税收入,清时赋税普遍征银,运往京城的漕粮,主要供皇族、官绅及军队消费,而不像日本年贡米那样转化为商品。

同时,因中国实行的是中央集权下的郡县制,在这种制度下,虽然中央政权一般也掌握超过地方的经济力量,以防尾大不掉,但是没有也不可能像实行分封制的日本那样使各大名领成为原料产地,而以幕府直辖都市作为加工和贩卖地。因此,在中国,都市与农村之间因社会分工不同而产生的商品交换远不如日本发达,商品流通往往是单向的,城市手工业产品很少流入农村。

综合以上原因,中国一些重要都市虽然在政治、文化上居于中心地位,但与全国的经济联系,却远不如日本的江户、大阪、京都那样密切。而前述交通条件的限制,又使中国长距离运输十分困难,如封建政府视为"京师之命"的漕粮转运,虽占大运河之利,但"中间公私不赀之耗,至有费过本粮原额一倍者"。[①]因此,清时长距离贸易虽有发展,但在整个商品流通中所占的比例仍很小。据估算,居市场流通量第一位的粮食,"鸦片战争前约有二百四十五亿斤,其中进入长距离流通的不过占 22%。居市场流通量第二位的棉布约有三点一亿匹,它更主要在地方小市场和区域内流通,进入长距离贩运的不到 15%"。在此比例中,还应注意商品中的虚假成分,上述粮食长距离流通中即包括农村单向流出的部分在内,单漕粮即有五百万石。[②]这使中国的商品流通不易突破空间限制,很难像日本那样较早地形成统一的国内市场,鸦片战争前,乃至鸦片战争后一个相当长的历史时期内仍以地方性小市场为主。如安徽宁国县并非边远地,但"清咸丰前,民康物阜,盐以外,几无外货入境"。[③]此外如"商贾罕至",农民"白首不至城市"等记载,在地方志上屡见不鲜。这种县区,就全国来说,恐怕还占多数。

[①] 王尔缉:《裕国便民饷兵备荒兼得之道》,见《切问斋文钞》17,1864 年刻本,收于文苑出版社《清代经世文全编》2012 年版。

[②] 许涤新、吴承明主编:《中国资本主义发展史》卷一,人民出版社 1985 年版,第 685 页。

[③] 李丙鏖总纂:《宁国县志》卷八,民国二十五年版,存于宁国市档案馆等处。

第四章
中日两国政治体制的区别

一、双轨制政体与以皇帝为中心的单一政体

德川幕府时期的日本政体是一种双轨制的政体,一方面存在着日本名义上的最高统治者天皇及其行政机构;另一方面存在着日本实际上的最高统治者德川将军及其行政机构。

日本古时的统治者称"大王",据传从圣德太子颁布著名的十七条宪法及下令编纂《天皇记》和《国记》始改称天皇。十七条宪法规定:"国非二君,民无两主,率土兆民,以王为主",确立天皇为日本最高统治者。《天皇记》和《国记》则记载了天皇家世和各氏族贵族的谱系,里面收录了不少以天皇家的所谓神祖——天照大神为中心,及隶属于天皇的各氏族贵族的所谓神祖进行活动的传说,使天皇具备了神的崇高地位。

但大化改新以前,日本实行的不是以天皇为顶端的中央集权制,而是以天皇为代表的王族和各中央贵族的联合统治。在大和的这些族长们联合之后,推出了一个作为他们最高统治者的就是天皇。天皇的地位确定成世袭一事,最早也是在4世纪。但即使在那时候,天皇死后也还是经过各族长集议而立次代的天皇的。政体是模拟氏族制,即由势力比得上天皇的少数氏族族长组成朝廷,在他们下面由有势力的族长率领他们的氏人和属民分担政务,他们在朝廷的地位和职务都是世袭的。

公元645年6月,中大兄皇子等发动政变,迫使皇极天皇退位,拥立孝德天皇,废除模拟氏族制,仿照中国以皇帝为顶端的中央集权制,建立起了以天皇为顶端的中央集权制,由天皇任命官僚通过法律和行政机构实现对全

国的统治,史称大化改新。大化改新进一步加强了天皇的权威,甚至出现过在位十四年未曾用过一个大臣,万事独裁的天武天皇。《日本书纪》称:天地之间,"人是最灵,最灵之间,圣为人主,是以圣主天皇"。①将天皇作为神的化身加以歌颂。

日本经大化改新建立起来的中央集权制,虽然以中国的中央集权制为蓝本,但基础却与中国不同。

中国的中央集权制是在铁工具获得普遍使用,生产力发展,地主土地所有制逐步取代奴隶主土地所有制,各诸侯国纷纷实行封建变法的基础上,并经过春秋战国的长期兼并战争,严重削弱了旧贵族势力之后建立起来的。这是一种以地主土地所有制为基础的专制统治。地主与享有封地的奴隶主贵族不同,是通过租佃制剥削佃农的;他们只有土地所有权,而不像奴隶主贵族那样在自己的领地内拥有独立的行政权、司法权乃至军事权。但是租佃制的剥削方式同样必须依靠超经济力量的强制才能实行,这就使地主阶级要求相应的统治系统,掌握从土地所有权游离出来的行政权、司法权和军事权,以保护租佃剥削方式的实行。秦始皇所开创的以皇权专制为中枢,以宝塔式官僚机构为统治网的中央集权制,正是应这种需要产生的。所以王亚南先生指出:"没有封建的地主经济作基础,中央集权的专制官僚政体是不可能因为任何理由而发生与发展的。"②随着地主土地所有制的发展,到中国封建社会后期,即明清两代,以皇帝为顶端的中央集权制,达到了空前发达的程度。明时朱元璋废除宰相,取消中书省,提高原中书省下面吏、户、礼、刑、兵、工六部地位,使六部尚书成为政府最高行政长官,分别管理全国政务,互不统属,直接对皇帝负责。这样,使相权合于皇权,保证了皇帝的专制独裁统治。清定都北京后,仿照明朝阁部制度,确定内三院居六部之首,成为清朝的内阁,行使中央政府的职权。大学士兼六部尚书衔,辅助皇帝统辖百官,综理政务,统治全国。但是大学士并无以往历朝宰相的地位和权力。乾隆皇帝说:大学士"职仅票拟承旨,非如古所谓秉钧执政之宰相也"。③

---

① 《日本书纪》卷二十五,大化二年八月。
② 王亚南:《中国地主经济封建制度论纲》,华东人民出版社1954年版,第15页。
③ 《清高宗实录》,华文书局影印1980年版,卷一一二九。

因此，清时皇权发达，如嘉庆皇帝所说："列圣相承，乾纲独揽。"①

日本进入文明阶段要比中国晚得多。公元5世纪后才出现世俗王权的古代国家。其生产力的发展、社会的进化，很大程度上是在以中国为中心的亚洲大陆文化，特别是先进的铁制工具和农耕技术的影响下进行的。输入日本的为数不多的铁制工具，基本上掌握在氏姓贵族手里，其普及程度远远不如中国，因而很难对旧的生产关系造成根本性的突破，像中国奴隶社会后期那样，分化出大量新兴地主、自耕农和佃农。在日本，以母系为中心的招婿制直到镰仓幕府建立(公元12世纪)还在婚姻形式中占据支配地位。嫁娶婚制至德川幕府时期方成为日本各阶层占统治地位的婚姻形式。这更限制了新兴地主、自耕农和佃农的形成和发展。因此，至大化改新前，日本还处在以部民制为特征的奴隶社会。大化改新模仿中国以皇帝为顶端的中央集权制，实行以天皇为顶端的中央集权制；模仿中国的均田制，实行班田制，使大部分公私田部民转化为中央集权制下的公民(班田农民)，促进了封建生产关系的发展。但大化改新的发生，并非完全基于国内封建生产关系的发展，很大程度上是皇族及中央贵族面对其他氏姓贵族即地方豪族的发展，借鉴于中国以皇帝为顶端的中央集权制和均田制而进行的调整统治关系和巩固统治秩序的努力。

正因为大化改新不像中国由奴隶社会向封建社会的转变主要是以封建生产关系，即新兴地主、自耕农和佃农的大量涌现为基础的，因而其不可能，也没有力量在严重削弱氏姓贵族即地方豪族势力的基础上建立起以天皇为顶端的中央集权制，而是将地方豪族吸收进政权，转变为各级世袭官吏，"日本的国郡制和统一新罗的州郡县制、渤海的州县制相同，都仿效唐的州县制。但和实行本地人不任本地官的唐，及地方官由中央派遣，将当地豪族排除在领导机构之外的新罗和渤海相比，有很大的不同之处，即：(1)将当地豪族作为郡司，安排进国家的正式机构。(2)以郡为地方统治的基本行政单位。"②所以，远山茂树等先生指出："大化改新实际是代表皇权的中大兄皇子和代表豪族势力的中臣镰足(不满意苏我氏的独揽大权)合作的结果。因

---

① [清]梁章钜、朱智：《枢垣纪略》，中华书局1984年版，卷一。
② 森公章：《评的成立和评造》，见《日本史研究》299号，1987年7月。

第四章　中日两国政治体制的区别

此,内部包含两重因素,未能达到如中国那样的高度集中。"①

由于经大化改新后建立起来的日本古代天皇制内部包含上述两重因素,因此非但在其至盛时未曾达到中国那样的高度集中,而且历时不久,由于地方豪族势力的膨胀,特别是充任郡司者,利用其特殊身份,大量私垦荒地,侵吞公田,收容逃亡农奴,形成和发展起庄园经济,造成古代天皇制的经济基础——班田制的逐步瓦解。到9世纪中叶,天皇便几乎完全丧失了统治地方豪族的力量。到12世纪末、13世纪初时,源赖朝创立了以控制各地庄园的武士为基础的镰仓幕府。不久,镰仓幕府便取代天皇成为实际上的最高统治者。但镰仓幕府没有也不愿废黜天皇。因为第一,由于幕府本身在经济方面和皇室一样,仍然依靠庄园制,所以御家人侵犯本所和领家的利益②于幕府也不利。第二,为了统一拥有独自的领地而具有严重割据倾向的领主,必需利用皇室这样有利于加强统一者权力的精神权威。第三,为了巩固幕府的地位,必须确立封建的身份秩序。保留天皇、在名义上幕府的权力由天皇授予,有利于利用天皇长期占据的最高君主的地位,确立以幕府为中心的封建身份秩序,所以幕府允许天皇在名义上仍然保持着最高统治者的地位。这样,日本由大化改新建立起来的以天皇为顶端的中央集权制,没有如中国以皇帝为顶端的中央集权制那样随着地主土地所有制的发展得到加强,而是随着班田制的瓦解、庄园制的兴起,转化为双轨制政体,即"站在封建诸侯和幕府之上的精神的、半宗教性的"天皇③和实际上的最高统治者幕府并存的政体。

上述双轨制政体一直延续到德川幕府时期。德川幕府在实际上执掌了当时日本的最高权柄,极力限制和削弱天皇的权力和力量。1615年7月,德川幕府的第一代将军德川家康公布《禁中并公家众诸法度》(《有关朝廷和朝臣的各种法令》)规定"天子以才艺和学问为第一",力图让天皇完全脱离实

---

① 远山茂树等:《日本史研究入门》(中译本),生活·读书·新知三联书店1959年版,第128页。
② 班田制瓦解后,地方豪族把自己占有的领地形式上进献为中央贵族的庄园,以取不纳租税的权力,接受进献的人称为"领家"。地方豪族仅靠领家还不能免交租税时,就进一步作为更高级的有势力人的领地,这种有势之人称为"本所",在这里指公家即皇室势力。"御家人"在这里指与镰仓幕府结成主从关系的武士。
③ 井上清:《日本的军国主义》(中译本)卷一,商务印书馆1985年版,第144页。

际政治；还将皇室的领地限定为一万石，对一般的宫廷贵族仅发给少量的领地。但是德川家康的征夷大将军称号及其死后所获得的"东照大权现"的神号又都是天皇授予的。这说明天皇仍然在名义上保持着最高统治者的地位。

二、分封制与郡县制

德川幕府时期，通过分封制统治全国，即实行中央权力控制下的地方割据统治。

德川将军之所以采用分封制统治全国，允许各大名在中央权力控制下实行地方割据，根本原因是由于日本封建社会地主土地所有制始终未获得充分发展，德川幕府的统治是建立在由庄园制演变而来的领主土地所有制的基础上。在从战国大名发展来的领主中，德川家虽然比其他各个领主强大得多，却还不能将其他拥有相当实力的大名全部加以消灭。在这种情况下，为了巩固统治全国的地位，德川将军不得不以各大名臣服为条件，有限度地承认他们对部分领地的统治权。同时，又分封部分亲属和亲信，用以藩屏幕府。这样便形成所谓外样大名、亲藩大名和谱代大名。据统计，藩国数目十七世纪末为二百四十个，1813年（文化十年）时为二百五十五个，明治初年（1869年）时为二百八十四个。①

所谓外样大名，是经关原之战，德川家康取得了决定性胜利之后，方服从于德川家康的大名。例如加贺的前田、萨摩的岛津等大名。外样大名一般被封在尽可能边远的地方，像东北、四国、九州等处。亲藩大名即德川家康的被授予封地的亲属。德川家康的三个儿子分别被封在尾张（爱知县）、纪伊（和歌县）和水户（茨城县），称为御三家。由他们分衍出来的家族，称御三家门，以松平姓自称。御三家和御三家门合称亲藩大名。谱代大名是关原之战前德川家康的臣属，他们被封给领地后，便称谱代大名。亲藩大名和谱代大名一般被分封在政治、经济、军事上具有重要意义的地方，例如近畿、东海道、关东等地，通过他们监视各外样大名，控制全国。

为了巩固和加强将军的统治，德川幕府制定各种法令，采取许多措施力

---

① 井上清：《日本历史》（中译本）上册，天津人民出版社1974年版，第313页。

图限制、削弱各大名的权力和力量。1615年7月,即德川家康经大阪夏战消灭丰臣家后两个月,便命令各大名,每藩只准留一个城池,其余均须毁掉,并公布了《武家诸法度》(《有关武家的各种法令》),给予各大名种种限制,例如不准新建城堡,即使修复旧城的损坏之处也须事先得到幕府的批准;又如各大名未得到幕府同意,禁止结婚,等等。前面所提及的参觐交代等制度,也是用来削弱各藩力量,加强对大名控制的制度。

各大名则极力保持乃至扩大自己领地内相对独立的统治权。他们拥有类似幕府但缩小了的统治机构,在藩主之下由谱代即亲信的武士家族占有"家老""年寄"等执政和参政的要职。各大名同样拥有私属于他们的家臣集团。以萨摩藩为例,该藩在1602年(元和六年)、1639年(宽永十六年)、1659年(万治二年),分别拥有的家臣情况见下表:

萨摩藩拥有家臣情况①

知行阶层	1620年	1639年	1659年
10 000 石以上	2 人	28 人	6 人
5 000 石以上	5 人	28 人	3 人
2 000 石以上	10 人	22 人	15 人
1 000 石以上	16 人	22 人	15 人
500—999 石	30 人	49 人	46 人
400—499 石	15 人	24 人	26 人
300—399 石	39 人	65 人	43 人
200—299 石	62 人	75 人	111 人
100—199 石	116 人	157 人	150 人
30—99 石	133 人	326 人	439 人
30 石以下	311 人	342 人	309 人
0	75 人		
共 计	814 人	1 038 人	1 163 人

各藩拥有自己的武装力量,军役人员一部分由藏入地(大名直辖地)负担,大多数由家臣提供。1632年(宽永九年)萨摩藩拥有骑兵四百十一人,其中五十人由藏入地负担,其余的为家臣提供。岛原之乱时,萨摩藩主预

---

① 见《后编萨藩旧记杂录》九十三。

备参加镇压活动,曾提出本藩的军事动员计划,包括有军旗一百面、火枪三百支、弓二百张、长矛二百支、骑兵五十人、步兵一百五十人。①各藩的财政是独立的,对幕府没有纳税的义务,藩主在自己领地上收取的年贡由自己支配。

显然,实行分封制的日本,以德川将军为代表的中央势力与各大名之间存在着既互相对立又互相依赖的关系。幕藩体制正建立在这种矛盾的相对平衡状态之上。维持这种相对平衡状态的前提条件是:

(1)德川将军拥有较其他大名更为强大的力量,否则各大名将乘虚而起,打破以德川幕府为中心的平衡;(2)各大名也保有一定的力量,如果各大名失去立足依据,幕藩体制也将陷于瓦解。在这个意义上,可以说幕藩体制正是在德川将军为代表的中央势力及各大名谋求扩大或保持自身力量的复杂斗争中方得存续的。

中国封建社会实行的是郡县制。中国地主土地所有制出现得较早,并获得比较充分的发展。在此基础上,自秦始皇始,建立了大一统的封建帝国,废除分封制,实行由中央直接管辖的郡县制。到清时演变为督抚、道、府、州县四级。地方官吏由中央政权任免、调遣。清时外省知府、总兵以土,黜陟调补等事,都承旨经办;各官员之间有上下级之分,而无私属之名,最终均向中央政权负责,在政治、法律、军事上服从中央统一政令。在这种制度下,地方官吏形同皇帝指臂,绝不可能有日本大名那样在一定范围内实行独立统治的权力。柳宗元在《封建论》中评论郡县制的作用道:"秦有天下,裂都会而为之郡邑,废侯卫而为之守宰,据天下之雄图,都六合之上游,摄制四海运于掌握之内,此其所以为得也。"并指出即使当秦始皇"亟役万人,暴其威刑,竭其货贿",激起天下大乱时,仍"有叛人,而无叛吏。人怨于下,而吏畏于上"。很少有地方官员敢于参加造反的。②与日本分封制形成的中央权力控制下的地方割据局面比较,实行郡县制的中国形成的是"海内为郡县,法令由一统""主有专己之威,臣无百年之柄"的高度中央集权的局面。

---

① 见《后编萨藩旧记杂录》、《旧记杂录追录》。
② 《柳河东集》上册,上海人民出版社 1974 年版,第 45 页。

三、世袭身份制与可以变动的等级制

日本的身份制渊源很久,但其严格化是在16世纪,即丰臣秀吉推行太阁检地、实行兵农分离之后。

如前所述,按身份制规定,整个社会大致被分为士、农、町人、秽多、非人等社会等级。

士即武士,是日本的贵族阶层,日本社会的统治权由这个阶层掌握。武士内部还分有上至将军、大名、下至足轻等二十余个等级。武士在日本享有各种特权,例如当时的日本只有武士才能用姓,其他阶层则只能用名,也只有武士才可以佩刀,其他阶层一律不许拥有武器。甚至连足轻这样的下级武士在认为农民、町人举止无礼时,也有将他们杀死的权力。

农民和町人是日本的平民阶层。农民包括本百姓及名子和水吞。前者相当于中国的自耕农,被登录于检地账上,负有向领主缴纳年贡的义务;后者大多不被登录于检地账上,相当于中国的贫农和佃农,他们得以独立经营的土地数量很少,因而必须以被雇佣等方式依附于本百姓特别是上层本百姓,要承担年贡和地租的双重剥削。町人即手工业者和商人,但正式的町人是指在城镇中拥有自己的住宅和产业者。城镇的五人组便由这些人组成,幕藩统治者以他们为基础,对城镇实行管理。从理论上说,町人的社会地位比农民更低。

秽多、非人是日本的贱民阶层。他们被压在社会的最底层,受尽侮辱,生命也无保障。江户中期时,发生过一起町人和秽多争斗的事件,一名秽多被杀,处理这一案件的町奉行所宣布:"秽多的身份,只抵一般町人的七分之一,如果再有六名秽多被杀,方能处死一名下等町人。"①

按身份制规定,士、农、町人、秽多、非人等社会等级是世袭的、固定的,不同社会等级间的流动,尤其是较低等级向较高等级的流动,受到严格禁止。武士不许经商务农,农民、町人在通常情况下绝对无望跻身于武士之列,秽多、非人就更不用说了。高木卓先生指出:"等级身份制是维持日本封

---

① 高木卓:《日本的历史》卷三,读卖新闻社昭和四十九年三月版,第153页。

建制度的关键,所以幕府对此给以严格规定。士农工商的身份代代相传,靠才能和努力加以改变的情况几乎没有。"①

中国封建社会的社会阶层同样有高低贵贱之分,根据其职业及社会地位的高低,也可以区分为贵族、平民、贱民三个阶层,在各个阶层中又可以分出不同的等级。以清时为例,社会等级大致可以分为皇帝、宗室贵族、官僚缙绅、绅衿、平民和贱民等。皇帝及其宗室贵族是最高等级,享有至高无上的特权;官僚缙绅是现任的、离任的或仅虚衔而不任实缺的大小官员,享有次于皇帝及宗室贵族的特权;绅衿是指有功名而未任的人物,如举人、监生、生员等,也享有一定特权;平民包括无官衔和功名的庶民地主、富裕农民、自耕农、佃户、商人、雇佣劳动者、手工业作坊主、手工业工人,乃至僧、尼、乞丐等,这是清时主要的纳税和应差等级,不享特权;贱民指"奴仆及娼优隶卒"②,这是一个被压在社会最底层的等级,例如清律规定一般不成伤的斗殴,罪笞二十,但奴婢如殴主人"皆斩"。

中国封建社会虽然也等级森严,但远不像日本的身份制那样固定化。在上述的社会等级中,除了皇帝和宗室贵族是由血统决定的外,其他社会等级一般可以变动。

中国封建社会的绅衿和官僚缙绅自唐以后主要通过科举从社会各阶层中选拔。清时规定除贱民及其四世内子孙无权考试出仕外,其他社会等级都有应试出仕的权利。虽然由于经济条件的限制,平民中很少有读书的,更谈不上应试出仕了,但这至少使社会等级的变动具有了一种合法的可能性,事实上也确有一部分平民利用这种可能性,跻身于绅衿乃至官僚缙绅之列。

中国封建社会等级较低者还可以通过积功之途获得擢升。早在商鞅变法时便制定有军功爵制度,规定不论哪个社会阶层,皆可以军功升进。清时同光年间,一大批所谓"中兴之臣",如左宗棠、彭玉麟、李瀚章等便都是由庶民地主或绅衿以镇压太平天国之功而爬升为官僚缙绅的。

此外,中国封建社会还有捐纳之途,可以改变社会地位,即有钱者可以买官做。这使一批原来社会地位较为低下的庶民地主、商人得以跻身仕途。

---

① 高木卓:《日本的历史》卷三,读卖新闻社昭和四十九年三月版,第153页。
② 《大清会典·光绪》卷17:《户部》,光绪十九年上海图书集成印书局版。

由于中国封建社会各等级之间具有合法的途径可以流动,这使中国居于统治地位的社会阶层可以不断地从其他社会阶层中吸取新鲜力量以补充和更新自己,而其他社会阶层的成员由于存在上升至统治阶层的某种可能,也在一定程度上削弱了与统治阶层的对立。

这种具有可变性的等级制度,使中国统治阶层的社会基础比日本统治阶层要广泛而厚实得多。

四、以上层本百姓为主的基层统治机构与以地主士绅为主的基层统治机构

德川幕府时期日本的基层社会组织是村落,宽永年前村落中的本百姓每十户一组被编成十人组,宽永年后为加强对农民的控制,幕府及多数藩将十人组改成每五户一组,组内农民互相协助,同时也互相监督,组内如有不交纳年贡者,全体成员都要受罚;组内如有不法成员,其他组员必须及时检举,否则也要受罚。年贡是以村为单位收取的,称为村请制。显然,领主阶级对农民的统治和剥削最终都要落实到村落之中。在这个意义上说,幕藩统治是以对村落的有效控制为基础的。

领主阶级通过由"村役人"组成的基层统治机构控制村落。"村役人"按其职责一般分为三方面成员:村长,东日本称为名主,西日本称为庄屋,也有的地方叫肝煎;村长助理,称为组头;负责监督村长工作者,称为百姓代。这三方面成员合称"村方三役"。"村方三役"多由上层本百姓,特别是名主百姓担任。如木村礎先生所指出的:"名主百姓的多数与中世后期的名主系谱有直接联系",他们"在自己村内和近邻有很大威势。他们是征收年贡的代行人,有自己经管的隶属农民,还能支使其他本百姓。领主以这个阶层充当村吏,承担统治机构的末端权力"。[①]这使村役人与领主阶级存在相互依赖,利害与共的一面。

但是不管这些充当村役人的上层本百姓在本村落内拥有多大威势,他们与一般百姓一样仍然是年贡负担者,必须根据自己所占有的名田数额,按

---

① 木村礎:《日本村落史》,弘文堂昭和五十三年十月版,第261页。

东方文化圈内的不同趋向

和其他本百姓同样的比例向将军或大名缴纳年贡。同时,由于身份制的严格限制,在一般情况下,他们绝对无望跻身于统治阶层——武士等级,而只能世代相传地以农民身份归于平民阶层。这使充当村役人的上层本百姓与领主阶级之间也存在着以剥削与被剥削、统治与被统治为基础的矛盾,这种矛盾虽然不如一般本百姓及其他下层农民与领主阶级的矛盾那样严重,但在一定条件下,也会发展到相当尖锐的程度。因此,德川幕府时期日本农村的阶级斗争往往出现一种中国较少见到的情况,即"全村一揆"和"惣百姓一揆"。所谓"全村一揆"即整个村落不分贫富全部参加的反对幕藩统治者的斗争;"惣百姓一揆",即各个包括全体成员的村落联合起来反对幕藩统治者的斗争。在"全村一揆"中起主导作用的是村役人。在"惣百姓一揆"中,"组头、百姓代等中、下层村役人充当斗争领导核心的情况较多。但是,即使在这样的场合,名主、庄屋等主要村役人也不站在阻止一揆的方面,而是默认,或是在背后给以援助"。①

德川幕府后期,随着商品经济的发展,农村分化加剧;村役人中新兴地主和带资本主义倾向的豪农数量增加,他们与领主阶级的对立具有了更为深刻的内容。这使幕藩的基层统治机构变得更为脆弱。

清时,实行保甲制度。1757年清廷颁布的保甲法规定:每十户为一牌,设有牌头。十牌为一甲,设有甲长。十甲为一保,设有保长。每户门上悬挂一牌,上书户主姓名丁数,同时登入官府册籍,以使稽查。显然,清廷是通过由保甲长等组成的基层统治机构对广大农村加以控制的。

保甲长一般由地主士绅担任,其中不乏大家族之族长。1824年顺天府宝坻县衙令某处更换乡保的训示中便明确写道,"会同各庄绅耆牌甲及本领人等。在于本里村庄,选举家道殷实、历练老成一人"任乡保。②所谓家道殷实者,多为地主士绅。1854年宝坻县衙在关于更换乡保的信件中又写道:"历来旧章,选举乡保,必须书手合同首事绅民人等,公议保举"。③首事绅民人等公议保举出来的人物即使本人不是士绅,也往往是与士绅具有密切关系者。

---

① 木村礎:《日本村落史》,弘文堂昭和五十三年十月版,第269页。
② 北京中国第一历史档案馆顺天府档案第九十四包,1824年4月9日。
③ 北京中国第一历史档案馆顺天府档案第九十一包,1854年11月18日。

第四章　中日两国政治体制的区别

从根本上说,中国的地主士绅与日本的上层本百姓之所以成为封建统治在基层的依靠力量,是因为他们剥削农民剩余劳动的权力都是由封建国家加以保护的,但两者的社会地位却存在一定的差别。日本的本百姓,即使是上层者,在一般情况下也不可能进入统治阶层,而中国的士绅是有功名的地主,他们本身就属于统治阶层,那些不具功名的庶民地主,在社会等级上属于平民阶层,但与平民阶层中的其他成员相比,他们最有可能经过科举考试乃至捐纳获取功名,因此他们是统治阶层的主要后备力量。黄宗智先生说:"明清时期的国家政权,采取了间接的统治方法。即通过紧密控制的科举制度,掌握进入社会上层的途径,凭借爬升上层的诱饵,以换取村庄领导阶层对这个制度的忠诚。"[①]此话是有一定道理的。中国的封建统治者,特别是清廷非常注意笼络地主士绅,以发挥他们在基层统治中的特殊作用。汪辉祖说:"官与民疏,士与民近。民之信官,不若信士。朝廷之法纪,不能尽晓于民,而士易解析。谕之于士,使转谕于民,则道易明而教易行。境有良士,所以辅官宣化也。"[②]姚莹说:"缙绅之强大者,平素指挥其族人,皆如奴隶。""诚能折节降礼,待以诚信,使众绅士咸知感服,则所至敢于出见,绅士信官,民信绅士。如此则上下通,而政令可行矣。"[③]这使中国以地主士绅为主的基层统治机构与封建朝廷的一致程度,要超过日本以上层本百姓为主的基层统治机构与幕藩统治者的一致程度;中国封建朝廷对基层的统治要比日本幕藩统治者牢固而有效。

[①]　(美)黄宗智:《华北的小农经济与社会变迁》,中华书局1986年版,第258页。
[②][③]　《清朝经世文编》卷二十二,文海出版社1979年影印版,第23页。

第五章
中日两国在意识形态方面的区别

一、儒学在两国统治地位之牢固程度的不同

朱熹理学是儒学在中国封建社会后期的重要发展。它吸收释道宇宙论、认识论的理论成果，重建孔孟传统，不仅继承了儒家以"三纲五常"为核心的道德伦理思想，而且把"三纲五常"提高到"天理"的高度，使其既具有至高无上的绝对性、永恒性，又具有无处不在的普遍性。从而要求人们"存天理、灭人欲"，自觉地使自己的思想和行为适合君臣、父子、夫妻之封建等级关系。朱熹说："所谓天理，复是何物？仁、义、礼、智岂不是天理？君臣、父子、兄弟、夫妇、朋友岂不是天理。"[①]又说："孔子所谓'克己复礼'；《中庸》所谓'致中和、尊德性、道学问'；《大学》所谓'明明德'；《书》曰：'人心惟危，道心惟微，惟精惟一，允执厥中。'圣贤千言万语，总是教人明天理，灭人欲。"[②]显然，这是一种为封建统治阶级加强专制主义中央集权制度服务的思想。因而，由元至清，它始终在中国的意识形态领域高踞统治地位。

德川幕府时期的日本与封建社会后期的中国一样，以朱熹理学为统治思想。

德川幕府第一代将军德川家康声称："凡欲主天下者，必当通四书之理，苟不能全知，也当熟知孟子一书。"[③]黄遵宪说：日本"逮德川氏兴，投戈讲艺，专欲以诗书之泽，销兵革之气。于是崇儒重道。首拔林忠于布衣，命之起朝

---

① 《答吴斗南》，见《朱熹文集》卷五十九，中华书局1985年版。
② [宋]黎靖德：《朱子语类》卷十二，中华书局1986年版。
③ 丸山真男：《日本政治思想史研究》，东京大学出版会1963年版，第13页。

义,定律令,俾世司学事,为国祭酒。及其孙信笃遂变僧服种发,称大学头,而儒教日尊"。①这里所称儒教,主要指朱子学。1790年(宽政二年),鉴于与朱子学背离的各种学派日益发展,幕府特发令禁绝朱子学以外的各种学派。

德川幕府奉朱子学为官学,同样出于维护封建等级秩序的需要。林罗山说:"鸢飞鱼跃,道在其中,盖上下定分而君有君道,父有父道,为臣而忠,为子而孝。其尊卑贵贱之位,古今不可乱,谓之上下察也。举鸟鱼之微小,而天地万物之理具有此矣。"②显然,对日本的封建身份制来说,朱熹理学是一种有利的辩护,它之成为幕府的御用学说,便是题中应有之义了。

朱熹理学虽然在当时日本与中国的意识形态领域中均占统治地位,但若论其统治地位之牢固程度,则日本不如中国。主要原因如下:

1. 日本朱子学派内部存在尊王主义朱子学派与尊幕府朱子学派的对立,而中国的朱熹学派不存在类似的内部纷争。

如前所述,德川幕府时期是一种双轨制政体,一方面存在名义上的最高统治者天皇及其朝廷;另一方面,德川幕府则掌握着实际上的最高统治权。名义上的最高统治者与实际上的最高统治者相背离的情况,导致日本朱子学内部产生出尊王主义朱子学派与尊幕府朱子学派的激烈纷争。

尊幕府朱子学派力图用朱子学为以德川将军为中心的封建统治秩序辩护。他们推崇尧舜禅让、汤武放伐,主张"天下非一人之天下,乃天下之天下",有德者居之。"东照宫(德川家康)栉风沐雨,尽其一生之力拨乱反正。及今百有余年不动干戈,四海浪静一般浴成天下泰平之化。"③因此,由德川将军取代天皇掌握最高统治权是理所当然的。其甚者,有称幕府为"七庙"拟于天子的;④有直称德川将军为日本国王的,新井白石1711年(正德辛卯)接待朝鲜使者时便作如是称。

同时,尊幕府朱子学派极力论证天皇之统绵绵不断为不合理。室鸠巢说:"凡物有始有终,此天地之常理也。君子创业垂统为可继而已,未尝以不亡为荣也。保生谨疾为可寿而已,未尝以不死为贵也。何则?永祚永年者,

---

① 黄遵宪:《日本国志》卷三十二:《汉学》,天津人民出版社2005年版。
② 《林罗山文集》卷六十八,ぺりかん社1979年版,第14页。
③ 室鸠巢:《骏台杂话》,东京二书房1898年版。
④ 室鸠巢:《寄朝鲜聘使二百韵》诗,见《骏台杂话》。

理所有也;不亡不死者,理所无也。故国无兴而不亡,人无生而不死,虽三代之盛,更世必亡;虽大德之尊,终年必死。惟我国有一王之统。神仙有不死之道。岂其无故而然乎?我国以壤地褊小,民俗悾侗,而有尚鬼崇神之教以诱之。民化其教二千余岁,常以天子为神孙而不敢亵。虽强主迭起,国柄遽移,亦敬而远之,置诸度外。使无轻重于天下,其所自来者渐矣。响使上世有礼乐刑政,以开阳明之化。而变奴鬼之俗,则其享国亦当如三代之久耳。由此观之,所谓一王之统者,谓是我国风化之所致则可也,若夸此以为圣德之报,至道之应,则恐使中国之人闻之,反生讥议也。"[1]

因此,在尊幕府朱子学派看来,朱熹理学所宣扬的"三纲五常"应归结为对藩主,特别是对幕府的忠诚。室鸠巢在《赤穗义人录》中借赤穗藩主旧臣大良雄之口鼓吹:"臣等既食君禄,宜死君事。"日本实行的是分封制。各藩由幕府分封,陪臣则由幕府或各藩主给予知行地或俸禄。幕府拥有最大的陪臣团。天皇的领地不过一万石,一般宫廷贵族仅由幕府发给少量领地。因此,强调"食君禄,死君事"。最终导致的主要只能是对幕府的忠诚。正因如此,当赤穗藩主旧臣为替藩主报仇而杀掉幕府高家(掌管仪礼的官员)吉良义夫后,幕府一方面迫使这批人剖腹自杀,同时又嘉许这批人为"义士",以诱导人们效忠于领主,特别是幕府。

在尊幕府朱子学派颂扬的"忠义"思想激励下,德川幕府时期盛行家臣为领主殉死事。据统计,从1600—1711年的百余年间,为德川将军殉死者达三百五十三人。从1562—1711年的百余年间,弘前藩、仙台藩等二十七个藩中为各代藩主殉死者共有三百一十六人,平均各藩为其藩主殉死者为十二人左右。[2]若以各藩为其藩主殉死者数与为将军殉死者数相比较,可以看到后者的规模要比前者大数十倍,由此也反映出尊幕府朱子学派颂扬的"忠义"思想主要被用来为维护幕府的统治服务。

正因为尊幕府朱子学派适应德川幕府维护以其为中心的统治秩序的需要,因此德川幕府极力使尊幕府朱子学派在朱子学派中占据主导地位。例如,曾以林罗山为师的山鹿素行虽也属朱子学派,但因尊奉天皇而于1666年

---

[1] 《议神道书》,见《日本道学渊源录》卷四;《附录》,开明堂刊行1934年版,第52—58页。
[2] 古川哲史、石田一良编:《日本思想史讲座》·5;《近世思想》·2,雄山阁1977年版,第133—136页。

(宽文六年)遭幕府禁锢，其所著《圣学要录》也被绝版。

但是由于天皇在名义上一直是最高统治者，德川将军职衔也系天皇所授，所以幕府与天皇在名份上有君臣之分。这往往导致一班拘泥于大义名分的儒者产生尊王倾向，反对在伦理道德观念上以幕府居于天皇之上。而幕府政治上的反对派更是极力利用这一点，鼓吹尊王主义，以动摇幕府为中心的统治秩序。这使尊王主义的朱子学派虽遭幕府排斥，却未曾销声匿迹，始终在日本的朱子学派中占据一定地位，发挥相当大的影响。

如日本近世著名儒者木门顺庵的学生、曾仕对马侯掌文书的雨森芳洲笃信朱子，他认为："君臣、上下、尊卑、大小各尽其分而已，无侵渎之患，则天下治矣。"①当他得知新井白石对朝鲜使者称幕府将军为国王时，虽然意识到如果反对很可能招致"谤讪时政之罪"。但为"任纪纲、正名分"，仍致书新井白石，指出："窃惟国家源平相轧以来，王纲日弛，不绝如线，徒拥虚器。为域内之共主；而世掌兵权者，名虽大臣，实乃国主。爵禄废置，皆出其手。遂使域内之人，不复知有体天并日之圣统，巍巍然据亿兆臣民之上。冠裳倒置，莫此为甚。惟有臣子恭顺一节，可以当饩羊之告朔者，不敢公然自称王号于朝鲜耳"，严厉抨击新井白石对朝鲜称幕府为国王是"废历代特起之定例，则一切无稽之新规，上则失恭顺之义，下则悖祖上之法"，②表现出明显的尊王主义态度。

即使如新井白石这样属于尊幕府朱子学派的人，也在一定程度上接受有尊王主义朱子学派的影响。他以朱子学派拥护德川幕府，但对德川幕府以前的武家政治，却又以他们不忠于天皇而加以批判，如新井白石论承久之乱诸臣时说："承久之乱，家实寸策毫无，又为新帝之摄政，其无耻有如五代之臣。其后至后醍醐南狩之日，经忠最初南来。不耻大臣之义，此外尚仕北朝之辈，皆不足语君臣之大义。此辈不忠无义，而累世任职，以望施门弟自矜，可谓无耻之甚也。"③

---

① 雨森芳洲:《橘窗茶话》卷上，日本天明六年(1786年)木版本，韩国国立中央图书馆藏，第16页。
② 板仓胜明:《雨森芳洲先生传》，载《芳洲口授》卷首,(日)嘉永元戊申九月(清道光年间)安中造士馆藏版。
③ 新井白石:《读史余论》，岩波文库，第95页，岩波书店1990年版。

此外,如长住大阪的著名儒者中井履轩。因与商人接触较多,其作为尊王主义朱子学派的学者在一定程度上反映出商人对幕藩统治的反感。他声称,"礼乐刑政不从天子出不仕",鼓吹尊王贱霸,在所著《通语》中说:"神武辟宇,斯立人极,光参日月,绪等天理,圣圣相承,无姓可纪,但谓之天孙耳。叔世纪纲陵迟,野战之血,重明之戾,一而不足。降而保元,历治承而极,眈视跂履,一治一乱,环宇永为武人之有,方恣其吞噬之时,天地为之震动,离宫之饿,泡岛之狩,王道如线。绾于其手,然皆不敢流延于彝鼎,大统至今。穆如在天上者何耶?岂畏天哉!将以民彝之不可废也,嗟乎!是我邦礼文所以度越外国者,余于此未尝不蹶然而为之叹息者也。"①

由于在日本占统治地位的朱子学派内部存在着上述尊幕府朱子学派与尊王主义朱子学派的激烈斗争。其所能发挥的"一学术""一道德"的作用相对较差。这就为一些反对幕府统治的异端思想提供了容身空隙,使它们往往得以依附或利用尊王主义朱子学派而发展起来。明治维新以前的倒幕派便很注意利用尊王主义朱子学派在意识形态领域的广泛影响,宣传他们自己的口号和主张,以动员和组织倒幕力量。

中国是单一的专制主义的中央集权制,不存在日本那样的双轨制政体,在所谓大义名分上也就没有类似日本以天皇为至尊还是以幕府为至尊的争论。因此,中国朱子学内部虽也有流派之分,但却未形成日本朱子学内部那样严重的对立,以"三纲五常"为核心的伦理道德观念服务于以皇帝为顶端的专制统治。这使朱子学所能发挥的"一学术""一道德"的作用势必较日本为强,异端思想没有日本尊王主义朱子学派那种相对合法的地位可资利用,难以获得大的发展。鸦片战争期间,林则徐力主抗战,被道光帝贬黜,心情抑郁,感叹:"人事如棋浑不定",却仍不忘吟颂:"君恩每饭总难忘。"②即使如龚自珍那样在思想性格上具有更多叛逆特点的人物,锋芒所向也未曾指及当朝皇帝的至尊地位。他赞扬王鼎"阅世虽深有血性,不使人世一物磨锋芒"时,就清醒地将这种锋芒归入利于皇家的范围,"国有正士士有舌,小臣敬睹吾皇福大如纯皇"③。

---

① 中井履轩:《通语》卷三,有定书院1884年版。
② 《云左山房诗钞》卷六,见《林则徐年谱》,上海人民出版社1985年,第374页。
③ 《龚自珍全集》,上海人民出版社1975年版,第499页。

2. 朱子学对于日本来说是外来文化。这使异端思想易于突破幕府以朱子学为纲目的思想罗网，获得发展。对中国来说，朱熹理学是"国粹"。异端思想要突破其罗网远较在日本困难。

日本"国学"的倡导便是一例。18世纪初，在日本随着商品经济的发展，商人及豪农的力量获得增长。他们对通过身份制等形成的封建等级秩序表现出强烈不满。以他们为基础的部分城市知识分子，例如契冲、贺茂真渊、本居宣长等，起而倡导"国学"，号召追求"大和心"（日本精神），反对"唐心"（中国的儒家思想）和"佛心"（印度的佛教思想），认为"儒者心目中，无其他国家能超过唐土，推崇其王为天子，视如天地自然之理，此最最不可理解"，[①]主张通过对日本古典文献的研究，探求和恢复儒教和佛教传入日本之前日本人的思想和性格。这一学派实际上以讲求"国学"为名，反对宣扬"存天理、灭人欲"等适应封建等级秩序的朱子学。如井上清先生指出的："国学""排斥儒教和佛教，目的在于从封建的压迫中解放人性。"[②]"国学"集大成者本居宣长在其1787年（天明七年）所著《秘本玉篋》中说："农民商人群集结队，抗议暴动"，这种事件的发生，"并不是在下的不好，而是在上的不好。现今的农民商人虽然人心败坏，如果不是令人不堪忍受，是不至发生这种事的"，又说："不管积蓄多少，都不是在上的所赐，又不是偷盗别人的东西，也不是违背法律而来的，都是各人祖先或自己劳动所得的金钱，因此虽是一文钱也没有强取的道理。"他尖锐地指出，农民、商人犯上作乱的原因在上不在下，明确肯定了商人追求利润的正当性。这与朱子学"尊者以理责卑，长者以理责幼，贵者以理责贱，虽失，谓之顺。卑者、幼者、贱者以理争之，虽得，谓之逆"的名教思想，[③]及"仁人者，正其义不谋其利"[④]的窒压人欲的说教是格格不入的。正因如此，"国学"宣扬的"大和心"，"对于把处在封建道学影响下的日本人的感性，从'唐心'和'佛心'的束缚中解放出来，起了很大的作用"。[⑤]这势必对朱子学的统治地位产生冲击。

[①] 本居宣长：《驭戎概言》，1790年版。
[②] 井上清：《日本历史》（中译本）中册，天津人民出版社1974年版，第436页。
[③] ［清］戴震：《孟子字义疏证》，中华书局1982年版。
[④] 朱熹：《周易本义》，上海古籍出版社1987年版。
[⑤] 日本思想史研究会：《近代日本思想史》（中译本），商务印书馆1965年版，第17页。

由于朱子学对日本来说本身也是外来文化,因此它不仅很难压制以"国学"形式出现的异端思想,对西方文化的排斥力量也较弱。鸦片战争期间,日本一些顽固派反对效法西方枪炮之利,认为"俗人之情,喜好时新乃古今通弊,况兰学者流好奇之病尤深,其结果,不仅火炮,自行军布阵之法至平日风俗习尚均仿照遵行,为害非浅",担心效法西方枪炮之利,会引起"平日风俗习尚"的变革,主张坚持"以日汉之智谋而获胜之兵法"。这些言论遭到当时日本一些有识之士如韮山代宫、江川英龙等人的批驳,他们用以批驳的重要论据便是朱子学也是外来文化,既然采用朱子学不能算好奇,那么学习西方文化也不能称为好奇,"且为异国传来者而受用之,而不能谓为好奇。盖儒道、佛道均为异国传来者,视为珍宝而采用者颇多,皆不能谓为好奇",因此,不能拘泥所谓"日汉之智谋","所谓智谋者,乃常以知己知彼等名言铭记于心,届时而智谋出,如对抗英吉利人,乃与风习及行军用兵之法均不相同之国家战,如不知彼情,又安能有何等智谋耶"。[①]

中国的情况则不同。在中国,朱熹理学被论证为尧舜禹汤文武周公及孔孟道统的嫡传。这使它产生和发展的历史,几乎与中华文明的形成同步,孔学上承尧舜禹汤文武周公之余脉,下应中国奴隶社会、封建社会发展之时变,在汉民族的文化——心理结构形成过程中发生巨大作用,甚而为中国文化的象征和代表。朱熹理学作为儒学在新的历史条件下的延续,以较前精致的说教,更为深入地渗透进汉民族的文化——心理结构之中,在中国的土地上造成了前所未有的深广影响。朱熹理学在观念形态领域内的这种"国粹"地位,使它很易于和民族感情结合,有时两者简直合成一体。文天祥的千古名句"人生自古谁无死,留取丹心照汗青",既贯串着为国死节的浩然正气,也包蕴有忠君事上的封建思想。这使异端思想要突破朱熹理学的罗网,往往会遇上触犯民族感情的风险。太平天国起义时,曾国藩在《讨粤匪檄》中不以反清之罪声讨太平天国,却斥太平天国"举中国数千年礼义人伦、诗书典则,一旦扫地荡然",切齿曰:"此岂独我大清之变,乃开辟以来名教之奇变",因此号召:"我孔子孟子之所以痛哭于九泉,凡读书识字者,又乌可袖手安坐,不思一为之所也!"正是利用孔孟之道在民族心理中经长期累积而形

---

① 信夫清三郎:《日本政治史》(中译本)卷一,上海译文出版社1988年版,第165—166页。

成的神圣地位,煽动对太平天国的仇恨。这是一种类似宗教感情的仇恨,一旦被煽动起来,破坏性是很大的。由于朱熹理学与中国的民族感情有着上述特殊联系,它在中国的地位比在日本作为舶来品的地位当然要牢固得多。

3. 在日本,朱子学与加官晋爵没有直接关系;在中国,则是进入仕途的敲门砖。

德川幕府时期的日本,朱子学虽然在意识形态领域内高居统治地位,武士及其他阶层必须循此行事,但是由于日本实行的是固定的身份制,幕府及各藩所需要的官员均由武士充任,基本是世袭,因此,朱子学与加官晋爵没有直接关系。

德川家康时规定老中、若年寄、寺社奉行、所司代和城代等重要官员必须由谱代大名充任,其他官员则由旗本充任。掌管朱子学学习的儒官,也是世代相传,如德川家康时任大学头的林罗山,其子孙便世世相继为幕府儒官。自第五代将军德川纲吉始,为了削弱谱代大名的势力,曾注意使用侧用人①及浪人出身②的学者等门第不高的人参政。但这些人仍属武士阶层,并非经过以朱子学为内容的公开考试后录用的,而因为是将军的亲信才被选中。

中国则不同,自隋唐以后,封建王朝便实行科举取士的办法。宋以后,朱熹理学成为科举考试的主要内容。元仁宗复科举,诏定朱熹《四书集注》试士子。明太祖登基的第二年,即诏天下立学,以朱熹的《四书集注》和《五经》命题试士。据《明史》载:"颁科举定式,初场试《四书》义三道,经义四道。《四书》主朱子《集注》,《易》主程《传》、朱子《本义》,《书》主蔡氏(沈)《传》及古注疏,《诗》主朱子《集传》,《春秋》主左氏、公羊、谷梁三传及胡安国、张洽《传》,《礼记》主古注疏。"③清承明制,顾炎武说:"惟国家以经术取士,自《五经》、《四书》、《二十一史》、《通鉴》、《性理》诸书而外,不列于学官,而经书传注,又以宋儒所订者为准。"④当时,虽然也有经其他途径谋取官职的,但任官重科举,以此为正途,"凡满汉入仕,有科甲、贡生、监生、荫生、议叙、杂流、捐

---

① 将军的侍从。
② 不属一定领主的武士。
③ [清]张廷玉等:《明史·选举志二》卷七十,中华书局1974年版。
④ [清]顾炎武:《日知录》卷十八,岳麓书社1994年版。

纳、官学生、俊秀。定制,由科甲及恩、拔、副、岁、优贡生、荫生出身者,为正途,余为异途。……其由异途出身者,汉人非经保举,汉军非经考试,不授京官及正印官,所以别流品,严登进也。"①因此,清时有"科甲进士,高自位置;他途进者,依附从人"之说。②

由于朱子学与仕途的关系在中日两国有上述区别,因此,朱子学与当时日本知识阶层的关系远不如与中国知识阶层的关系密切。对前者来说,掌握了朱子学,在一般情况下并不能改变其社会地位;而对后者来说,掌握了朱熹理学,就可能通过科举考试,获得个人乃至家族的荣华富贵,"科举为利禄之途","得之则荣,失之则辱"。③真可谓"天上人间一霎分,泥涂翘首望青云"。④正因如此,朱熹理学对中日两国知识阶层的束缚情况大不相同。

日本知识阶层,特别是下级武士出身者,既受世袭制和门阀观念的限制,很难经过正常途径脱颖而出,空谈性理,也混不到官做,因此往往去追求有实用价值的学问,企求经过建功立业,改变自己的社会地位。军事学便是德川幕府时期日本知识阶层的重要研究对象。德川家宣时浪人出身的儒臣新井白石即著有《孙子兵法释》《孙武兵法释例言》《本朝军器考》《本朝军器考集古图说》等。安政年间的水户派儒学家藤田东湖主张:"夫文武之于国家,犹天地之有阴阳,阴阳并行而年谷丰饶,文武并举而天下久安,其不然者则反之。""周公六艺三科,射御居其中,孔子曰:有文事者必有武备。冉求奋矛人齐军,仲由以行三军自许,则古之教人,所以使其文武兼资,成德达材可知也。"⑤宽永年间的著名儒学家贝原益轩公开声称:"虽小道鄙陋之事,苟有裨民用者,撰述之亦惟事也。"⑥日本知识阶层这种浓厚的追求实学的倾向,使其在德川幕府后期较易向接受西方自然科学和技术的方向转变。如依田憙家先生所指出的,在"统治机构由血统制、世袭制贯穿的日本,新兴学问即

---

① 见《清史稿·选举志五》卷一百十,中华书局1977年版。
② 何士祁:《候补二十一则》,见盛康编《皇朝经世文续编·光绪二十三年》卷二十五:《史政》八,思补楼刻本。
③ 宋伯鲁:《请变通科举摺》(光绪二十四年四月二十九日),见国家档案局明清档案馆《戊戌查法档案史料》,中华书局1958年版,第215页。
④ 冯桂芬《改科举议》引饶廷襄语,见《校分庐抗议》卷下,清咸丰十一年版,第55页。
⑤ 高须芳次郎编:《东湖全集》卷三,章华社昭和十年版,第300页。
⑥ (日)贝原益轩:《慎思录》卷六,第202页。

洋学的研究是从下层脱颖而出的最现实的方法,因而许多有为青年转向洋学的研究"。①

在中国,由于科举之途是知识阶层飞黄腾达最有希望且最为光彩的途径,因此,文人墨客大多跻身于这一条道上,"举世奋志功名者,悉从事于此,老而不悔。竟有髫龄就学,皓首无成,尚何暇他顾哉!"这使一般知识阶层终日孜孜于《四书》《五经》、宋儒传注,"将一生有用之精神,尽消磨于八股、五言之中,舍是不遑涉猎"。②顾炎武说他少时:"见有一二好学者,欲通旁经而涉古书,见父师交相谯呵,以为必不得颛业于帖括,而将为坎坷不利之人。"③以这种学问和方法造就的人,即使登第升官,也往往是"上自国计民生,下至人情风俗及兵刑钱谷等事,非所素习,猝膺民社,措治无从"④。冯桂芬因此痛切地说:"明(太)祖以枭雄阴鸷猜忌驭天下,惧天下瑰伟绝特之士起而与为难……求一途可以禁锢生人之心思材力,不能复为读书稽古有用之学者,莫善于时文,故毅然用之。其事为孔孟明理载道之事,其术为唐宗英雄入彀之术,其心为始皇帝焚书坑儒之心。"⑤显然,借助于科举制度,朱熹理学对中国知识阶层的思想禁锢远甚于日本。这进一步巩固了它在中国意识形态领域的统治地位。

综上所述,可知适应维护封建等级秩序需要而产生的朱熹理学,在中、日意识形态领域虽然均占统治地位,但由于两国历史条件和某些制度的差异,朱熹理学在中国意识形态领域的统治地位远较日本牢固。因此,中国思想界要突破朱熹理学的桎梏迎接新思潮,势必要作出比日本更为艰巨而长期的努力。

二、中日两国对西方近代文化的态度存在较大差异

日本历史进入文明阶段比较晚,当中国以秦始皇为代表形成大一统的

---

① 依田憙家:《十九世纪后半叶中日两国的近代化》,见《社研究シリーズ》十六号,昭和五十八年六月第 10 页。
②④ 李东源:《论考试》,见葛士濬编《皇朝经世文续编》卷一百二十:《洋务》二十。
③ 顾炎武:《日知录》卷十八,商务印书馆 1912 年版。
⑤ [清]冯桂芬:《改科举议》,见《校分庐抗议》卷下,1885 年广仁堂刻本。

封建帝国时,日本仍处原始社会时期。到公元5世纪时,日本才出现世俗王权的古代国家。日本历史上的这种后进地位,使它自然而然地易于接受与它一衣带水,当时又远比它先进而强大的中国的影响。

早在公元前二三世纪,中国早期文化便以原始的交通工具通过日本海左旋回流的自然航路传入日本。日本山阴北陆等地曾发现很多形状酷似先秦古钟的日本制造的铜铎。公元57年,即东汉光武帝建武中元二年,日本邪马台国大倭王正式派遣使者到东汉首都洛阳"奉贡朝贺",东汉光武帝"赐以印绶",印文为"汉委奴国王"。①公元238年,即三国曹魏明帝景初二年,倭国女王卑弥呼遣大夫难升米等"献男生口四人,女生口六人,班布二匹二丈"。魏明帝封卑弥呼为"亲魏倭王,假金印紫绶"。②在此期间,中国的锦绣、毛织物和一般生活用品不断传入日本。《魏志·倭人传》载,3世纪初,中国蚕业已传入北九州,当地居民把茧含在口中抽丝。到隋唐时代,日本开始向中国大批派遣留学生,更加深入地学习中国文化。这些被派遣至中国的留学生,不但学佛教,而且研究中国的儒学、文学、法律、医药、天文等各方面的知识,归国后,对日本的发展起了重大作用。如吉备真备取汉字偏旁,制成"片假名",空海仿汉字草书,制成"平假名",从而使日本产生了完备的文字。高向玄理、日旻、舒明、南渊清安等人,把唐朝的政治法律和社会制度介绍回国,中大兄皇子和中臣镰足曾"手把黄卷,自学周礼之教于南渊先生所"③,并以隋唐律令制度为蓝本,发动大化改新。显然,由于日本在历史上处于后进地位,自古便形成了崇尚和吸取外来先进文化的传统。

中国则不同,它曾经在长达数千年的历史时期内是东亚最先进的国家。其世俗王权的出现,按有文字可稽的历史便可追溯到公元前16世纪前后的殷商,文明发展源远流长。这种在漫长的历史时期内一直保持的领先地位,使中国社会的各个阶层程度不同地在思想观念上形成一种浓厚的文化优越感。孔子曰:"夷狄之有君,不如诸夏之亡也。"④孟子曰:"吾闻用夏变夷者,

---

① [南朝·宋]范晔编撰:《后汉书》卷一百一十五:《东夷列传》,岳麓书社2009年版。
② [西晋]陈寿:《三国志》卷三十:《魏书·东夷列传》,中华书局2005年版。
③ 日本古典文学大系《日本书记》下,卷二十四,岩波书店1967年版,第255页。
④ 《论语》,上海大学出版社2012年版。

未闻变于夷者也。"①《说文》段注解"中国":"以别于北方狄,东北貉,南方蛮闽,西方羌,西南焦、侥,东方夷也。"王绍兰《说文段注订补》说:"案京师为首,诸侯为手,四裔为足,所以为中国之人也。"王筠《说文句读》则说:"言中国者,于夷曰东,于羌曰西,于蛮及焦、侥曰南,于闽曰东南,于貉曰北,皆据中国以指斥之。"将中国视为四方中心,唯一的礼教开化之邦。在这种思想观念影响下,中国历史上虽然不乏接受外国新鲜事物及思想的事例,但从根本上说,对异域文化总是保持着一种居高临下的矜持态度,所谓"王者不治夷狄,来者不拒,去者不追",即使对佛教这样在近代以前给予中国以最大影响的外来思想也不例外。唐太宗在容纳佛教的同时强调:"朕今所好者,惟在尧舜之道,周、孔之教,以为如鸟有翼,如鱼依水,失之必死,不可暂无耳。"②元和十四年,韩愈上《论佛骨表》,激烈排斥佛教,其反佛的重要论据之一便是"华夷之辨"。他说:"夫佛本夷狄之人,与中国言语不通,衣服殊制,口不言先王之法言,身不服先王之法服,不知君臣之义,父子之情。"因此,佛教传入中国之前,天下太平,百姓安乐,佛教传入中国之后,反而"乱亡相继,运祚不长","事佛求福,乃更得祸,佛不足事,亦可知矣"。从东汉初年就传入中国的佛教,之所以一直未能取代传统儒学在意识形态领域的支配地位,中国对异域文化所持矜持态度不能不说是重要原因之一。

中日两国在封建社会后期都实行过闭关锁国,两国闭关锁国的原因有相似之处,例如都担心外来文化诱发或助长本国被压迫阶层的反抗。康熙说:"海外如西洋等国,千百年后,中国恐受其累……又汉人人心不齐……朕临御多年,每以汉人为难治,以其不能一心之故。"③德川家康则经常在亲近幕臣面前,将天主教与"一向一揆",即以"一向宗"门徒为中心的农民暴动作比较,以期引起对天主教的警惕。

但两国闭关锁国的原因又有不同之处,日本实行闭关锁国还有一层原因,即德川幕府企图通过闭关锁国达到"强本弱末"的目的,强化作为本的幕府,削弱作为末的诸藩,特别是西部的外样大名。如前所述,日本在历史上

---

① 《孟子》,上海大学出版社 2012 年版。
② [唐]吴兢:《贞观政要》卷六,上海古籍出版社 2006 年版。
③ [清]蒋良骐:《东华录》康熙朝九十八,齐鲁书社 2005 年版,第 22 页。

长期处于后进地位,因此,自古以来形成一种积极接受外来先进文化的传统。德川幕府初期实行的还是开放政策,通过对外交流和贸易,壮大自己的力量。但是由于日本存在着幕府和各藩,特别是和外样大名的尖锐矛盾,为了防止外样大名通过对外交流和贸易强盛起来,德川幕府采取了一系列措施,以保证自己最大限度地占有对外交流和贸易的利益。例如幕府优先收购外国船只运来的商品,又如只将允许航行海外的朱印证明发给角仓、末吉、茶屋等幕府御用商人和与幕府有特殊关系的人,等等。①但是这些办法并不能有效地控制各外样大名与海外的交流和贸易。外样大名们,特别是与天主教会有密切联系者,往往通过向外国商船投资而获得高额贸易利润;同时,他们或者借居住长崎的中国商人名义,或伪造朱印状,甚至直接偷渡出海从事走私。在走私贸易中,火枪、弹药等新式武器和军用物品往往是外样大名的主要追求目标。这种情况对幕府构成严重威胁。改变这种情况便成为促使幕府实行闭关锁国的重要原因。包含上述动机的闭关锁国,显然不以对异域文化的矜持心理为基础,而恰恰以承认对外交流和贸易有利于壮大实力为前提,否则便不需担心国内政敌从事对外交流和贸易了。加上日本幅员很小,要在经济等方面实行完全自给,相当困难。因此,即使在闭关锁国最严厉时,幕府仍然允许在长崎与中国及荷兰从事由幕府控制的对外贸易。同时,幕府向荷兰东印度公司和中国商船打探海外动向,将搜集到的情报编为《荷兰风说书》《唐风说书》。科技书籍从未被禁止入口。1720年,幕府八代将军德川吉宗下令:与基督教义无关的汉译书籍不再列为禁书。所以,这种闭关锁国并非与海外断绝来往,实际是由幕府垄断对外交流和贸易。

因此,在闭关锁国时期,日本民族那种崇尚和吸取外来先进文化的传统观念并未改变。例如,日本仍然盛行模仿中国之风。宽文至宽政年间的儒者中,除少数人如宁江藤树等,大多数人均改中国名,荻生徂徕称物徂徕,服部南郭称服子迁,安藤东野称滕东璧,平野华称平子和等。写诗以得中国人和为光荣。能接待东渡日本的中国人是值得炫耀的荣誉。当时与中国有密切联系的朝鲜每有通信使至日本,日本文化人即纷纷来到沿途旅馆,设宴招

---

① (日)井上清:《日本历史》(中译本)上册,天津人民出版社1974年版,第324、325页。

待。使团在日逗留期间,日本文化人更竞相会见,或以汉诗唱和而尽其欢,或挥毫作书画,或通过笔谈探问中国、朝鲜之政治情况以及历史、风俗,或就经史诸学交换意见。其蜂拥而至情况,甚至使一些日本儒者如中井竹山等认为有失国体,1788 年,他在《草茅危言》中说:朝鲜使节到日本后,"浮华之徒争相前往,馆中杂沓有如闹市,以恶文情诗冒犯韩国来客。更有甚者,黄口孺子之辈,早在百日之前带来七律一首,藏诸怀中,膝行顿首,为求得和韵一篇,引为终身光荣,夸耀于人","由此韩国来客蔑视诸人","如遇声律或韵调有误之诗,即着墨掷回。其作者则在大庭广众跪行而出,拾取后置诸怀中而退出","又如韩人于书写和诗时,以足为文镇,举踵压于纸上等等,亦有人以此粗暴无礼之事为荣,感激而领受其和诗,此均为我国之大耻,实令人痛心"。

　　随着西方近代先进文化的形成和发展,18 世纪初在日本形成了最早研究西方近代先进文化的学派——兰学。当时的幕府重臣新井白石可称为兰学先驱,他学过一些荷兰语。1724 年前后,他利用从意大利传教士和荷兰商馆馆长等方面获取的资料,编成了《西洋纪闻》,在介绍西方情况的同时,提出了区别基督教和西方科学的主张,认为基督教义浅陋,但传教士带来的天文、地理知识却令人起敬,应该禁其教而输入其科学。1740 年,幕府为了推进殖产兴业,瞩目于兰学,命医官野元丈和儒官青木昆阳学习荷兰语言。1774 年,前野良译、杉田玄白、中川淳庵、石川玄常、桂川甫周五名日本医生译出了荷兰文人体解剖书籍。以《解体新书》之名出版。新井白石播下的兰学种子,由于《解体新书》出版而在日本的土壤中扎下了根。据统计,自 1744 年至 1852 年,日本译洋书的学者有一百十七人,译书约计五百部。18 世纪末,江户形成兰学四大家,大槻玄泽所设芝兰堂中破指署名的门徒即有九十四人。据 1796 年和 1798 年江户"兰学者"两次集会的名单统计,参加的一百零四人中,有身份可考者六十七人,计官医、藩医二十六人,町医八人,藩主阶层七人,幕臣藩士七人,庶民六人,翻译三人,其他十人。[①]可见兰学者分布的阶层已相当广泛。1824 年,德国学者西博尔德在长崎设鸣泷塾舍,培养了五十多名洋学者。1838 年,绪方洪庵在大阪设立适适斋,至 1863 年各地前

[①] 杉木勋:《科学史》,《体系日本史丛书》卷十九,山川出版社 1967 年版,第 204 页。

来就学的人数多达三千余人。1831年,伊东玄朴在肥前家乡设象山堂,聚徒讲学,载于名册的学生便有四百零六人。

值得注意的是,由于接触西方近代先进文化,在日本的知识阶层中开始出现了批判盲目崇拜中国文化的倾向。1788年,大槻玄泽在《兰学阶梯》中说:"腐儒庸医,罔知天地世界之大,妄惑于支那诸说,仿效彼等,遵之为'中国'或'中华之道'……或以支那之外皆蛮夷而不屑一论,何其学之粗且陋也。"①渡边崋山指出:"西洋各艺术之精博,教政之羽翼鼓舞,似为唐山(中国)所不及。"②这反映有着崇尚和吸取外来先进文化传统的日本民族的敏锐,在西方资本主义挟其近代文明征服东方封建主义的前夕,日本的先进分子已在酝酿将学习重点转向西方了。

而当时的中国呢? 中国自康熙后期之所以实行闭关锁国政策,除前述与日本相似的原因外,还必须加上浓厚的文化优越感这一条。1793年,英使马嘎尔尼至清,提出了开放舟山、宁波、天津等为外贸港口的六项要求,为乾隆皇帝所拒绝。乾隆皇帝在上谕中说:"天朝抚有四海,惟励精图治,办理政务。奇珍异宝,并不贵重。尔国王此次赍进各物,念其诚心远献,特谕该管衙门收纳。其实天朝德威远被,万国来朝。种种贵重之物,梯航毕集,无所不有,尔之正使等所亲见。然从不贵奇巧,并无更需尔国制办物件。"强调:"特因天朝所产茶叶、瓷器、丝斤,为西洋各国及尔国必需之物,是以加恩体恤,在澳门开设洋行,俾得日用有资,并沾余润。"③通篇文字渗透了一种睥睨四海、目空天下的傲慢,人有求于我,我无求于人,对外交流与贸易成为一种施于夷狄的恩惠。在这种感情和心理的指导下,清廷在闭关锁国时期,虽然并不拒绝与外国商人在指定的地点从事一些贸易活动,"以恤夷人",但在思想观念上却是极端的自我禁锢,对西方近代先进文化基本采取了轻蔑和拒绝的态度。

日本兰学者杉田玄白在《兰学事始》一书中记载了18世纪时日本各阶层人士对来自西方的先进器械赞叹喜好的情况:世人对荷兰"远来之物感到新奇,喜爱其舶来之一切珍品,不论多少,闻稍有好事者无不常爱搜集之。尤

---

① 《日本思想史大系》卷六十四,岩波书店1978年版,第230页。
② 《日本思想史大系》卷五十五,岩波书店1978年版,第69页。
③ 《清高宗实录》卷一四三五,中华书局1985年版,第11—14页。

以正值相良侯(田沼意次)当道执政时","彼船(荷兰船)年年运入气候测验器、寒暖测验器、震雷测验器、水液轻重清浊测验器、暗室摄影镜、现妖镜、观日玉、呼远筒等各种物品。此外,各种钟表、千里镜和玻璃制品之类为数甚多,大家深为这些东西之奇巧所吸引,赞叹其穷理之微妙。自然,每年春天当荷兰人参谒幕府时,其居处聚会之人甚众"。清朝的雍正皇帝却将伽利略发明的比例规,作为玩具赐与年羹尧:"今有新进三种小规矩,甚如意,寄赐与卿,以为玩具。"①1774年,日本木良永编译《天地二球用法》,在日本介绍哥白尼学说。几乎同一时期,中国名儒阮元所编《畴人传》却攻击哥白尼学说:"上下易位,动静倒置……""离经叛道,不可为训。"②类似的例子还可以举出很多。这说明,在封建社会后期,中日两国虽然都处于闭关锁国状态,但由于两国对待外来文化的不同传统,使两国在吸收和学习西方近代文化的态度上仍然存在着明显差距。

---

① 中国故宫博物院文献馆:《文献丛编》辑六,《年羹尧奏折》第10页。
② [清]阮元:《畴人传》卷四十六,《蒋友仁传说》,商务印书馆1935年版。

下 编

第六章

在西方列强入侵的形势下,幕藩统治者与清廷面临危机的区别

一、西方列强的入侵对中日两国造成不同程度的震动

17世纪以来,英国等国家通过资产阶级革命或带资产阶级性质的改革,使上层建筑及生产关系发生了适应生产力发展的根本的或部分的变化,促使工业生产获得比较迅速的发展。为了追逐更为高额的利润,西方列强急切地要求开辟新的国外市场,从而加强了对外扩张和侵略。与西方先进国家不同,亚洲仍然被封建主义所笼罩,腐朽的上层建筑和落后的生产关系严重阻碍着生产力的发展,曾经在人类文明发展史上产生过重要影响的亚洲因此落后了。这种落后,使亚洲各国,其中包括中国和日本日益严重地承受到了西方列强对外扩张和侵略的压力。

1792年,为了打开中国市场,英国政府派遣乔治·马戛尔尼率领使团前来中国,要求清政府开放宁波、天津等口岸与英国贸易,允许英商在北京设立商馆,收贮货物,在广州、舟山附近拨地让英国商人居住,对英商在广州及澳门间运输货物,免于征税或减轻税额,听任英人在华自由传教等。

1802年和1808年,英国政府两次派兵攻掠澳门,企图将澳门据为己有。

1816年,英国政府派使团至中国,要求清政府给予"长川贸易的保证",承认东印度公司派驻广州代表"有权雇佣他们认为合意的中国商人,或与这种中国商人进行交易"等。[①]

[①] 《英国外交大臣罗加事里给英使阿美士德的"训令"》,见姚贤镐编《中国近代对外贸易史资料》册一,中华书局1962年版,第158页。

但英国打开中国市场的一系列活动均失败了。之后,英国竟采用大力发展鸦片贸易的罪恶手段来开辟中国市场。早在18世纪初期,英国已开始对中国经营鸦片贸易,但规模不大,每年输入中国约一二百箱(每箱一百二十斤);到1821年增至五千九百五十九箱,1830年即达一万九千九百五十六箱。①

为了进一步扩大对中国的商品输出,1834年英国政府下令取消东印度公司的贸易独占权,鼓励英国资本家自由地参加对华贸易。到1838年,英国每年输入中国的鸦片达四万零二百箱。②

鸦片的猛烈输入,使中国出口的茶叶、生丝和药材等货物,不够抵偿烟价,白银大量外流。根据英国公布的记录,1823—1834年,中国流向英国的银元即达五千二百二十万。③结果,造成中国银价腾贵,加剧了人民的贫困和清廷的财政困难。罪恶的鸦片贸易理所当然地遭到中国的反对。1838年12月底,林则徐被清廷委派为钦差大臣,赴广东办理禁烟事宜。林则徐至广东后,开展了卓有成效的禁烟活动。但英国政府竟以此为借口,于1840年派出所谓"东方远征军",对中国发动了臭名昭著的鸦片战争,战胜了腐败的清政府,迫使清政府于1842年与英国签订了不平等的《南京条约》。1844年7月、10月,美国、法国步英国后尘,又先后迫使中国签订了《望厦条约》和《黄埔条约》,打破了中国的闭关自守状况,迫使中国以一种被动姿态,进入世界资本主义市场。

相似的命运,几乎在同一时期降临到日本头上。

1800年,原美国商船"伊利萨号"船长斯图尔特率领"日本天皇号"至日本,要求直接进行贸易,打破了日本自锁国以来,只许荷兰船和中国船在长崎进行贸易的惯例。

1808年,英国东印度公司的护卫舰"斐敦号"突然闯进日本长崎港,虽然在得到燃料、淡水的供应后驶离了,但却暴露了长崎不具备防御英国军舰侵犯的能力。

1813年和1814年,英国殖民地官员、爪哇总督拉弗尔斯两次向日本派

---

①② 马士:《中华帝国对外关系史》(中译本)卷一,生活·读书·新知三联书店1957年版,第239页。

③ 刘培华:《近代中外关系史》卷一,北京大学出版社1986年版,第239页。

第六章　在西方列强入侵的形势下,幕藩统治者与清廷面临危机的区别

遣使节,企图将过去由荷兰独占的对日贸易掌握到英国手中。

1837年,由查理·金率领的美国"马礼逊号"快速帆船,以送还日本漂流民为借口前往日本,要求日本开放贸易。

1846年7月,美国东印度舰队司令比德尔准将率两艘军舰抵达浦贺,向日本递交了美国总统致德川将军的亲笔信,要求日本实行通商。

1852年3月,原美国国家邮船总监培理准将被美国政府委任为东印度舰队司令和美国遣日特派大使。11日,培理率领由四艘军舰组成的舰队开赴日本。美国国务院给培理的训令规定培理此行的目标有三:其一,为在日本海域遇险或避风的美国船只和船员取得避难基地;其二,取得粮食、饮水、燃料供应和船只修理补给基地;其三,取得贸易基地。为了实现上述目标,培理决定采取强硬行动。1853年7月8日,培理率领舰队抵达日本。在培理的威胁下,日本被迫接受了培理递交的美国国书。次年2月11日,培理率领由七艘军舰组成的舰队再次抵达日本。出发前,培理曾扬言:"如果日本政府拒绝谈判,又拒绝指定我国商船和捕鲸船只能够出入的港口,我则准备以抗议其对美国人民的侮辱与非法行为为由,把日本帝国之属国大琉球岛置于美国国旗的保护之下……"[①]表示了其迫使日本开港的决心。幕府在"切勿酿成战争"的原则指导下,确定了几乎全部接受培理要求的方针。3月31日,培理与幕府所派美利坚应接挂签署了所谓《日本国与美利坚合众国亲善条约》(神奈川条约)。接着,于1854年10月至1856年1月,英国、俄国、荷兰也与日本签订了类似的条约,从而使日本结束了锁国状态,也以一种被动姿态,被卷入世界资本主义市场。

同样的威胁,给予中日两国的震动却不同。由于下述原因,日本对西方列强的入侵表现得很敏感,而中国却显得相对迟钝。

1. 幅员大小及政治体制的差异,使中日防御外来侵略的力量存在强弱之别。弱小的日本更易感受到西方列强的侵略威胁,相对强大的中国则易生麻痹。

众所周知,中国的领土面积及人口数量远远超过日本,因而中国能够动员较日本更多的力量防御外来侵略,这是不言自明的。两国政治体制上的

[①] 信夫清三郎:《日本政治史》(中译本)卷一,上海译文出版社1988年版,第212页。

差异则进一步扩大了这种差距。

在分析中日两国社会结构的区别时,笔者指出中日两国的政治体制存在很大的区别,日本是分封制,中国则是中央集权下的郡县制,这两种不同体制的形成,除了前面所分析的内部原因外,还有其外部因素。

日本是一个四面环海的岛国,在交通不便的古代,浩瀚的大海成为日本防御外来侵略的天然屏障。13世纪时,元朝曾两次进攻日本。第一次派出船舰九百艘,士兵三万三千人。但因突然而起的风暴,打翻了元舰二百余艘,元军不得不被迫撤回。第二次派出四千余艘船舰、十四万大军,兵分两路进攻日本。结果又遇上了海上风暴的袭击,四千余艘元舰仅存二百余艘,其余的全部葬身汪洋之中。正是依靠这种得天独厚的自然条件,日本在19世纪以前,几乎未遭受过他国的侵略。这使相当一部分日本人对这种自然条件产生了迷信。因海上风暴曾两次打翻入侵日本的元舰,日本人便将这种风暴视为"神风","甚至到第二次世界大战期间,日本还到神道教圣地去祈祷,希望次出现神风"。[1]这种隔绝外来侵略的自然条件,使日本的分封制主要是适应领主阶级,特别是幕府维护国内统治的需要而生,很少抗御外来侵略的考虑。

正因如此,当西方列强凭借资本主义条件下产生的先进交通工具,特别是以蒸汽机装备的轮船来叩日本大门,四面环海的自然条件不再成为侵略者难以逾越的障碍时,实行分封制的日本便显得格外脆弱。

由于实行分封制,日本没有全国统一的武装力量,而分属于幕府和各藩。"负责统治全国的幕府所拥有的用以保卫日本的武力,却只是封建领主德川氏在关八州和东海部分地区以三百万石经济力量为基础的直参。加上最下级武士足轻,仅有三万人左右。这些武士,慢说全国海岸线,就连防守分散的天领也不够。"[2]这使幕府在其所控制的海防要地只能配备很薄弱的兵力。例如天保年间,担任江户湾防务的浦贺奉行所,"只有与力十八多,同心十四名,加上驻守富津竹冈的人员,总共不过四十名"。[3]

---

[1] (日)森岛通夫:《日本为什么成功》(中译本),四川人民出版社1986年版,第58页。
[2] 信夫清三郎:《日本外交史》(中译本),商务印书馆1980年版,第42页。
[3] 奉行是奉上级命令,担任某项工作的官员或某一部门的首长。与力是隶属于"奉行"指挥"同心",分掌事务的官吏。同心是在"与力"下掌管庶务、督察事务的下级官吏。见井上清《日本的军国主义》(中译本)第一册,商务印书馆1972年版,第6页。

第六章 在西方列强入侵的形势下,幕藩统治者与清廷面临危机的区别

属于各藩领的海防线由各藩大名负责防卫。各藩的军事力量本来就比幕府弱得多,能够用于海岸防卫的兵力当然更少。1853年,培理舰队抵达日本后,为了确定对策,幕府曾于8月5日向各藩大名发出咨询。结果主战的仅有八个藩,认为必须避战的有二十六个藩。另有十六个藩主张有条件地接受美国所提要求,还有四个藩唯幕府意旨为从。萨摩藩主岛津齐彬是主张避战的典型,他认为:"值此海防薄弱之际,如欲驱逐外国船只,殊无把握获胜。"①由此也可看出各藩海防力量薄弱。

日本的防卫力量不但因分散而薄弱,还由于幕府为了维护其"霸主"地位,推行强本弱末的政策,而被进一步削弱。例如1609年幕府开始禁止西国大名拥有能装载五百石以上的大船,以后便严格禁止巨舰的建造。又如,1786年林子平在其所著《海国兵谈》一书中曾指出日本海岸防御配备的不合理:"窃维当时长崎已有强大火炮装备。而安房、相模两地的海港,却无此装备。此事令人百思莫解。细思之,自江户之日本桥至中国、荷兰乃一贫相连之水路,而竟不于此设防,惟设防于长崎者何哉。依愚之见,应于安房、相模两地各置诸侯,而于海峡两侧,严密设防。"②1808年"斐敦号"事件发生,林子平所指出的江户湾防御的弱点严重暴露。幕府不得不命令会津藩和白河藩在相模和房总修筑炮台。但幕府很不愿意将这种战略要地交给藩国控制,因此,在外来压力略有减轻时,幕府立即命令会津藩和白河藩将相模移交浦贺奉行管辖。房总则归代官森觉藏负责,使好不容易才开始加强的江户湾防卫,很快又削弱了。③类似情况,不胜枚举。

中国与日本不同,基本是一个大陆国家。它北方广袤的草原地带,自古以来是游牧部落生息繁衍的地区,游牧部落主要从事畜牧业生产,简单落后的生产门类和社会分工造成生产力的低下。因此,这些游牧部落在社会形态的进化上一般都落后于中国。当中国进入封建社会时,它们往往还停留在氏族社会或奴隶社会阶段。由于落后的生产力无法提供充足的生活和生产资料,同时也出于氏族贵族或奴隶主阶级维护和扩大其统治的需要,这些游牧部落经常对中国发动掠夺性的侵略战争。纵观中国历史,自殷周

---

① (日)信夫清三郎:《日本政治史》(中译本)卷一,上海译文出版社1988年版,第210页。
② (日)井上清:《日本的军国主义》(中译本)册一,商务印书馆1972年版,第15页。
③ (日)信夫清三郎:《日本外交史》(中译本)上册,商务印书馆1980年版,第47页。

始,经秦汉唐宋,到元明清,几乎没有一个朝代没有外患的。这就要求中国的政治体制能够有效地集中全国的人力物力,以对付外患。因此,中国中央集权的政治体制不仅是适应中国封建地主阶级维护国内统治的需要而产生的,也包含有抵御外来侵略的考虑。魏源在鸦片战争后所写的《圣武记》一书中便指出,高度的中央集权是造成清朝盛世所谓赫赫武功的重要原因:"故昔帝王处蒙业久安之世,当涣汗大号之日,必巍然以军令饰天下之人心,皇然以军食延天下之人材。人材进则军政修,人心肃则国威遒,一喜四海春,一怒四海秋。五官强,五兵昌,禁止令行,四夷来王。是之谓战胜于庙堂。"①

因此,当中国受到新的侵略者——西方列强的挑战时,由于它幅员本来即比日本辽阔,加上依仗中央集权的政治体制,比日本易于动员和集中较强大的防御力量,因而显得不像日本那样脆弱。

中国有全国统一的武装力量。当时的清廷拥有常备军八九十万,其中八旗兵二十余万,绿营兵六十余万。这些部队的最高指挥权均掌握在皇帝的手里。这使清廷可以根据战争的需要,集中起较大的军事力量。例如第一次鸦片战争期间,在发生战争的广东、福建、浙江、江苏四省,清廷就集结了达二十五万八千人左右的军队。

中国的海防由清廷统一部署。这使它可以避免日本因由幕府及各藩分防海岸而出现的各种矛盾,诸如:(1)"没有海岸领地的诸侯和有海岸领地的诸侯之间负担不均";(2)"各藩互相争衡,不能团结一致,而规划、号令亦各自不同,不能统一";(3)"各藩将要各守自己的海岸,而忽略防守要冲"②;等等。鸦片战争期间,根据清廷的统一部署,调到广东的外省兵达一万七千余名,调到浙江的外省兵达一万八千四百名,调到江苏的外省兵达一万三千九百名,其中包括从远离东南沿海的四川、贵州、陕西、甘肃等省调来的军队。这种情况在日本是难以想象的。

中国的各级主要军事将领及地方官员均由中央政府委派,对中央政府负责,不像实行分封制的日本,幕府及各藩官员自成系统。因此,清朝封建

---

① 《魏源集》上册,中华书局1976年版,第167页。
② (日)井上清:《日本的军国主义》(中译本)第一册,商务印书馆1972年版,第73页。

第六章　在西方列强入侵的形势下,幕藩统治者与清廷面临危机的区别

统治阶级内部虽然也存在着复杂的派系斗争,但是在中央集权制尚未被根本削弱的鸦片战争前后,清廷不需推行日本幕府那种强本弱末的政策,因而也不存在像日本那样因政治体制上的固有矛盾而自行削弱地方防御实力的做法。

上述情况告诉我们,幅员狭小、实行分封制的日本,与幅员辽阔、实行中央集权制的中国相比,在防御西方列强侵略的力量上,存在强弱区别,日本更为弱小,这使西方列强的侵略给予日本的震动要超过中国。

例如,早在1783年,日本对沙俄南下扩张的动向便表示了明显的忧虑。工藤平助写成《赤虾夷风说考》,告诫说:俄国正在南下,"如对此置之不理,使堪察加人与虾夷地连成一气,则虾夷将接受俄罗斯之命令,不再受我国之统治。如此则后悔莫及也",大声疾呼:"要害(海防)第一。"①

1806年至1807年,俄国远征军袭击虾夷各处的消息,使日本大为震惊。写于当时的《山本氏笔记》记载了其作者的心情:"细观今日,事似其时,士民之强弱不可知。神威亦必难以信赖。彼之船称为海城,其术亦胜于别国,江府(江户)乃海岸之地,水路可通万里,切切不可疏忽。"当时有这种战战兢兢之情的并非《山本氏笔记》作者一人,江户上下莫不如此,"江户街头,冶炼作坊家家锻造铠甲。估衣店户户挂出'阵羽织'",奉行所则"晓谕各处,不得信口雌黄,恣意喧嚣。街谈巷议中,亦不得对彼国稍有议论"。②

中国由于幅员辽阔,加上中央集权制易于动员较大的军事力量,因此在西方列强向远东扩张的早期阶段,从表面上看中国的力量并不弱于西方列强。所以,西方列强的侵略,开始时对中国并未造成像对日本那样强烈的震动。

嘉庆十四年,嘉庆皇帝在训斥两广总督吴熊光驱逐侵澳英军不力的上谕中不无自得地说:"此次该夷兵遇官兵开炮,并不敢稍有抗拒,及奉有严饬谕旨,亦即畏惧开帆远去,是该夷兵尚知畏惧天威,无他伎俩。"③

直至鸦片战争迫在眉睫,清廷仍严重低估西方列强的侵略力量。道光

---

①② (日)信夫清三郎:《日本政治史》(中译本)卷一,上海译文出版社1988年版,第70、115页。

③ "中国史学会编资料丛刊":《鸦片战争》(一),神州国光社1954年版,第45页。

皇帝动辄称英国侵略者为"蛮夷小邦""化外蠢愚"。

2. 与日本一衣带水的中国在鸦片战争中的失败,对日本造成强烈的刺激;中国在直接遭受西方列强侵略之前,没有接受过类似的刺激。这也是造成西方列强的侵略给予日本较中国更大震动的原因之一。

在分析中日社会结构的区别时,笔者曾指出日本文化在形成过程中接受过中国文化的强烈影响。到18世纪,虽然已有少数思想敏锐的日本知识分子觉察出西方列强在许多方面胜过了中国,但在大多数日本人的观念中,庞大而历史悠久的中国仍被视为楷模和强盛之邦。然而在1840年发生的鸦片战争中,中国却在英国的侵略面前节节败退,这使日本朝野上下为之震动。一些学者惊呼:"勿恃内洋多礁砂,支那倾覆是前车;浙江一带惟流水,巨航泝来欧罗巴。"[1]幕府老中水野忠邦在给其心腹川路圣谟的信中忧虑重重地说:鸦片战争"虽属外国之事,亦即我国之鉴,关于浦贺防务之建议迄未能作出决定,殊为无状",[2]之后,斋藤馨著《鸦片始末》,弘化元年(1844)九月,佐久间象山为该书写跋说:"当今天下可畏者,无大于外寇,而戎备之要,无先于知彼。……而世人愦愦无克知之者,独子德(斋藤馨的字)勤奋于此,著《鸦片始末》以有助于知彼。其识远,非徒能文之士。"[3]主张通过对鸦片战争的研究,了解西方列强的情况,寻找对付西方列强侵略的方法,以免重蹈中国覆辙。

此外,一些西方国家也利用中国在鸦片战争中的失败对日本进行威胁。如荷兰国王威廉二世于1844年8月通过荷兰军舰"帕兰邦号"携带一亲笔信交日本幕府,在亲笔信中,威廉二世促请日本注意"近来英国国王向中华帝国出兵而发生激战之情况",警告说:"贵国今亦将罹此种灾害。"强调指出:"今如欲使贵国成幸福之地而不为兵乱所荒废,则严禁异国人之法殊应放宽……""夫和平在于敦睦友谊,而敦睦友谊则在于进行贸易"。要求日本以更大规模开港通商。[4]这种威胁显然加强了日本对外来势力的警惕。1845

---

[1] 山田芳谷诗。转自中山久四郎:《近代中国在明治维新前后对日本的影响》,载东京帝国大学史学会编《明治维新史研究》,1930年版,第435页。

[2] (日)佐藤亚美:《川路圣谟之生涯》,文春文库2000年版。

[3] (日)增田涉:《西学东渐和中国事情》,岩波书店1979年版,第69页。

[4] (日)信夫清三郎:《日本政治史》(中译本)卷一,上海译文出版社1988年版,第176—177页。

第六章 在西方列强入侵的形势下,幕藩统治者与清廷面临危机的区别

年,幕府设置海岸防御挂作为掌管外事和国防的机构。从1846年起连续数年,向幕府官员及负责守卫近海的大名咨询对付外国来日船只的办法。①

中国长时期以来,一直是东方最为强大的国家,因此,它不可能有日本那种因中国在鸦片战争中的失败而感受到的强烈刺激。中国要从盲目自大的状况中苏醒过来显得尤为困难,一般顽固保守的封建官僚可想而知,连率先睁眼看世界的林则徐都难免受中国这种特殊地位的限制。1839年9月,当英国内阁将要决定"派遣一支舰队到中国海"的前夕,林则徐却认为:"臣等细察夷情,略窥底蕴,知彼万不敢以侵凌他国之术,窥伺中华。"②1840年6月中旬,当英国侵华舰队已在途中,林则徐给道光皇帝的奏折仍称:"英夷近日来船,所配兵械较多,实仍运载鸦片,奸夷借以扬言恫吓,以求得准许其贸易,现在各兵船只在外洋游弋,此东彼西,总无定处。此外别无动静。诚如圣谕,(该夷)实无能为。"③甚至到鸦片战争失败,被迫签订《南京条约》之后,清政府根深蒂固的自大情绪仍未消除。道光皇帝在其上谕中便屡屡称"英人已就驯伏"、"英人现已就抚",等等。在这种思想支配下,清政府对西方列强的侵略所带来的危机,当然不可能像日本那样清醒。

二、西方列强的入侵对中日两国原有的经济基础造成不同的影响

在分析中日两国社会结构的区别时,笔者曾指出:在德川幕府的中后期,日本农民已基本实现了从直接生产者的自然经济向小商品经济的转化,同时,日本统一的国内市场也大致形成;而中国农民的绝大多数仍然处于自然经济状况之下,国内市场虽有扩大,但还是以地方性小市场为主。因此,从总体上说,在近代以前,日本商品经济的发展超过了中国,当中日两国遭受西方列强入侵之后,这种差距更为明显了。

19世纪四五十年代,中日两国先后在西方列强的武力威逼下,打开了门

---

① (日)信夫清三郎:《日本外交史》(中译本)上册,商务印书馆1980年版,第51页。
② 《英人非不可制请严谕查禁鸦片》,道光朝《筹办夷务始末》卷一,中华书局1960年版,第218—219页。
③ 《火创英船办艇等情形折》,道光朝《筹办夷务始末》卷一,中华书局1960年版,第315页。

户。当时,中日两国与西方列强的贸易来往基本上按照下述模式进行,即西方列强对中日输出工业制品,而中日两国则向西方列强提供农副产品及其他原料。由于在总体上,日本商品经济的发展超过了中国,因此日本被卷入世界资本主义市场的程度,一开始便比中国广泛而深入。

首先看一下输入商品的数量。鸦片战争结束后,西方列强以为中国将迅速成为他们广阔的市场。英国资本家幻想:"只消中国人每人每年需用一顶棉织睡帽……那英格兰现有的工厂已经供给不上了。"①大量的工业制品因此源源不断地输向中国。据统计,1842年英国对华商品输出额为九十六万九千三百八十一镑,到1845年增至二百三十九万四千八百二十七镑。②但中国市场实际消化不了这日益增长的商品,到1846年,英国对华商品输出总额便降到1836年的水平以下,低于一百三十二万六千英镑。③1850年年末,则"几乎比1844年末减少七十五万镑"。香港总督府秘书密切尔1852年说:"过去将近十年的时间里,我曾在三个省分住过,我可以很有把握地肯定说,除去我们的家织布(手工织的布)而外,我还没有见过一个靠劳作生活的中国人穿过一件用我们的布料做的衣服。"又说:"沿海城市里一部分富裕阶级穿用我们的洋布……可是对于要求新衣服顶顶耐穿的阶级,不论他们的职业如何轻松不费力气,谁也不穿我们的洋布。"④显然,外国商品市场一般仅存在于沿海的富裕阶级中,而广大内地和贫苦阶层对外国商品则绝少问津。英国资本家对这种远远落后于他们原先估计的状况表示出很大的失望。1849年,英国驻上海领事阿礼国在上香港总督的建议书中说:"目前中国人所取于英国每年七千万镑生产总值中的份额远在二百万镑以下。他们所吸收的比例是如此之小,以致作为主顾来说,他们对我们的重要性,抵不上西部殖民地,意大利诸岛,或欧洲一个较大的国家。"⑤1852年,香港总督府秘书密切尔在其报告书中说:"经过和这么一大国家开放贸易十年之久,并且

---

① 香港《中国邮报》社论,1847年12月2日。
② 严中平:《中国棉纺织史稿》附表,商务印书馆1955年版,第62页。
③ 《马克思恩格斯论中国》,人民出版社1957年版,第88—89页。
④ 严中平:《英国资产阶级纺织利益集团与两次鸦片战争史料》下,见《经济研究》1955年第二期。
⑤ 1849年1月19日阿礼国上香港总督文翰建议书:《论吾人目前在华地位与对华关系情况》,见米琪《在中国的英国人》卷一,1900年版,第422页。

第六章　在西方列强入侵的形势下,幕藩统治者与清廷面临危机的区别

双方都已经废除了一切独占制度,而拥有如此庞大人口的中国,其消费我们的制造品竟不及荷兰的一半,赶不上法国和巴西,赶不上我们自己,不在西印度之上,只比欧洲大陆上某些小国如比利时、葡萄牙或那不勒斯稍微多一点点。"①

日本的情况与中国不同。尽管按不平等条约的规定,日本最初对西方列强开放的通商港口要比中国少,日本为神奈川(横滨)、长崎、箱馆,而中国为广州、福州、厦门、宁波、上海,关税率也比中国高。日本关税率有免税、百分之五、百分之二十、百分之三十五四种,而中国一律值百抽五。但日本被卷入世界资本主义市场后,商品输入额却以直线上升的状况急速发展。1859年日本的商品输入额为六十万美元,1860年为一百六十万美元,1865年为一千五百十四万美元,至1867年增至二千一百六十七万美元。1867年比1859年增长三六点一一倍。②

因此,虽然由于中日两国幅员相差悬殊,在商品输入的绝对额上,中国要多于日本,但以人口平均计算,则日本要超过中国许多。例如棉制品的输入,据估计,如果按人口平均计算,日本当时的输入额相当于中国的二倍以上。③这使原先对日本市场估计不足的西方列强感到喜悦,1860年,英国驻日公使渥露可古评价横滨港的贸易状况说:"尽管这个港处于政治上、商业上不利于贸易发展的环境,但其贸易额却在最乐观的预想之上,远远超过了上海在开港初期那种未曾有过的急速勃兴的记录。"④

外国商品的输入对中日两国原有的经济结构带来了冲击,但是由于外国商品的输入在中国一般仍及沿海开放港口附近,按人口平均的输入量又明显低于日本,可以想见日本原有的经济结构所承受的冲击,必然超过中国。

中国在鸦片战争之后,家庭手工业承受到外国商品压力的主要是五口通商地区及其附近,以纺织工业为例,厦门开埠的第二年,因洋纱布"充积于

---

① 严中平:《英国资产阶级纺织利益集团与两次鸦片战争史料》下,见《经济研究》1955年第二期。
② 石井孝:《幕末贸易史的研究》,日本评论社1944年版。
③ 芝原拓自:《日本近代化的世界史的位置》,岩波书店1984年版,第53页。
④ 《横滨市史》第二卷,有邻堂1980年版,第371页。

厦口","其质既美、其价复廉",经由商贩运销,致使"江浙之棉布不复畅销,商人多不贩运,而闽浙之土布、土棉,遂亦因之壅滞不能出口。"①宁波开埠后不久,洋布输入也"使许多手织工停止了生产"。②

在日本,几乎全国都感觉到了外国商品的压力。也以纺织业为例,山崎隆三先生指出:日本"开港前棉布市场随着植棉地的扩大而发展,这使外来商品的渗透变得容易,构成了外来商品影响全国的基础"。到1867年(庆应三年),日本输入的棉布数量已达该年日本棉布消费量的31.7%,而国内棉布棉纱生产量则分别降至开港前的59%和51%。③这一中国无法比拟的消费来源的巨额变化,包含了多少从事耕织结合生产的农民家庭的破产。中日间的这种区别,必然使日本旧的经济形式的解体程度超过中国。

不仅在商品的输入量上,日本与中国存在区别,在输入商品的种类上,日本与中国也有区别。以棉制品为例,日本输入的棉纱占其商品总额及棉制品总额的比例要大大高于中国。因缺乏19世纪60年代前后的统计数字,引19世纪七八十年代的统计数字以为参考。详情见下表:

棉纱、棉布在中日两国商品总输入中各自所占的比例(%)

日本				中国			
年次	棉纱	棉布	总计	年次	棉纱	棉布	总计
1873	12.1	20.0	32.1	1871—1873	2.8	30.2	33.0
1878	16.2	15.2	31.4	1881—1883	5.8	22.3	28.6
1883	21.7	9.8	31.5	1891—1893	14.6	20.5	35.1
1888	20.8	7.2	28.0				
1893	8.3	6.4	14.7				
1898	3.1	3.9	7.0				

中日两国在输入商品的种类上之所以会存在这种区别,是由于日本进入世界资本主义市场前,棉纺业中的纺、织分工程度超过中国。我们知道,

---

① 福州将军兼管闽海关敬穆:《请变通收税章程折》(道光二十五年三月十七日),见《户部抄档》,中国社会科学院经济研究所藏。
② 马丁:《中国的政治、商务和社会》卷二第308页。
③ 山崎隆三:《幕末维新期的经济变动》,见岩波讲座《日本历史》卷十三:《近世》五,第152—153页。

第六章 在西方列强入侵的形势下,幕藩统治者与清廷面临危机的区别

在棉纺工序中采用机器代替手工所能提高的效益,要大大超过在棉织工序中采用机器代替手工所能提高的效益。因此,一般来说纺织机排挤手纺车的过程要比织布机排挤手织机的过程发生得快速。马克思分析英国机器纺织业对印度手工纺织业的分解作用时便指出:英国人先是摧毁了印度的手纺业,然后再摧毁了印度的手织业。①类似的现象也出现在中日两国。棉纱输入的增长率在中日两国基本高于棉布输入的增长率。但是,由于日本纺、织分工程度超过中国,而与纺分离的专业织户当然更愿意使用比本国手纺纱价廉物美的洋纱,自纺自织的农户对洋纱则不可能表现出如同专业织户那样强烈的兴趣,所以日本吸收的洋纱占其输入商品总额及棉制品总额的比例势必高于中国。甲午战争前,中国输入洋纱的增长率虽然高于洋布,但大多数是销售于闽粤等地的非棉区,而且基本上是以进口商品纱代替进口的商品棉,当闽粤等地小农手织土布已从洋经土纬向洋经洋纬过渡时,江南等植棉区土布仍基本上保持着土经纬。可以说,一直到甲午战争以前,西方资本主义洋纱布的入侵,对紧密结合于中国小农经济内的棉纺织业,除非棉区外,分解使用不大。在日本,使用洋纱却相当普遍。据山崎隆三先生分析:"开港前形成的主要棉织区,普遍地使用洋纱。或者以洋纱为经纱,或者经纱、纬纱均用洋纱,有的还将洋纱和绢丝混合,织出新的织物。"②

棉纺、织是紧密相联的前后工序,棉纺工序效率的提高,势必促进棉织工序的发展。如前所述,机器纺纱的效率要大大超过手工纺纱,日本由于以远高于中国的比例吸收了价廉物美的洋纱,结果必然促使其专业棉织业更快发展。例如位于关东地区的武藏国足立郡织元高桥家,"随着万延元年以来棉纱的输入,在横滨购买外国棉纱二十九个试织,后因适用而大量购进,分配给近乡织工织布"。③"在上州足利,首先在和纱和绢丝中织进洋纱,生产出的织物外观漂亮而价格便宜,受到欢迎。其后,进一步增加了产量"。"同州佐野结城的棉织行业在庆应二年开始采用洋纱,以后扩大了生产"。④洋纱的采用,不仅造成日本专业棉织业规模的扩大,而且还加速了日本专业棉织

---

① 马克思:《不列颠在印度的统治》,见《马克思恩格斯全集》卷六,人民出版社1961年版,第146—147页。
② 山崎隆三:《幕末维新的经济变动》,见岩波讲座《日本历史》卷十三:《近世》五,第155页。
③④ 同上书,第154页。

业对先进棉布机器的采用。如在同鹿岛郡波崎,高机的引入便是与采用洋纱同时实现的。上述情况的发生,势必促使日本资本主义生产关系获得较中国更为迅速的成长。

商品经济发展程度不同的中日两国被卷入世界资本主义市场后,不仅商品输入的情况及对两国发生的影响不同,而且商品输出的情况及对两国发生的影响也不同。以生丝的出口为例。生丝和茶一样,曾是中国对外出口的主要商品。马克思说过:"自从根据1842年的条约而开放中国市场以来,中国出产的丝茶向英国的输出额不断在扩大。"[1]但是由于中国商品经济的发展水平低,在蚕丝业中茧与缫丝两道工序在鸦片战争前仍然紧密地结合在小农蚕户家庭内部,没有出现专业分工。鸦片战争后,生丝出口销售市场迅速扩大,在一定程度上刺激了蚕丝业的生产,但由于茧、丝生产缺乏专业分化基础,仍然限于在家内的小范围进行。因此,生产数量虽有增长,但生产规模的扩大及新生产方式的采用仍然很困难。到1858年,中国的缫丝手工业全部还是蚕农的家内生产,未发现有农户的专业分工。当然更没有独立的缫丝专业作坊了。1859年,英商怡和洋行在上海首次试办机器缫丝局,但因中国茧的商品化程度低,还未形成稳定的茧商品市场。该机器缫丝局在取得和存贮原茧上遇到较大困难,因此短期内即告停业。1866年和1868年,又有外商在上海试办小型实验性丝厂,以展销意大利式缫丝机器,却无买主问津,只得将机器运去日本。直到1879年,旗昌洋行丝厂在上海正式开车,才勉强稳定下来。而华商在中国经营的近代机器缫丝厂,1879年才由陈启源在广东南海创设。上海则至1882年才出现近代机器缫丝厂,开始时还打洋商旗号。

生丝出口量的增加对商品经济发展程度较中国为高的日本来说,影响就不同了。日本在开港之前,茧、丝生产已出现了明显的专业分工。以天保九年(1838年)前后秋田地区的雄胜和平鹿两郡的情况为例。当时,两郡一千户农家中有半数是饲蚕农户,在这些饲蚕农户中,已有一百五十户放弃了缫丝,而专门养蚕售茧,出现了茧生产的专业分土。[2]缫丝生产的专业分工也

---

[1] 《马克思恩格斯论中国》,人民出版社1957年版,第91页。
[2] (日)《服部之総著作集》卷一,理论社1967年版,第62页。

第六章 在西方列强入侵的形势下,幕藩统治者与清廷面临危机的区别

有相当程度的发展,"1855年(安政二年)左右,上州碓水郡藤琢村的诏贺茂一郎设计出利用水车动力把坐缫机连接起来由三十个女工同时操作的制丝场。"①由于日本原来茧、丝生产已出现明显的专业分工;在被迫开港之后,生丝出口量猛增。据统计日本从1860年(万延元年)到1863年(文久三年)生丝输出总量为四亩八十六万斤,年平均一二一点五万斤,而开港前日本生丝生产量年平均仅为一一二点五万斤。就是说开港后生丝输出的年平均量要超过开港前国内生丝的年平均生产量。这种输出量的猛增,给予蚕丝业以强烈刺激,使茧、丝专业生产的规模和采用新生产方式的程度均有很大提高。例如,1864年江户丝问屋提出的上申书表明,其生产量"到六三年已达到了以往年平均产量的二倍"。又如"甲州地区,开港前其生丝的产量为一千个(一个等于二十九贯)左右。到庆应期,其仅从横滨港出口的生丝便达一千五百个",②不仅生产规模扩大,先进技术和工具也获得进一步推广,且深入到农村。例如信州诹访郡冈谷村的"林源次郎开港后从上州引入二架坐缫机,雇佣徒工,进行小规模的手工作坊生产"。③据山崎隆三先生分析:"养蚕业中的温度育、缫丝业中的坐缫技术,在开港以前已有使用,但其普及化则在开港以后。"④由于生产规模的扩大,先进工具和技术的进一步推广,资本主义生产关系获得发展,例如信州地区"1860年左右(安政、万延前后),在引进上州坐缫后,贷锅经营对代缫人的支配更加深重。坐缫机的引进,使原来手挽缫丝很快消灭,代缫户有的无力购买高价的坐缫机,就由业主贷给,代缫户失去了生产工具,进一步从属于资本,资本制家内劳动形态大多更加接近于手工工场了"。"1865年(庆应年间)信州上伊那赤津村的盐津佐七等设计一百人操作生产出口丝,这些都是用坐缫机而带来的手工工场经营。"⑤因此,守屋典郎先生指出:"生丝输出的跃进使生丝产量迅速增加,从而使养蚕业开始夏秋两季饲育和用火力进行培养。生丝生产方面,过去一般实行抠缫和手缫,而这时各地普遍使用坐缫器。结果在生产方面,各地就

---

① (日)楫西光速:《日本资本主义之成立》卷一,东京大学出版会1966年版,第104页。
② (日)有泉贞夫:《养蚕地带的农业构造》第199—200页,见堀江英一编《幕末维新的农业构造》,岩波书店1963年版。
③ 北岛正元编:《制丝业的展开和构造》,塙书房1970年版,第348页。
④ 山崎隆三:《幕末维新期的经济变动》,见岩波讲座《日本历史》卷十三:《近世》五,第148页。
⑤ 楫西光速:《日本资本主义之成立》卷一,东京大学出版会1966年版,第102—104页。

不断出现工场手工业。"①

综上所述可知,中日两国在被迫对西方列强开放门户前,商品经济的发展已存在相当程度的差距。在门户被迫打开后,差距变得更大了。日本资本主义生产关系的成长速度明显超过中国。这种不同的社会经济状况,势必对中日两国的统治阶级形成不同的压力,提出不同的要求。

在日本,由于商品经济和资本主义生产关系的发展,使原来以年贡剥削为主的剥削方式逐渐难以实施。这主要表现在商品经济的发展加速了农村的两极分化,本百姓数量日趋减少,使年贡征收率呈现下降趋势。

随着商品经济的发展,日本农村一部分依仗雄厚的经济力量、兼营商业和手工业的大高持,掌握了更多的货币。这部分人以及城町的商人和高利贷者通过质入、抵押等形式不断侵占中下层本百姓所拥有的田地,加速了农村的两极分化,使本百姓数量日趋减少。先看植稻区,以位于新潟港附近的北越岩船郡下关村的情况为例,该村以植稻为主,最大的持高者为渡边家。该家从1676年开始经营小规模的酿酒业,到1697年发展到每年酿酒四十五石左右。渡边家以酿酒业和出售御藏米的收入购入土地使用权,1726年在该村有土地八十二石,加上在其他村拥有的土地共计一百四十七石;1754年增至一百六十六石;1789年增至二百七十三石;1862年增至四百十七石。这时渡边家所拥有的土地占据全村土地总数的百分之五十六。②类似渡边家这样随着商品经济发展,不断扩大土地的大高持在下关村并非仅此一家。详情见下表:

下关村土地占有情况的变化

	1659年(万治二年) 户	%	1843年(天保十四年) 户	%
一反未满	12	12.5	20	47.6
三反未满	17	17.7	4	9.5
五反未满	13	13.5	3	7.1
十反未满	32	33.3	6	14.3

---

① 守屋典郎:《日本经济史》(中译本),生活·读书·新知三联书店1997年版,第27页。
② 冈光夫:《农村的变化和在乡商人》见岩波讲座《日本历史》卷十二:《近世》四,第72页。

第六章 在西方列强入侵的形势下,幕藩统治者与清廷面临危机的区别

续表

	1659年(万治二年)		1843年(天保十四年)	
	户	%	户	%
十五反未满	14	14.6	2	4.8
二十反未满	4	4.2	1	2.4
三十反未满	3	3.1	1	2.4
三十反以上	1	1.0	5	11.9
共　计	96	100.0	42	100.0

从此表中可以看出,1659年时,下关村占地三十反以上的大高持仅有一户,到1843年增至五户。原来拥有一町(十反)左右土地的本百姓占半数以上,到1843年时,则是拥有土地不满一反的少高户接近了总数的一半。而整个村庄内拥有土地的户数减少了五十四户,超过百分之五十。可见有大量本百姓失去了土地。①

种稻区如此,产棉区也不例外。以河内国涉川、若江郡的五个村庄为例。详情见下表:

日本产棉区五村庄土地占有情况

	荒川村	下小坂村	御厨村	小若江村	近江堂村
年代期间	1734→1856	1728→1856	1752→1856	1735→1856	1742→1856
5石以下(户)	18→11	15→15	26→13	15→8	22→6
年代期间	1734→1823	1728→1823	1752→1828	1735→1821	1742→1845
5—20石(户)	13→10	27→7	16→4	17→18	17→8
年代期间	1823→1856	1823→1856	1828→1856	1821→1856	
	10→11	7→6	4→7	18→8	
年代期间	1734→1856	1728→1856	1752→1856	1735→1856	1742→1856
50石以上层的集中率(%)	23.7→24.3	0→53.6	17.2→29.0	32.3→63.1	12.8→41.4
最高所持者的高(1856年)(石)	102	257	80	164	78

---

① 摘自万治二年《下关村本田煨畑地帐》,见天保十四年《下关村高反别小前帐》。

101

续表

	荒川村	下小坂村	御厨村	小若江村	近江堂村
年代期间	1734→1856	1728→1856	1752→1856	1735→1856	1742→1856
石高持有者数（户）	39→27	39→26	52→28	38→23	45→22
年代期间	1734→1856	1758→1856	1856	1735→1856	1742→1856
无高（户）	57→41	27→62	？→53	40→64	44→86
无高户所占比例（1856年）（%）	60.3	70.5	65.4	73.6	79.6

从上表可以看出，各村拥有五石至二十石土地的中层本百姓数量大都呈减少趋势，多数村减少得相当明显。拥有五石以下土地的下层本百姓数量也呈减少趋势，而拥有五十石以上土地的上层本百姓数量却在增加。无地农民的数量增加得更为明显，到1856年，各村无地农民占农民总数最低的超过百分之六十，高则接近百分之八十。[1]

就日本全国而言，根据吉野诚先生的统计，在19世纪中叶，农民占有的份地，只占全国耕地的三分之二，没有份地的农民占农民总数的比例，在关东地区为百分之十左右，在西南地区为百分之四十五，在畿内地区则高达百分之五十至百分之七十。[2]

少地和失去土地的本百姓往往成为上层本百姓的小作农（佃农）或雇工，还有一部分成为经营小本生意的在乡商人。例如上述表格中的小若江村，1842年有无地农民五十九人，其中有四十九人成为小作农。再如蚕茧业为主的福岛信达地区，"明和九年（1772年），在桑折村的三百五十七户中，有男工六十人，女工二十八人，"[3]又如儿岛郡味野村："1813年（文化十年），在乡商人占全村户数的五成弱，达八十一人，其中大部分是五石以下的下层本百姓和无高农民。"[4]还有一部分少地和失去土地的农民，因不堪沉重剥削而逃离土地。例如正保二年三月，越前丹生郡米个渊，全村除庄户一家外，另

---

[1] 根据《布施市史》第二卷第七章，日本布施市史编纂委员会1967年版，第1表、第2表制成。
[2] 吉野诚：《日本农民分解论》第47—48、56页。
[3] 庄司吉之助：《明治维新的经济构造》1954年版，第257页。
[4] 讲座日本史卷四：《幕藩制社会》，东京大学出版会1970年版，第222页。

第六章 在西方列强入侵的形势下,幕藩统治者与清廷面临危机的区别

外三十户共一百零六人都逃到越后。又如天保十二年十二月,阿波国三好郡山城谷六百余农民离开本地,逃至伊予今治领。①

显然,由于商品经济的发展,农村两极分化加剧,无地与少地农民增加,能够按惯例缴纳年贡的本百姓数量迅速减少。日本领主阶级是以本百姓为直接剥削对象的,本百姓数量迅速减少,势必影响领主阶级的年贡收入。《劝农或问》指出:"若论(土地)兼并的为害,以富者有余的资财兼并贫者的所有,因而富者愈富,贫者愈贫。膏腴的土地全为富者所吞并,人民的灾难终于变为国家的灾难。……谁不知道人口日减而荒地日多?无地缴纳地租者已大有人在;因之税收减少,除征派御用金而外,别无他法。推究其原因,实为兼并(土地)所致。"综观幕府从享保七年(1722年)至天保元年(1835年)共一百十四年间的年贡征收率,如果以每五年年贡征收率的平均值为点,将这些点连成线,可以看出年贡征收率在起伏中所表现的总趋势。起伏大致形成两个高峰期,前一个峰期顶点为宝历元年至五年(1751—1755年),后一个峰期顶点为文化十三年至文政三年(1816—1820年)。据统计,前一峰期的年贡征收率为百分之三十六点九,后一峰期的年贡征收率为百分之三十四点二。可见,幕府年贡征收率的总趋势,是停滞中略呈下降。②上述情况表明,日益发展的商品经济,使日本社会发生了前所未有的深刻变化,日本领主阶级已很难维持原来以本百姓为直接剥削对象、以榨取年贡为主的剥削方式。

与日本相比,中国由于社会结构不同,由于商品经济与资本主义生产关系的发展程度明显落后,因此,以地租剥削为主要特点的剥削方式虽然遭到农民、手工业者等起义斗争的强烈冲击,但并没有陷入无法维持的颓势。

鸦片战争前后的中国两极分化也很严重,道光年间江苏吴县出现了沈懋德这样占田万余亩的大地主,大学士琦善所占田地高达二百五十六万一千二百十七亩。③与此同时,无地少地的农民急剧增加。但中国商品经济发展程度低下,地主虽然占有了大量土地,却没有也不可能以大土地私有制为出发点发展带资本主义性质的农业经营,而是将土地分散租给无地少地的

---

① 青山惠一郎:《日本农民运动史》卷一,日本评论社1958年版,第55页。
② 古岛敏雄:《近世经济史的基础过程》附表,岩波书店1978年版,第328页。
③ 李文治编:《中国近代农业史资料》第一辑,生活·读书·新知三联书店1957年版,第69页。

农民。结果，必然导致自耕农数量的减少和佃农数量的增加。当清朝尚在乾隆盛世时，湖南巡抚杨锡绂便说："近日田之归于富户者，大约十之五、六，旧时有田之人，今俱为佃耕之户。"①到鸦片战争前后，情况便更为严重了。

　　上述情况的出现，当然会给清朝的封建统治带来危机，龚自珍便说："浮不足之数相去愈远，则亡愈速，去稍近，治亦稍速。千万载治乱兴亡之数，直以是券矣。"②但是由于中国的封建统治主要依靠地主对农民进行剥削，因此，自耕农数量的减少，佃农数量的增加，虽然会增加封建统治的不安定因素，但是当资本主义生产关系在农村出现并发展到一定程度以前，中国农村自耕农的大量减少，没有也不会促成如日本本百姓数量的急剧减少而使旧的剥削方式难以维持的局面。事实正是如此，自道光二十一年（1841年）至道光二十九年（1849年）间，清廷向全国征收的地丁银不断增加。详见下表：

道光年间清廷征收地丁银一览③

道光二十一年（1841年）	29 431 765 两
二十二年（1842年）	29 575 722 两
二十五年（1845年）	30 213 800 两
二十九年（1849年）	32 813 340 两

　　这与日本德川幕府后期年贡征收率日趋下降的情况恰成反比，表明中国封建统治以地主对农民的剥削为基础、以掠取地租为主的剥削方式仍在有效地发挥作用。因此，中国封建统治者当时并未像日本幕藩统治者那样受到必须改变传统剥削方式的压力。

---

① 李文治编：《中国近代农业史资料》第一辑，生活·读书·新知三联书店1957年版，第69页。
② 《平均篇》，见《龚自珍全集》，上海人民出版社1975年版，第78页。
③ 王庆云：《石渠余纪》卷三，北京古籍出版社1985年版。

第七章

日本幕藩改革与中国洋务运动的政策区别

一、日本幕藩改革一开始提出了改革旧的政治体制的要求，而中国洋务运动基本不包含类似的内容

如前所述，日本历史上极少遭受外来侵略，其分封制主要是适应领主阶级维护国内统治需要建立的，因此，在西方列强入侵威胁不断加剧的情况下，传统的政治体制便显得很不适应。为了加强抵御外来侵略的力量，日本不少有识之士很早就提出了改革旧体制的要求。18世纪末，林子平著《海国兵谈》，介绍了欧洲先进国家的政治体制："诸国（欧洲国家）皆有妙法，政治修明，人民相亲，故不自相攻伐。世代团结一心，专心侵掠他州，并攫为己有，一国之内，决不进行内战，此日本、中国望尘莫及者也。"不久大原左金吾著《北地危言》，提出："外寇不以一国（藩）为限，而为天下之敌，如能尽天下之智力进行准备，则日后必能产生优于外国之妙计奇术。"上述议论，已经反映出改革旧体制，以集中全国力量抵御外来侵略的要求。

1809年，幕府儒士古贺精里在"极论时事封事"中，第一次明确提出撤销建造大船禁令的主张。[①]禁止建造大船是为了维护以幕府为中心的分封制，撤销这一禁令的主张，实际包含有改革旧的政治体制的要求。1838年，水户藩主德川齐昭向幕府上"戊戌封事"，提出解救"内忧外患"而应该实行的"十余条急务"，其中也包括有撤销建造大船禁令的主张。[②]1843年，鉴于中国在

[①] 井上清：《日本的军国主义》（中译本）卷一，商务印书馆1972年版，第18页。
[②] 岩波讲座《日本历史》卷十二：《近世》四，第320页。

105

鸦片战争中的失败,德川齐昭又再三要求幕府撤销建造大船的禁令。

由于上述要求,会使各藩获得发展本藩力量的合法理由,因此幕府在相当长的时间内顽固拒绝。例如,幕府老中认为德川齐昭要求撤销建造大船禁令的主张,会使"西部地方及其他各地诸侯等将通过种种研究,可以随意建造各种船只,其后患不堪设想"。①拒绝了德川齐昭的建议,还于弘化元年(1844年)令德川齐照"自重隐退"。

但是西方列强日益加剧的外来威胁,迫使幕府不得不正视旧的政治体制限制日本防御力量发展的现实。1850年,幕府在一个口头命令中指出:"西洋各国觊觎我国土地,我国必须以举国一致之力量加以防御。由于各地力量大小不一,难以应付,于万一情况下,相邻各藩必须合力,互相援助。假如夷贼蔑视国威,有不敬不法之行动,日本全国不分贵贱上下,孰不忿怒!如明确以日本全国之力量进行抵御,则诸侯不应忘屏藩之重任,旗本、御家人等注意对主君之事奉,农民、商人各尽本分,人人努力,以报答两百年来享受太平之恩德。亦即当全国尽力之际,沿海地方更须相互尽其全力。"②公开承认了防御西方列强的侵略,必须以"举国一致之力量""日本全国之力量"来进行。

1853年,培理舰队至日本叩关。严重的外来威胁,促使日本国内的有识之士进一步要求改革旧的政治体制,以加强对外防御力鲁。佐久间象山、吉田松阴在听到培理舰队至日本的消息后,都曾赶去察看。佐久间象山返回江户后,写成《急务七条》,其中包括"以联军之方法,团结列藩之水军"的主张。吉田松阴在了解了海防情况后说:"浦贺之事,乃古今未曾有之大变,国威衰颓以致于此,其由来究何在?……幕府之议,糊涂因循,使六十六国之人茫茫然而不知所从。怀志于草野者,又何为而方可?……方今升平三百年,俯察仰观,渐萌变革之势。"强烈要求改革。③萨摩藩岛主岛津齐彬在1852年就与水户、越前、佐贺、宇和岛的藩主一起,要求幕府解除建造大船的禁令。1853年8月,他又写信给朝廷右大臣近卫忠熙,指出为了加强对外防御,需要"日本举国之守备",需要"日本举国一致之统一兵备",并建议"由朝

---

① 《水户藩史料・别集》上。
② 信夫清三郎:《日本政治史》(中译本)卷一,上海译文出版社1988年版,第183—184页。
③ 同上书,第205页。

第七章　日本幕藩改革与中国洋务运动的政策区别

廷秘密发布敕谕",①促使幕府取消关于建造大船的禁令。

在外来威胁加强、内部变革要求日见强烈的情况下,幕府被迫对限制日本防御力量发展的旧体制作了一定程度的改革。为了便于集结"日本全国力量"进行对外防御,幕府首先改变了由幕府独自掌握外交权力的习惯做法,于1853年6月15日,将培理来航之事禀告天皇,并询问:以圣上睿虑,是否应进行祈祷？朝廷在答复中要求幕府加强防守,并允诺天皇将往七社七寺祈祷。幕府还于8月5日向各藩大名咨询对付外来威胁的方法。10月17日,幕府又下令撤销了建造大船的禁令。安政元年(1854年)七月二十四日,幕府起用德川齐昭为总裁,任命勘定奉行、大小目付等为军制改革专员,并发布实行军制改革的布告说:"政府军制向有成规,惟当今情况不同,旧来经制多有不合,经研究斟酌,认为应即进行改革。"②这样,就打破了旧体制下由幕府垄断政治权力的局面,使朝廷与各藩大名得以参与幕政,并使各藩在军事力量的发展上获得了更大的自主权。

对旧的政治体制的改革,除表现在上述方面外,还表现在封建等级与身份制在一定程度上的松弛。

日本存在严格的封建等级与身份制,使从事战争成为武士阶层的特权。但是随着西方列强侵略的加剧,日益暴露了日本海防力量的薄弱。四面临海的日本,仅靠武士的力量是难以防守的。因此,早在19世纪初,日本便有进步的兰学家主张组织农兵。1839年5月,江川太郎左卫门在向幕府提出的报告书中首次建议组织农兵加强海防,他说:"可以组织农兵,此虽不能即时得用,果能坚持训练,则可大有用处。"③幕府向三奉行(社寺奉行、勘定奉行、町奉行)和大小目付等咨询海防对策时,也有不少人建议组织农兵,例如仙台藩大槻盘溪在《献芹微衷》中、幕府代官羽仓简堂在《海防私策》中,都提出了类似的意见。要建立农兵,让平民百姓也获习武与从事战争的权力,必然要对封建等级与身份制提出改革要求。1853年,培理舰队至日本。更多的人主张组织农兵,这时便有人半隐半露地表达了否定封建等级身份制的

---

① 信夫清三郎:《日本政治史》(中译本)卷一,上海译文出版社1988年版,第205页。
② 井上清:《日本的军国主义》(中译本)卷一,商务印书馆1985年版,第28页。
③ 抄本《江川英龙建议书拔萃》,见胜海舟《海军历史》卷十三,1888年版。

意见,署名无名氏的《海备私言》一书这样说:"日本比起外国,原属小国,人数甚少,而且外国因使用农兵,国民无不参与军事,所有薪水、汲水、搬运工人,均兼服兵役,故无游闲之徒,人员相对增多。日本则有士农工商之别,军事为武士所独占,其中又有所谓阵中辅助人员,各种工匠只能搬运行李与作战队伍无关,如是则人员减少一半,结果,既无准备,而人员又少。"部分幕府官员也要求在一定程度上松弛封建等级与身份制的限制,以组织农兵。箱馆奉行于安政二年正月、十二月及安政三年二月前后三次呈请幕府批准在箱馆组织农兵。①下田奉行则在安政二年五月向幕府呈请说:"若不使农民、商人全习武艺,将招致外人之轻侮……"要求准许人民随意练习武艺,一旦有事,可以"破格录用",同时还请求准许百姓备置发射十两以下子弹的洋炮。②时任幕府军制改革总裁的德川齐昭对建立农兵的主张采取赞同态度。他说:"目前农民中强壮勇敢者,多愿望充当农兵,故组织农兵,仍属可行。"甚至考虑让农兵佩带作为武士身份标志的刀,他说:"近来枪战流行,即武士亦感佩带双刀不便,农兵幸而不佩刀,似便于进行洋枪操练,然我国临阵者,无不佩刀,如由此出现无刀步卒,殊不雅观,此点望仔细考虑。"③

为了加强防御力量,幕府及各藩在鸦片战争前后还开始了引进和仿制西方近代化武器的活动。这也迫使幕藩统治者在一定程度上松弛封建等级与身份制的限制,以培养和起用有用人才。如土佐藩在1862年下令废除世袭的"文武诸艺家",强调录用有才力的"人才",黜退"庸才"。长州藩在1858年宣布:"明伦馆内……以后不论阶级,只根据学历决定是否得入,决定座席的排列顺序……"④此外,各藩为克服财政危机,不拘一格提拔理财能手,也是促使封建等级与身份制松弛的重要原因。日本武士由于受身份制的限制,完全脱离工农业与商业,高级武士更是如此。因此,在武士中寻找善于兴业殖产、掠取商品经济展成果的理财能手,在一般情况下是很困难的。但是在幕末,情况则不同。这时,商品经济的发展,使直接剥削本百姓、以掠取年贡为主的剥削方式趋向瓦解。年贡收入的降低,造成幕府及各藩的财政

---

① 日本《幕府末期对外关系文书》九。
② 日本《幕府末期对外关系文书》十一。
③ 《水户藩史料》上编。
④ (日)末松谦澄:《修订防长回天史》二,柏书房出版。

危机。在这种情况下,将军及各藩大名经常以扣减武士俸禄的方式减少财政支出,结果,使大批下级武士的生活陷于困境。为了谋生,这些下级武士往往不顾身份制的限制去从事工商业。同时,也有一部分豪农豪商通过献金及买得武士养子的身份,跻身于武士之列。由于上述变化,武士中,特别是下级武士中熟悉和了解商业及工农业者不乏其人。为了解救财政危机,各藩在不同程度上打破了用人问题上的门阀等级传统,将一批下级武士提拔于高位。服部之总先生指出:"各藩的情况不同,因而改革的方式也是千差万别,但其中有一致的方向,就是提拔财政经济的能手担任重要职务,实行兴业殖产。"①

由于以上原因,作为日本旧政治体制重要组成部分的封建等级与身份制在幕藩改革中明显地发生了解体。

中国的洋务运动没有包含日本幕藩改革中那样明显的改革政治体制的内容。

如前所述,由于长期遭受外来侵略,中国中央集权的政治体制,不仅是适应封建地主阶级维护国内统治需要而产生,也包含有抵御外来侵略的考虑。因此,西方列强的侵略,并没有使中国的旧体制立即暴露出明显的不适应。同时,由于中国商品经济发展程度较日本低下,以获取地租为主的传统剥削方式,在洋务运动期间,尚未像日本以获取年贡为主的传统剥削方式那样趋向解体。经济基础的极其缓慢的变化,使变革与这种经济基础相适应的封建等级秩序的要求也显得非常微弱。所以,直到1864年,洋务派重要首领李鸿章仍然坚持认为:"中国文武制度,事事远出西人之上,独火器万不能及。"②

因此,洋务运动期间,清廷虽然也曾对旧的政治体制作过一些变动,但这些变动与旧体制的背逆程度,远不如日本幕藩改革时期所实行的诸如让朝廷与各藩大名参与幕政、给各藩更大的发展军事力量的自主权等改革措施与旧体制的背逆程度那样强烈。以清廷设立总理衙门为例,这是洋务运动期间,清廷对旧体制所作的重要变动。第二次鸦片战争以前,清廷与周围

---

① 服部之总:《明治维新讲话》(中译本),生活·读书·新知三联书店1957年版,第33页。
② 《筹办夷务始末》(同治朝)卷二十五,中华书局2008年版,第9页。

◀◀◀ 东方文化圈内的不同趋向

藩属之国的交际,由礼部办理,与俄国的外交归理藩院办理,而与西方列强的外交没有专门的中央机构办理。第二次鸦片战争后,中国在西方列强的威逼下,被迫实行更为广泛的对外开放,清廷因此设总理衙门,负责办理外交,兼管各路军务及海关;南北洋通商大臣也直属于总理衙门,有关机密事宜,各"大臣、将军、督抚、府尹,一面具奏,一面径咨总理衙门"。①与第二次鸦片战争前,清廷没有办理外交的专门机构的情况相比,特别是与第一次鸦片战争前中国闭关自守、拒绝与外国建立近代意义的外交关系的情况相比,设立总理衙门的措施无疑包含有顺应历史潮流的积极一面。但就体制上说,总理衙门仍然被限制在封建中央集权制的旧框架内。总理衙门管理(即领班大臣)从首任奕䜣始都由军机大臣中的满洲贵族领衔,"军机大臣,承书谕旨,非兼领其事,恐有歧误,请一并兼管","其应设司员,拟于内阁部院军机处各司员章京内,满汉各挑取八员,轮班入值。一切均仿照军机处办理,以专责成"。②1884 年 4 月,慈禧太后担心自北京政变后一直处于首辅地位的奕䜣权势过大,以"信任亲戚,内廷召对时有不检"的罪名,撤销其军机大臣及总理衙门管理等一切职务;③令庆亲王奕劻取代。1900 年 6 月 10 日,由于奕劻等总理衙门大臣在如何对待义和团的问题上与慈禧太后意见相左,慈禧太后再次改组总理衙门,任命主张利用义和团对外国侵略者施加压力的端郡王载漪为总理衙门管理。1900 年 9 月 25 日,迫于八国联军入侵,慈禧太后为了邀好于外国侵略者,又下令撤销载漪的一切差使。1901 年春,总理衙门改为外务部,结束了其历时四十年的历史。显然,总理衙门自设立直到结束,始终处于清廷牢牢控制之下,它没有也不可能与旧的封建体制发生明显背逆。

同样,在洋务运动期间,由于办理外交、学习西方技术、兴办近代化企业等方面的需要,清廷虽然被迫按照与传统有所不同的标准,培养和选拔了一些人才,但是对于封建等级秩序并没有形成像日本幕藩改革时期对于封建等级和身份制那样的改革要求。例如,1862 年奕䜣在《奏设同文馆折》中主张:同文馆学员只"选八旗中资质聪慧,年十三、四以下者"。1863 年,李鸿章

---

① 《筹办夷务始末》(咸丰朝)卷七十二,中华书局 1979 年版,第 20 页。
② 同上书,第 19 页。
③ 《清史稿》卷二二一,中华书局 1977 年版,第 910 页。

在《请设外国语言文字学馆折》中虽主张去除非八旗子弟不能入学的限制，但同时认为学馆学员必须选所谓"资禀颖悟，根器端静之文童"，仍然要求将选拔和培养范围限制在士大夫阶层中。不但选拔和培养范围受到封建等级秩序的浓厚影响，使用上也是如此，即使是通晓西方文化的佼佼者，与所谓正途出身即经过科举考试者相比，也受到明显歧视。例如，严复出国留学归来后，起初只担任北洋水师学堂的总教习（教务长），虽实际上担负总办（校长）责任，但因没有科举功名，不能有总办名称，必须另找一个吴仲翔挂名总办。九年后，严复连捐带保搞到一个"选用知府"的头衔，才渐次升任会办、总办。无怪闽浙总督兼船政大臣边宝泉于1896年愤愤不平地说："日本现在执政大臣，多与我第一届出洋学生同堂肄业，岂中国学生资质尽出人下哉。盖用之则奋发有为，人人有自靖自献之思，不用则日就颓落，人人有自暴自弃之境。"

二、日本幕藩改革鼓励发展商品经济；中国洋务运动虽有"振兴商务"的主张，但始终未成为清政府的主要经济政策

如前所述，由于中日两国社会结构等方面的区别，日本的商品经济原来即比中国发达，在遭受西方列强入侵后，日本旧的经济结构的解体也更为深入和广泛。这使幕藩统治者的传统的剥削方式，即以本百姓为直接剥削对象的方式难以维持。为了摆脱危机，幕藩统治者在不同程度上作过恢复传统方式的努力。例如，幕府在天保改革时进行检地，扩大载入检地账的土地数额，并"迫使流入城市谋职的农民回乡"，增加本百姓数量，力图提高年贡征收量。①此外，还通过"风俗矫正""质素俭约"等方法，限制武士及工商阶层的消费欲望，以压抑商品经济的发展。水户藩在天保改革时，则实行所谓"均田法"，以使本百姓实际所有的土地与检地账相符，防止被侵吞掉土地的本百姓为躲避年贡负担逃跑，力求在一定程度上限制农村的两极分化。并推行所谓"抑商劝农"政策。②

---

① 井上清：《日本历史》（中译本）中册，天津人民出版社1974年版，第453页。
② 岩波讲座《日本历史》卷十二：《近世》四，岩波书店1975年版，第315页。

◀◀◀ 东方文化圈内的不同趋向

但上述政策大多归于失败。如幕府的检地便遭到农民的强烈反抗。1842年10月,在近江国甲贺、野州、栗大郡幕领地的农民,集合起来袭击了进行检地的幕府役人的大本营,将账簿之类加以毁弃,检地实际上被迫中止。① 而所谓"风俗矫正""质素俭约",则导致消费水平的下降,损害了工商业者的利益,如京都西阵原来"日织缩缅达千反,禁止奢侈令发布后,日产量不及二十反",② 不少工商业者为此自杀。这种情况激起町人的强烈反对,纷纷举行愁诉、强诉,甚至参加一揆。由于本百姓及工商业者与领主阶级的矛盾进一步激化,加上幕府在天保改革中实行的将江户和大阪周围十日里强收为幕府直辖领等措施,激起各藩大名的反对。在这种内外交困之下,幕府老中水野忠邦被迫下台,幕府的天保改革也宣告失败。

上述情况,迫使幕藩统治者不得不正视旧的经济体制日趋瓦解的现状。在安政年间开始的幕藩改革中,幕府和许多藩便由原来压抑商品经济以维护剥削本百姓体制的传统做法,在不同程度上转向保护和鼓励商品生产,以通过控制商品流通或征收营业税等办法,更多地掠取商品经济的发展成果。幕府在安政改革中便放弃了天保年间以"风俗矫正""质素俭约"等为名义的压抑商品经济发展的做法,转而制定设立"产物会所"的计划,企图让全国的产品不管公领、私领,均送往江户,由幕府设于江户的"诸国产物会所"负责贩卖。这一经济政策承认了商品经济的发展,而商品经济的发展实际上是在挖掘幕藩制国家的基础即以本百姓为直接剥削对象的体制,这与天保改革的政策基调相比,是重大的转变。又如长州藩在天保改革中推行所谓"作人力田"的政策,即一方面减轻本百姓的部分负担,另一方面通过改革司法制度等办法强化对本百姓的统治,力图重建以本百姓为直接剥削对象的体制。此外,为了缓和与农民和商人的矛盾,缩小了藩专制的范围,除盐、纸、栌由藩专卖外,其他物品的买卖委于株仲间③。但这种做法并不意味着商品流通的自由化,藩政府同时扩大了运上制度和免札制度,并加强了对株仲间的控制。④

---

① 《天保义民录》,见小野武夫编《德川时代百姓一揆丛谈》。
② 青木惠一郎:《日本农民运动史》,三一书房1976年版,第401页。
③ 公开得到将军垄断许可的行会,其成员权叫作"株",这种行会叫作"株仲间"。
④ 《体系日本历史》四:《幕藩体制》,日本译论社昭和五十四年版,第396页。

第七章　日本幕藩改革与中国洋务运动的政策区别

到安政年间，随着商品经济的进一步发展，长州藩的上述经济政策不再有效，例如"尽管濑户内地区的棉织物生产量有飞速增长，但藩政府的棉布口钱征收额却基本停滞不动。这是因为领主控制范围之外的商品流通明显发展"。因而，在安政改革期间，藩政府对在乡商人的营业由原来实行的免札方法，改为根据其营业规模征收相应的冥加银。①再如尾张藩，原来对棉纺织业的政策是给予特权商人买卖特权，作为交换，让特权商人交纳运上银；此外，还向特权商人控制下的都市以及部分农村手工业者发放株札，让领取株札者也交纳运上银。安政改革中则转而采取一律根据织屋生产量直接征收营业税的办法。上述做法反映各藩政府的经济政策发生了进一步适应商品经济发展的变化。正如田中彰先生所指出的："幕末期间，在资本主义一定程度的发展下，依靠向特权商人征收运上银、及向在株仲间的上层本百姓征收冥加银的办法，已不能将农民商品经济的发展限制在领主允许的范围内。在这种情况下，不得不向征收营业税的掠夺方式转变。这种变化，一方面当然是领主随着农民商品经济的发展而相应采取的加强掠夺的方法；但另一方面，这种变化也是以允许一定程度的商品生产的自由，乃至'营业自由'为交换的，这意味着幕藩体制旧基础的瓦解，以及阻碍农民商品经济发展条件的逐步排除。"②

中国情况与日本不同，如前所述，由于中国商品经济的发展落后于日本，在西方列强入侵后，中国旧的经济结构的解体不如日本深入和广泛。因此以征收地租为主的传统剥削方式没有受到日本以本百姓为直接剥削对象的传统剥削方式所受到的那种严重挑战。所以，在洋务运动开始阶段，洋务派虽主张引进和仿制西方近代化武器，但并未感到需要改变剥削方式，以适应商品经济发展的要求。奕䜣在一份奏折中论述洋务运动的必要性时说："查治国之道，在乎自强；而审时度势，则自强以练兵为要，练兵又以制器为先。自洋人构衅以来，至今数十年矣。迨咸丰年间，内患外侮，一时并至，岂尽武臣之不善治兵哉？抑有制胜之兵，而无制胜之器，故不能所向无敌耳。"③曾国藩说："军兴以来，士与工商生计或未尽绝；惟农夫，则无一人不

---

① 《体系日本历史》四：《幕藩体制》，日本评论社昭和五十四年版，第396页。
② 《体系日本历史》五：《明治国家》，日本评论社昭和五十四年版，第28页。
③ 《筹办夷务始末》（同治朝）卷二十五，中华书局2008年版，第1页。

苦,无一处不苦。农夫受苦太久,则必荒田不耕。军无粮,则必扰民;民无粮,则必从贼;贼无粮,则必变流贼,而大乱无了日矣。"因此,主张:"故今日之州县,以重农为第一要条,病商之钱可取,病农之钱不可取。"①左宗棠也以"区区于戎马倥偬之余,教稼劝学,故启其端,以俟后之君子"自诩。②

因此,在镇压太平天国等农民起义的过程中,洋务派首领都很注意恢复及强化传统的封建土地关系。同治三年十二月,曾国藩刊发《皖南垦荒章程》,该章程规定:"其无业主有佃户者,应由佃户具结暂垦,声明原系何人之业";"业主佃户并无人者,由局查明报县立案,一面募人佃种,声明业主何人,倘日后还乡,仍将原田归还。"③同治三四年间,镇江金坛县制定开垦章程,对太平天国起义期间因地主逃亡而出现的无主土地"令邻佃缴价认垦"。结果,遭到时任两江总督的曾国藩反对,认为如"令邻佃缴价认垦","将来业主归来,作何归结,不可不预为议及"。很显然,曾国藩是要地方官府为逃亡地主保留土地,以利于恢复及强化封建土地关系。④同治四年,江苏巡抚李鸿章制定垦荒章程,规定:"凡作佃田者,业主未贴开荒使费,田虽成熟,不得向佃户征租。"但目的并不在扶持自耕农,而在招徕农民开荒,以便规复田赋。因此,在同一章程中又规定:农民垦荒的第四年,如"仍不交租,国课攸关,定将佃户以霸占田亩例论"。⑤

以后,到19世纪70年代,随着西方列强对中国商品输入的发展,使洋务派对发展商品经济的重要性逐渐有了认识。左宗棠在给清廷的奏折中不无忧虑地说:"自洋船准载北货行销各口,北地货价腾贵。江浙大商以海船为业者,往北置货,价本愈增,比及回南,费重行迟,不能减价以敌洋商,日久消耗愈甚,不惟亏折货本,浸至歇其旧业。"⑥张之洞称:"棉布为中国自有之利,自有洋布、洋纱,反为外洋独擅之利。耕织交病,民生日蹙,再过十年,何堪设想!今既不能禁其来,惟有购备机器,纺花、织布,自扩其工商之利,以保利权。"⑦同时,洋务派在洋务运动开始阶段所创办的军事工业,产生了进一

---

① 《曾文正公全集》卷三:《杂著》,线装书局2014年版,第36页。
② 《左文襄公全集》卷四:《批札》,长沙萃文堂刻刷局光绪二十三年版,第11页。
③④ 《曾文正公全集》卷五:《批牍》,线装书局2014年版,第23—25页。
⑤ 《上海新报》同治四年十二月十六日。
⑥ 《左文襄公全集》卷十八:《奏稿》,长沙萃文堂刻刷局光绪二十三年版,第1—3页。
⑦ 中国史学会编:《洋务运动》(七),上海人民出版社1961年版,第501页。

第七章　日本幕藩改革与中国洋务运动的政策区别

步的经费和原料需求,"船炮机器之用,非铁不成,非煤不济"。"闽、沪各厂,日需外洋煤铁极伙,中土所产,多不合用,即洋船来各口者,亦须运用洋煤。设有闭关绝市之时,不但各铁厂废工坐困,即已成轮船,无煤则寸步不行,可忧孰甚。"①在这种情况下,洋务派提出了振兴商务的主张。李鸿章在创办轮船招商局时说:"欲自强必先裕饷。欲浚饷源,莫如振兴商务。商船能往外洋,俾外洋损一分之利,则中国益一分之利,微臣创设招商局之初意,本是如此。"②左宗棠甚至主张:"与民争利不若教民兴利之为得也","以官经商可暂而不可久,如官倡其利,民必羡之。有的实之户不搭洋股者,呈资入股,应准承课充商。官本既还,止收岁课,不必派员管厂"。③这无疑是一种进步。但由于这种主张主要出于与外商争利及利用民间资本发展官办或官督商办企业的要求,而且与此同时,洋务派仍在极力维护封建的土地关系,不像日本幕藩改革时期发展商品经济的政策是建立在传统的剥削方式已趋向瓦解的基础之上。因而,洋务派关于"振兴商务"的主张没有也不可能成为清廷的主要经济政策。当时,清政府将增加财政收入的重点仍然放在田赋之上,"夫四民生计皆仰给于农,国家正供亦专取于农,此真所谓财之源也"。④所以,连左宗棠这样提出"与民争利不若教民兴利之为得"的洋务派首领,同时仍然认为以农为本的封建经济更为重要:"保民之道,必以养民为先;六府之修,以水利为亟。江淮之间,地广而土沃。若能兴修沟渠,培厚加广,挑淤浚浅,一如陇上、新疆治法,旱潦有备,垦荒成熟,外加以桑棉之利,则民可自赡,又可易洋人银钱,以供赋税。彼之末富,安能与我之本富争;彼之淫巧,安能与我之食货比!"⑤这必然限制了洋务派"振兴商务"主张的发展。左宗棠所谓"与民争利不若教民兴利之为得"的主张,在洋务派手中基本未曾付诸实施。

---

① 《李文忠公全书》卷十九:《奏稿》,[清]吴汝纶编录官刻本光绪乙巳年版,第49页。
② 《李文忠公全书》卷三十九:《奏稿》,[清]吴汝纶编录官刻本光绪乙巳年版,第32页。
③ 《左文襄公全集》卷六十三:《奏稿》,上海书店1986年版,第55页。
④ 强汝询:《求益斋文存》,见中国史学会编《洋务运动》(一),上海人民出版社1961年版,第363页。
⑤ 《左文襄公全集》卷二十六:《书牍》,上海书店1986年版,第9页。

第八章

日本幕藩改革与中国洋务运动开始前后，西学在中日两国传播程度及所起作用的区别

一、西学在日本比在中国获得更为及时而有效的传播

由于西方列强的侵略对日本形成了较中国更大的震动，日本的商品经济较中国发达，而儒学在日本的统治地位不如在中国牢固，日本与中国相比又有着长期的吸收外来先进文化的传统，这使日本接受西方资本主义文明的社会基础较中国广泛，因此 19 世纪 60 年代前后，西学在日本的传播要比在中国及时而有效得多。这从下述事实中可以明显地看出。

1. 日本幕藩改革时期进行的引进和仿制西方近代化武器装备等活动，从中国鸦片战争失败给日本以强烈刺激后便开始了，而中国相似规模的活动一直到太平天国起义对清廷构成致命威胁时才被迫开始。

首先看日本，鸦片战争发生后的三个月，长崎町年寄高岛秋帆即上书长崎奉行，指出：小小的英国之所以能战胜中华大国，是由于炮术进步的缘故。批评日本当时"诸炮家之炮术，乃西洋已经废弃之数百年前迟钝之术，或为无稽之华法"，只是"没落武士、流浪人等糊口之资"，强调"防御蛮夷而熟悉其术，乃至关紧要之事"，建议赶紧"普遍改革全国火炮，充实防务"。[①]长崎奉行同意高岛秋帆的意见，将其意见书转呈幕府。因中国在鸦片战争中的失败而极为震惊的幕府老中水野忠邦决定让高岛秋帆到江户演习他的新式练

[①] 井上清：《日本的军国主义》（中译本）卷一，商务印书馆 1972 年版，第 20—21 页；信夫清三郎：《日本政治史》（中译本）卷一，上海译文出版社 1982 年版，第 165 页。

兵。1841年6月，高岛秋帆率领门徒九十七人在武藏国丸原（今东京都板桥附近荒川沿岸的田野）练兵场，表演了步兵中队教练、骑兵教练及各种大炮和实弹演习，幕府老中以下各级官员均到场观看。之后，水野忠邦提升高岛秋帆为"与力"级，命他"可于直参①中择热心此道者一人传授之"，但"不得传与其他诸家"。第二年7月，迫于各藩的要求，允许高岛秋帆不仅可以向"直参"，而且可向"诸家之热心者"自由传授炮术。②

但由于幕府担心各藩掌握了西方先进的武器装备和军事技术后，会削弱幕府对各藩的军事优势。因而，不久便以莫须有的罪名将高岛秋帆逮捕入狱。这使日本学习和采用西方先进武器及军事技术的活动受到一定挫折。然而，这种活动并未停止，一方面幕府仍然在四谷的角筈、赤坂的今井谷、荏原郡的大森等处设立了炮术教练场，并制定了一些奖励炮术的办法。1843年，幕府在浅草天文方设立的翻译外国书籍的专门机构——蕃书和解方译出了《荷兰国宪法》《海上炮术》；另一方面，在幕府官员和直参中，也有不少人依靠自己的力量继续进行这一方面的努力。例如韭山代官江川太郎左卫门和旗本下曾根金三郎等人便不顾幕府的猜忌，开展制造西式枪炮和实行新教练法的研究。跟随江川学习的武士达四千多人，其中包括信川松代的佐久间象山、佐贺的木岛藤太夫、仙台的大槻盘溪。江川还和片井京助共同创造了步枪用的雷管，1850年还在韭山试制出一座小型反射炉，开始试制代替青铜炮的铁制炮。

日本有若干藩，特别是一些沿海藩由于处在海防前线，因而对西方列强的侵略威胁更敏感，反应也更迅速，它们中有的利用分封制下各藩国所拥有的较大独立性，比幕府更早一些开始了学习和采用西方近代武器装备及军事技术的活动。例如萨摩藩，1837年美国商船"马礼逊号"至鹿儿岛湾时，萨摩藩以老式大炮射击，命中的仅有一发，且未打中要害。萨摩藩炮术教师次年便去长崎，向高岛秋帆学习西方炮术。至1841年，萨摩藩全藩均已改行高岛秋帆传授的西方炮术。1849年，萨摩藩主岛津齐彬委托兰学者箕作阮甫摘译《水蒸船略说》，并着手试制。至1852年，终于在鹿儿岛城内的精炼所造出了初步的蒸汽机。再如佐贺藩嘉永三年（1850年）六月，新设铁制铸炮局，

---

① 直参是直属于将军的一万石以下的武士，即旗本和御家人的总称。
② 井上清：《日本的军国主义》（中译本）卷一，商务印书馆1972年版，第21—22页。

◀◀◀ 东方文化圈内的不同趋向

根据荷兰人的有关著作建设四座反射炉,至嘉永五年(1852年)五月全部建成。长州藩于1844年任命兰学者坪井信道为内用挂,以兰学知识就防御异贼事与众人商议。1845年又任命青木研藏为内用挂,派赴长崎,了解关于外国的情报与防卫方法。1847年又设立"西洋书翻译御用挂",命其翻译关于兵制和战术方面的书籍。1850年设置管理日文书籍的官员及专门研究西方医学的好生馆。又如水户藩1838年从御目见以上的嫡子中选拔一百人组成直属于德川齐昭的亲卫队。这支亲卫队接受的是包括骑乘、枪炮术、航海术在内的彻底的西式训练。

1853年7月,培理舰队开抵日本,以武力逼迫日本接受美国总统的国书,西方列强对日本的侵略威胁空前加剧。在这种形势下,幕府被迫加快了学习和采用西方先进武器装备及军事技术的步伐。8月,命已拥有相当军火工业基础的佐贺藩铸造大炮。9月,在汤岛修建枪炮制造厂,由江川太郎左卫门等人指导制造枪炮,并采纳江川提出的修建反射炉的建议,同时下令释放高岛秋帆,命他作为江川太郎左卫门的部下,教授西方枪炮。10月,撤销了1609年以来一直严格执行的禁止建造大船的命令。之后,又向荷兰大量订购蒸汽军舰和带刺刀的步枪,设置大船建造专员,命令水户藩建造大船,命令萨摩藩在江川的指导下试制轮船。不久,水户藩设立石川岛造船厂,从1854年初起开始造船。1855年幕府又在长崎设海军传习所,并将原设于浅草天文方的蕃书和解方迁至九段坂下,改名洋学所。1857年又将祥学所改为蕃书调所,成为兼事翻译与教育的机构,同时,定购第一艘军舰"咸临丸",1860年,"咸临丸"由日本人驾驶,载使节团航行美国。1862年,蕃书调所扩充为"洋书调所"。幕府向欧美派出第一批留学生。1863年,"洋书调所"改成"开成所"。至1866年,"开成所"已拥有教授十一人,讲师二十九人,设立了外国语言及理化等多种课程。

再看中国。鸦片战争中,英国侵略者挟坚船利炮闯入中国大门。严重的危机迫使一向自大的清廷开始酝酿采用西方近代化武器和军事技术。1840年8月,鸦片战争开始不久,道光皇帝多次指出:"英人沿海滋扰,所恃船身坚大,枪炮便利"[1],"英人所恃全在船坚炮利"[2],开始对西方近代化武

---

[1][2] 《清宣宗实录》卷三三六,中华书局1986年影印版,第4页;卷三三八,中华书局1986年影印版,第13页。

器和军事技术表现出一定兴趣。

但由于清政府对西方近代化武器和军事技术缺乏了解,以至将一些该学的弃置不顾,将一些近于荒谬的东西却当宝贝供奉。1840年11月,对清军所缴获的洋式枪炮,道光皇帝曾谕令:"所获洋炮,点放不能及远,留之无用,俟该国(英国)交还定海后,将前次拿获洋人发还时,即将炮一并掷还。"①1840年12月,给事中朱成烈奏:"相传英人侵安南,安南人造轧船……以击洋船,英人大败,至今望见安南轧船,即落胆而去。"此奏显然夸大了轧船的作用,道光皇帝却谕令:"著琦善详细采访,有无此项船只,如有可采,即著照式仿造,以备攻剿之用。"②1842年7月又有人奏:"传闻"海外之国曾以木排破英船,即"用巨木捆缚有力,上置引火各物,下系石块,不致漂淌,安置上游,英船入口,使将捆缚巨木顺流放下……冲击英船,便可破碎"。道光皇帝也谕令:"著麟庆即择急流处所,仿照前说,制造巨木……如果试验得力,即著购木赶办,俟英船驶入,即以此法袭之。"③如此漫无头绪,缺乏见识的对外学习,当然不可能取得什么成效。

1842年7月21日,即镇江被英国侵略军攻陷的这天,道光皇帝谕令:"嗣后如有捐资制造战船炮位者,该督抚查明保奏,朕必照海疆捐输人员从优鼓励。"④1842年8月27日,在英国兵舰进入南京下关后不久,道光皇帝又谕令:"闻广东造得火轮船,亦颇适用,著即绘图呈进,并将是否内地匠役制造,每船工价若干,一并详细查明具奏。"⑤对仿照洋船表现出比以往更加明显的兴趣。

从1842年11月21日道光皇帝的上谕中可以看出,确曾有个别绅商为清迁购买或仿造过洋船。该上谕中有如下内容:"据称洋商伍敦元购买咪唎坚洋船一只,潘绍光购买吕宋洋船一只,驾驶灵便,又绅士潘仕成造成战船一只,试验足以御敌","著祁土贡等拨归水师旗营,交提督吴建勋督饬备弁等认真操演,其船只妥为存泊,毋令日久损坏,并著晓谕该绅商等多方购造"。⑥但这时由

---

①② 《清宣宗实录》卷三四一,中华书局1986年影印版,第10页;卷三四二,中华书局1986年影印版,第13页。

③④⑤ 《清宣宗实录》卷三七五,中华书局1986年影印版,第15页、第14页;卷三七八,中华书局1986年影印版,第14页。

⑥ 《清宣宗实录》卷三八三,中华书局1986年影印版,第13页;卷三八四,中华书局1986年影印版,第24页;卷三八八,中华书局1986年影印版,第13页;卷三九六,中华书局1986年影印版,第13页。

于《南京条约》已签订,局势缓解,清廷对采用西方近代化武器及军事技术的态度逐渐转向消极。1842年12月12日,在得知广东所造火轮尚不适用时,道光皇帝即谕令:"火轮船式,该省所造既不适用,著即无庸雇觅洋匠制造,亦无庸购买。"①到1843年2月11日,当浙江巡抚刘韵珂奏应加强"练兵、造船、设险之事"时,道光皇帝更明确谕令:"该抚所议练兵、造船、设险三事,均系当务之急,惟船只需人驾驶,险隘需人堵守,自当次第办理,此时总当以练兵为第一要义。"②1843年10月10日,作为鸦片战争期间清廷采用西方近代化武器及军事技术之活动的尾声,道光皇帝曾谕令将候选道潘仕成制造的水雷由有关人员带至天津交善禄、向荣会同试演。③之后,采用西方近代化武器及军事技术之事在清廷几乎无人再议,更没有采取什么有效措施。

上述情况一直延续到太平天国起义爆发,才发生了明显变化。

太平天国起义以其巨大力量,迅速将清廷逼迫于濒临灭顶的困境。这种致命威胁迫使封建统治阶级不顾一切地采用各种可以采用的手段,力求脱离困境。这使清廷获得克服保守和惰性的较大动力,从而得以在更大的规模上重新开始中断已久的采用西方近代化武器和军事技术的活动。例如,1854年4月两江总督怡良等奏称:"上海逆匪向洋人买铜火药帽,自来机火枪,虽大雨亦可利用。"清廷因而谕令:"铜帽枪实为利器之最,尤利于风雨,现在军营,能否购买应用,著传知吴健彰酌量筹办。"④当太平军在江南力量进一步发展时,宗人府丞宋晋奏:"江南情形危急,请饬护送海运之火轮船,由圌山关入江,焚攻金焦一带贼船,先将瓜州攻克,再由仪征而溯浦江,力剿北岸贼匪,与六合诸军犄角,则可解江南之急。"清廷于1856年7月肯定宋晋"所奏不为无见",谕令"怡良、赵德辙、何桂清即行饬知带船各员,迅由圌山关入江……"决定动用火轮船镇压太平军。在同一谕旨中,清廷还决定购买火轮船:"前此洋员李泰国呈报,有新制小火轮船之语,如能添购数只,较之大号轮船,行驶更当便捷。著怡良等妥速会商……应需经费,并著该督

---

①②③《清宣宗实录》卷三八三,中华书局1986年影印版,第13页;卷三八四,中华书局1986年影印版,第24页;卷三八八,中华书局1986年影印版,第13页;卷三九六,中华书局1986年影印版,第13页。

④《清文宗实录》卷一二三,中华书局1986年影印版,第30页;卷二〇〇,第8页。

抚等妥为筹划。"①

习惯上作为中国近代军事工业之始的安庆军械所,同样是应镇压太平天国之需而产生的。其前身是1858年曾国藩在江西湘军大营中所建立的内军械所。1861年,湘军攻陷安庆后,随曾国藩大营迁入安庆,开始制造"洋枪洋炮"。②以此为标志,开始了中国的洋务运动。接着,1862年李鸿章在上海设制造炮局,仿造西方枪炮;奕䜣在北京设同文馆培养外语人才,而向欧美派遣留学生事则直到1870年才有,即由曾国藩、李鸿章派奏广方言馆学生三十人赴美留学。此类活动的开展,在规模上虽不亚于日本,但在时间上,比日本晚了十年左右。

二、宣传"师夷长技以制夷"思想的《海国图志》在日本引起广泛共鸣,在中国却难以发挥同样影响

《海国图志》是鸦片战争时期中国著名的今文经学家、经世致用派学者魏源的一部名著。该书以林则徐1841年编成的《四洲志》为基础,更为广泛地搜集资料,1842年首成五十卷本,1847年扩编为六十卷本,1852年又扩编为一百卷本。魏源写该书的目的,如左宗棠所说:"海上用兵……战争日亟,魏子忧之,于是搜辑海谈,旁撷西人著录,附以己意,所欲见诸施行者俟之异日。呜呼!其发愤而有作也。"③在这部书中,魏源系统介绍了世界各国的情况,同时阐述了自己对于政治、经济,以及海防等问题的见解,首次提出了"师夷长技以制夷"的主张,初步地但却正确地启示了落后国家为抗拒西方列强侵略而应该选择的战略方向。

1850年,《海国图志》便被传到日本。但因为当时幕府认为该书内有所谓制禁文句,未被允许公开发行。1853年,培理率美国舰队至日本叩关,日本上下为之震动,纷纷寻找对策。在这种背景下,1854年,《海国图志》之《筹海篇》和《墨利加篇》由日本幕府勘定奉行川路圣谟委托兰学者箕作阮甫和

---

① 《清文宗实录》卷二,中华书局1986年影印版,第8页。
② 黎庶昌:《曾文正公年谱》卷七,岳麓书社1986年版,第20页。
③ 《海国图志》卷首,道光甲辰(1844年)仲夏古微堂聚珍版。

◀◀◀ 东方文化圈内的不同趋向

儒学者盐谷宕阴训点翻刻,首次在日本公开发行。其后,翻刻成风。据统计,到1856年间,已有各种刻本二十二种。①《海国图志》成为追求海外知识的日本幕末志士的必读书,明治维新的先驱者佐久间象山、吉田松阴、桥本左内、横井小楠等无不竞相捧读。北山康夫先生指出:"魏氏之革新与批判精神给予日本维新分子以极大鼓舞,诸如佐久间象山及吉田松阴等均受其影响。"②梁启超先生也曾指出:"魏氏又好言经世之术,为《海国图志》,奖励国民对外之观念……日本之平象山、吉田松阴、西乡隆盛辈,皆为此书所激刺,间接以演尊攘维新之活剧。"③

《海国图志》提出的"师夷长技以制夷"的思想对日本改革派发生了重要影响,帮助他们树立了新的对外观念。多本达在《美理哥国总记和解》跋中说:"本书译于幕末海警告急之时,最为有用之举,其于世界地理茫无所知之幕末人士,此功实不可没也。"1854年,大槻祯在重译《海国图志·夷情备采》叙中说:"海防之道,莫要于知夷情也。知夷情则强弱之势审,而胜败之机决矣;不知夷情,则事事乖错,变每出意测之外矣。故知夷情与不知夷情,利害之相悬,奚啻天渊哉!夷情备采者,系清人魏默深《海国图志》中所辑……其叙海外各国之夷情,未如此书之详悉者也。因译以刊行,任边疆之责者,熟读之得其情,则战以挫其锐,款以制其命。国势一张,折冲万里,虽有桀骜之资,彼恶能逞其伎俩哉!"④山口宗之先生指出:横井小楠的思想原来"停留在攘夷论阶段","后来面对日本被迫与欧美列强签订'和亲条约'而开国的现象,同时阅读了世界地志书《海国图志》,加深了对海外情况的了解,转而主张开国论。"⑤

《海国图志》在当时的中国却很不走运。书成不久,有人便指出:此书广泛介绍海外情况,"犯诸公之忌"⑥。1850年,魏源将《海国图志》寄赠张维

---

① 《锁国时代日本人的海外知识》,日本财团法人开国百年纪念文化事业会刊,第135—153页;《日本思想史讲座》卷五:《近世思想·二》,雄山阁1977年版,第259页。
② 《海国图志及其时代》,载大阪学艺大学纪要,第三号。
③ 《论中国学术思想变迁之大势》,见《饮冰室合集》:《文集》七,中华书局1989年版,第97页。
④ 嘉永甲寅仲伙新镌(华中师院辛亥革命研究室复印本)。
⑤ 《日本思想史讲座》卷五:《近世思想·二》,雄山阁1977年版,第259—260页。
⑥ 姚莹:《东溟文后集》卷八:《与余小坡言西事书》,学识斋1868年版。

屏,并赋诗一首,张维屏和诗作答,诗中有云:"九州缩地凭挥翰,四海披图当泛槎,太息绕朝谋不用,为君一读一长嗟!"①对魏源及《海国图志》遭清廷冷落不胜感慨。

当时士林中读《海国图志》的人也不多,公开评论或赞扬的更为少见。日本的东方学学者小野川秀美指出:"尽管魏源十分热心,但在《海国图志》出版时,一般读书人恐怕几乎都没有把它当作一个问题来看待。"②这一估计看来基本符合事实。以后来成为清政府洋务活动开创者之一的曾国藩为例,他自幼饱读诗书,考取进士入京后,"仍日以读书为业"③,且将每天所读书目及数量记于日记之上。曾又是一个不甘寂寞的人,好交接,多师友,在家书中屡次说道:"现在朋友愈多。"他当不会不知道与他同时代的湖南老乡魏源及其所著《海国图志》,但翻遍《曾文正公全集》及其手书日记,却未见到一处说明曾国藩看过《海国图志》的记载。当时中国的读书人必须以科举考试为个人发展的唯一正途,他们的主要乃至全部精力必然耗费于孔孟之道、程朱理学之上,因此像曾国藩这样以道德文章标榜于世,却连《海国图志》这样一部奇书都未看过,或至少不愿表示自己看过的人应当是非常普遍的。

1862年,日本志士高杉晋作至中国察访时,发觉"彼国志士所译之《海国图志》等亦均绝版"。④1875年,魏源族孙甘肃平庆泾固道魏光焘重刻《海国图志》,左宗棠应邀作序,在序中对魏源"师夷长技以制夷"的主张及《海国图志》在中国的不受重视深为惋惜;"百余年来,中国承平,水陆战备少弛。适泰西火轮车、舟有成,英吉利遂蹈我之瑕,构兵思逞,并联与国竞互市之利,海上遂以多故。魏子数以其说干当事,不应,退而著是书,其要旨以西人谈西事,言必有稽。……所拟方略,非尽可行,而大端不能加也。书成,魏子殁,廿余载,事局如故。"⑤

---

① 张维屏:《花地集》卷三,转自《魏源年谱》,黄丽镛撰,湖南人民出版社1985年版,第164页。
② 信夫清三郎:《日本政治史》(中译本)卷一,上海译文出版社1982年版,第181页。
③ 《曾文正公全集》卷二:《家书》,线装书局2014年版,第45页。
④ 信夫清三郎:《日本政治史》(中译本)卷一,上海译文出版社1982年版,第312页。
⑤ 《左文襄公全集》:《文集》卷一,长沙萃文堂刻刷局光绪二十三年版,第10、11页。

三、西学在日本更为及时而有效的传播，对日本的改革发挥了重要的促进作用；而中国的洋务派基本未突破"中体西用"观的限制，没有也不可能促使洋务运动向更为深入的方向发展

中日两国在近代作为落后国家，其资本主义的发生和发展，在不同程度上都密切联系于西方列强入侵的刺激。因此，在当时中日两国面前有着一个十分困难而又必须解决的课题，即一方面要反对西方列强的入侵，争取民族独立，另一方面又必须放弃建立在自然经济基础之上的闭关锁国政策，实行开国，向西方列强学习一切先进的东西。

日本改革派，特别是以下级武士为主的急进改革派由攘夷向开国的转变比较迅速。造成这种情况的原因很多，西学在日本获得的更为及时而有效的传播，是其中一个重要原因。

以长州藩为例，该藩自天保，特别是安政年间之后，虽然采取了一系列改革措施，但一直实行激烈的攘夷主义。1861年，长州藩士长井雅乐为调和被迫开国的幕府与主张攘夷的朝廷间的矛盾，提出所谓"航海远略策"，主张只有进行开国并向海外发展，使日本的武威炫耀于全世界，才是真正的攘夷，结果受到长州藩以久坂玄端为中心的尊攘派的激烈攻击，认为他帮助幕府的开国政策，欺骗了朝廷。他因此失势，被处死刑。但随着长州藩士对西学更为深入的接触，长州藩的尊攘派开始发生迅速分化。例如伊藤博文、井上馨等原来都是激烈的攘夷派。1863年5月，两人受长州藩派遣，赴英留学。途中经过上海，看到在港口出入频繁的西方列强的战舰、汽船、帆船和沿岸鳞次栉比的洋馆，井上馨不仅为之一惊，意识到日本与西方列强在力量对比上的极大悬殊，不无忧虑地说："这些船若闯进日本来，该怎么办呢？攘夷吗，那怎么行啊！"明显地对攘夷产生了怀疑。这时，伊藤博文却仍然初志不改，面带怒色地责问井上馨说："出国才四五天就改变了初志，这怎么得了！"[①]井上馨说：

[①] 春亩公追颂会编：《伊藤博文传》上册，统正社1943年版，第106页。星新一：《伊藤博文》，载《明治人物志》，新潮社1979年版，第86页。

"吾等同志的攘夷主张,无非是忧国之念,今对照海外实况,知攘夷无法实行,依开国方针对能维持国家,断然幡悟,何耻之有!"伊藤博文仍不心服,嘲笑井上馨志薄行弱。但伊藤博文在踏上英国国土后,"通过学校学习,以及与英国学生交游,参观博物馆、美术馆,在英国海军的造船所和其他各种工场见习,对英国文明的进步和实力的强大深为叹服。"①这使他彻底认识到盲目攘夷,无法挽救日本,只有实行开国,积极学习西方长处,才能成就大业,因而放弃了原来顽固坚持的攘夷主张,转而赞同开国进取。以后,伊藤博文在回忆英国留学生活给予他的影响时曾这样说:"开始我也主张攘夷论,考察欧洲形势后,见其先进文化,方察不可攘夷。"②

1863年5月,长州藩在下关炮击英、法等国商船。不久,萨摩藩也与英国舰队开战。伊藤博文与井上馨从《泰晤士报》得知此消息,大惊失色,认为"若我国与列强发生战争,难以预测将招来多大的灾难",决定早日回国,阻止攘夷方针的推行。1864年6月,伊藤博文、井上馨两人回到横滨。下船后,直接去拜访英驻日公使阿礼国,得知英、美、法、荷拟派联合舰队进攻下关,立即表示愿以死力劝说长州藩主改变攘夷态度,要求英国向美、法、荷斡旋,暂缓派舰队进攻下关。两人返回长州后,首先向来访的毛利登人、山田宇右卫门、波多野金吾、渡边内藏太、大和弥八郎等详细介绍了西方的实况,明确表示攘夷不可行。毛利登人等为伊藤博文、井上馨的诚意所感动,帮助他们谒见了藩政府重臣及藩主父子。两人拿出世界地图和参考书,以他们的耳闻目睹详细介绍了西方情况,要求藩政府断然放弃攘夷方针,并通告英、美、法、荷四国公使,以避免无益的战争。但当时的藩主未接受伊藤博文、井上馨的意见,不久令毛利登人转告两人说:"你等不顾身家性命,忧虑国家未来的精神,君公深为感赏。可是,攘夷为全国人心所向,今已成骑虎之势,无法中止,故目下无容纳你等意见的余地。"③虽然伊藤博文等人的意见被拒绝,但这些意见在当时长州藩的藩士中发生了很大的影响,为长州藩在四国联合舰队炮击下关后放弃攘夷政策作了重要的思想准备。

由于长州藩藩主拒绝了伊藤博文、井上馨的意见,终于在1864年9月5

---

① 春亩公追颂会编:《伊藤博文传》上册,统正社1943年版,第112页。
② 平冢笃编:《续伊藤博文秘录》,春秋社1930年版,第44页。
③ 春庙公追颂会编:《伊藤博文传》上册,统正社1943年版,第128页。

◀◀◀ 东方文化圈内的不同趋向

日发生了英、法、美、荷四国联合舰队炮击下关的事件,拥有十七艘军舰、二百八十八门大炮和五千名官兵的四国联合舰队,顷刻间就击毁了下关的各个炮台,攘夷派建立在锁国基础上的攘夷幻想随之破灭,被迫派高杉晋作、伊藤博文向英法等四国求和、签约,允许外国船只通行下关,并由幕府赔款三百万元,攘夷的失败,使长州藩门阀保守势力得以乘势而起,取代改革派,掌握了藩政权。遭到严重挫折的改革派,在痛苦的失败中,进一步认识到开国进取、增强实力的重要性,在下关战争媾和时,高杉晋作和伊藤博文对各国表示:"下关能够进行长州盛产的棉、蜡和生丝的贸易,也可以经理北方各藩和大阪的产物,制造向英国出口的纸。"①表明了对外贸易的积极态度。1865年,高杉晋作、伊藤博文等率奇兵队诸队将长州藩政权从保守派手中夺回来后,高杉晋作等大力宣传开港贸易,主张"亦令赤间关不愧国体断然开港"②,伊藤博文对由英国返回长州藩的木户孝允说:"敝人亲自目击海外实况,认为若图皇国兴隆,今后必取开国之方针,与万国交通。"③获得木户孝允的赞同。之后,木户孝允又邀来高杉晋作、井上馨四人商讨决定"同心协力担当国事,摒弃锁国攘夷的偏见,以开国进取为国是",④终于引导长州藩实现了由攘夷向开国进取的转变。

萨摩藩力主开国的志士们也乘萨摩藩在英萨战争中失败,广泛宣传开国主张。1864年4—5月间,藩士五代友厚上书藩主,指出:萨摩藩在对英战争中虽然损失惨重,但却是"开发三州士民蒙昧之天赐良机,千金难易,谁不奋发立富国强兵之功业","天下之形势归于开国之时为期不远"。⑤在这种主张的推动下,萨摩藩加速了向西方学习的步伐,正式采取了引进西方机械和科学技术的方针,并派遣了森有礼等十六人赴英国留学。

西学在日本及时而有效的传播,促进日本改革派,特别是以下级武士为主的急进改革派确立了开国进取的方针;而开国进取方针的确立又使西学在日本获得更为广泛和深入的传播。如果说在幕藩改革的初期,日本主要是学习西方先进的自然科学知识,那么在开国进取方针确立后,以下级武士

---

① 萨道一:《幕末维新回忆录》,盐尻清市译,日本评论社1943年版,第98页。
② 东行先生五十年祭纪念会编:《东行先生遗文》,民友社1916年版,第148页。
③④ 春庙公追颂会编:《伊藤博文传》上册,统正社1943年版,第202、203页。
⑤ 日本经营史研究所编:《五代友厚传记资料》卷四,东洋经济新报社1971年版,第62页。

第八章 日本幕藩改革与中国洋务运动开始前后,西学在中日两国传播程度及所起作用的区别

为主的急进改革派更多地将注意力集中到了如何学习西方政治制度的问题上。大久保利通提出了实行"公议"即建立议会制的主张,他说:"听取公议乃采用天下之公论,方今宇内各国皆听公议用公论。虽各有异同,但皆用公论议决大政。"坂本龙马在《船中八第》中也提出了建立议会制的主张:"设上下之议政局,置议员参赞万机,万机决于公论",①由大久保利通、西乡隆盛、坂本龙马、后藤象二郎等人参与制定的"萨土盟约"主张:对旧的"朝廷制度法则","酌当今之时务,或有不当者,宜除弊革新,建立不愧于世界之国本"。②对日本未来的政治制度作了更加具体的描绘,即:"议定天下大政之全权在于朝廷",国家的"一切万机均出自京师议事堂";建立上下"议事院","议事官须由上自公卿,下至陪臣庶民,选纯良正义之士"担任,诸侯"充上院之任"。③伊藤博文主张把"欧美各国之政治制度、风俗习尚、教育、生产"的"开明风气"移入日本,引导日本国民"夙夜励精黾勉",从而使日本进入"开明诸国之行列"。④将上述主张与幕藩改革初期佐久间象山等人提出的"东洋道德、西洋艺术"的主张相比较,可以明显看出,摆脱了攘夷论限制的日本以下级武士为主的急进改革派志士的眼界已大为开阔,他们把对西学的学习和运用推到了更高层次,这使他们对日本问题的认识有了以往无可比拟的深刻性。正是在这种政治觉悟的指导下,才使他们有可能在结束幕府统治之后,逐步为日本制定了适应资本主义发展的政治蓝图。

西学在中国未能获得如同在日本那样及时而有效的传播,中国封建统治阶级内当时能够接触并在一定程度上了解西方文化的人,与日本武士阶层相比要少得多。据《福泽谕吉传》记载:1862 年,福泽谕吉在伦敦与一个中国人交流中日两国学习西方文化的情况,那个中国人问福择:"日本有多少人能教、读洋书?"福泽回答:"全国大约有五百人。"福泽反问:"中国有多少?"那个中国人想了一下,惭愧地回答:"只有十一个人。"⑤这个数字虽然未必准确,但却大致反映出中日两国在这方面的差距。福泽谕吉又说:"日本宝历(1751—1764)、明和(1764—1772)以来八、九、十年间之兰学,

---

① 平尾道雄监修:《坂本龙马全集》卷一,光风社 1980 年版,第 384 页。
②③ 同上书,第 529 页。
④ 信夫清三郎:《日本政治史》(中译本)卷二,上海译文出版社 1982 年版,第 306、307 页。
⑤ 井上清:《日本现代史》第一卷《明治维新》,三联书店 1956 年版,第 215 页。

医师好习之;弘化(1844—1848)、嘉永(1848—1954)以来之兰学,士族好习之。"①说明幕藩改革开始时,崇尚西方文化在士族中已蔚成风气。而中国直到1898年鲁迅先生进江南水师学堂读书时,仍以"读书应试是正格,所谓学洋务,社会上便以为是一种走投无路的人,只得将灵魂卖给鬼子,要加倍的奚落而且排斥的"。②因此,中国封建统治阶级内的顽固保守势力远远超过日本武士阶层内的顽固保守势力。洋务派的许多活动,尤其是学习和引进西方先进事物的活动,遭到的反对也比日本严重。1867年,同文馆决定招选科甲正途人员学习天文算学,大学士倭仁率先出面反对,声称:"立国之道,尚礼义不尚权谋;根本之图,在人心不在技艺","何必师事夷人!"③于是"京师各省士大夫聚党私议,约法阻拦,甚至以无稽谣言煽惑人心",例如有对联云:"诡计本多端,使小朝廷设同文之馆,军机无远略,诱佳子弟拜异类为师。"结果,使得同文馆"无复有投考者"。④奕䜣等为此向清廷叹苦说:"不特学者从此裹足不前,尤恐中外实心任事不尚空言者亦将为之心灰而气沮。"⑤此外,在设立近代化工厂,制造船炮机器,以及修筑铁路等问题上,洋务派也遇到了同样的障碍。如郭嵩焘所说:"顽固派一闻修造铁路、电报,痛心疾首,群起阻难,至有以见洋人机器为公愤者"。⑥1880年,刘铭传奏请清廷修筑铁路,李鸿章随之上奏,认为修筑铁路有"九利",对刘铭传的建议表示支持。但此举却遭到顽固派的坚决反对,"奈何以中国礼仪之邦而下同外夷之罔利乎?""直欲破坏列祖列宗之成法以乱天下也!""山川之神不安则旱潦之灾易召""奈何自失其险以延敌哉?"之类的斥骂、中伤劈头夹脑而来。⑦1881年2月14日,清廷因此表示:"叠据廷臣陈奏,佥以铁路断不宜开。"拒绝了修筑铁路的建议。顽固势力的掣肘,使洋务派极为头痛。总理各国事务衙门"承办各国事务,于练兵、裕饷、习机器、制轮船等议,屡经奏陈筹办,而歧于

---

① 《洋学传入史》第203页。
② 鲁迅:《呐喊·序》,新潮社1923年版。
③ 中国史学会编:《洋务运动》(二),上海人民出版社1961年版,第29—330页。
④ 同上书,第36页。
⑤ 同上书,第33页。
⑥ 《伦敦致李伯相》,见《养知书屋遗集》卷十一,王先谦等编,思贤书局1892年版。
⑦ 《李文忠公全书》,《海军函稿》卷三:《议铁路驳恩相徐尚书原函》,[清]吴汝纶编录官刻本光绪乙巳年版。

意见，至多阻格者有之；绌于经费，未能扩充者有之；初基已立，而无以继起久持者有之。同心少，异议多，局中之委曲，局外未能周知"。①"左宗棠创办轮船各厂，以为创议者一人，任事者一人，旁观者一人，事观垂成，公私均害。李鸿章置办机器各局，以为无事则嗤外国之利器为奇技淫巧，以为不必学；有事则惊外国之利器变怪神奇，以为不能学……仅以忠信为甲胄，礼义为干橹等词，谓可折冲樽俎，足以制敌之命，臣等实未敢信。"②对此，王韬大为感叹："盖以西法为可行者不过二三人，以西法为不可行、不必行者几乎盈廷皆是，或惧其难以持久者此也。"③道出了洋务派在封建统治阶级内难以取得支持的实情。

中国的洋务派身处于远比日本强大的顽固势力的包围之中，而其本身对西方文明的认识程度又比日本以下级武士为主的急进改革派低得多，中国洋务派领袖人物中绝无日本伊藤博文、井上馨那样留学欧美，对西方资产阶级文明取得系统、深刻认识，回国后又担当领导重任的人物。因此，中国的洋务派难以具有日本以下级武士为主的急进改革派那样的魄力，将开国进取的方针作为国策确定下来，这使他们基本上只能停留在"中体西用"的水平上，没有也不可能将对西方文明的学习和运用推到更高的层次上去，没有也不可能为中国设计出适合资本主义发展的政治蓝图。

---

① 中国史学会编：《洋务运动》（一），上海人民出版社1961年版，第26、486页。
②③ 《筹办夷务始末》（同治朝）卷四十八，中华书局2008年版，第3页。

第九章

日本幕藩改革与中国洋务运动时期阶级关系的不同变化

一、日本幕藩改革时期阶级关系的变化

1. 幕府与各藩以及幕府与朝廷矛盾的发展。

在分析中日社会结构的区别时,笔者曾指出,日本各藩大名对领地的所有权是一种有限制的土地所有权,他们必须得到将军的确认,才能够占有并自由使用领地,即使他们的领地是祖先靠实力获取的也是如此,为了获得将军对领地所有权的确认,各藩大名要对将军尽一定的义务,例如"参觐交代""普请",以及提供军役等。将军迫使各大名对其尽上述义务,一是为了充实自己的力量,二是为了加强对各大名的控制;同时,以此增加各大名的财政负担,削弱他们的力量。各大名如不履行对将军承担的义务,将军有权对各大名的领地实行改易、减封、所替。因此,幕府与各藩大名之间存在着既互相依赖又互相对立的关系。一方面,各藩大名作为由将军授予大量土地的领主,成为日本统治阶级的重要组成部分;另一方面,他们与以将军为中心的统治秩序也存在矛盾,特别是受将军疑忌最深的外样大名更为明显。日本以幕府为中心的分封制正是建立在上述关系的相对平衡状态之上。

此外,分封制下的日本还存在着幕府与朝廷的矛盾。如前所述,幕府是日本实际的最高统治者,天皇则是"站在封建诸侯和幕府之上的精神的半宗教性"的领袖、日本名义上的最高统治者。幕府的权力在名义上是由天皇授予的。为了防止天皇侵夺自己实际上握有的最高权力,幕府对朝廷多方限制,力图使天皇完全脱离实际政治。

第九章　日本幕藩改革与中国洋务运动时期阶级关系的不同变化

随着西方列强入侵威胁的加剧，以及日本社会内商品经济的发展，幕府与各藩以及幕府与朝廷的矛盾日见尖锐。

如前所述，在军事力量上比幕府弱小得多的各藩，更易受到西方列强侵略的威胁。1808年8月15日，英国军舰"费顿"号强行驶进长崎，恣意骚扰。因兵力太少，负责镇守长崎的奉行松平康英和佐贺藩藩主真锅氏束手无策。"费顿"号在得到燃料、食粮后，于19日离去。结果，松平康英引咎自尽，佐贺藩藩主则受到幕府处分。1824年（文政七年五月），英国船员为了取水，擅自在常陆的大津海滨登岸，被水户藩逮捕。三个月后，英国船因为买牛，又在萨摩以南的宝岛闹事。鉴于不断加剧的外来威胁，各藩迫切要求加强防御力量，但是这种要求却受到幕府强本弱末政策的严格限制。例如，1838年9月，水户藩主德川齐昭向幕府提出著名的《戊戌封事》，主张解除建造大型船只的禁令，幕府未予理睬。1843年（天保十四年八月、九月），德川齐昭又屡次要求撤销建造大船的禁令。幕府怀疑德川齐昭再三要求增强武备，是对幕府怀有异志，于1844年给德川齐昭以撤职反省的处分。又如，1841年，幕府老中水野忠邦迫于西方列强侵略威胁日益加剧，虽然将高岛秋帆提升为"与力"，并调他到江户演习和教授炮术，但开始时却只允许高岛向一名直属于幕府的武士教授其炮术，而不准传与他人。这种做法，加深了各藩大名，特别是外样大名与幕府的矛盾。

此外，由于商品经济的发展，加剧各藩农村的两极分化，本百姓数量减少。例如水户藩农村人口1721年是三十一万八千余人，到1775年减少至二十五万人，至1792年又减少至二十二万人。[①]这势必使年贡征收率下降，财政日趋困难。例如，1820年，萨摩藩的负债额达五百万两之巨。1831年，长州藩负债达八万余贯。[②]在这种情况下，各藩对严重增加他们财政负担的"参觐交代""军役""普请"等义务的反感当然更加强烈。

同时，各藩为解决财政困难，加强了对商品经济成果的掠夺，各藩当局力图掌握自己领导下的全藩统一市场。在藩政改革中，不少藩创设了由藩直接控制的国产会所以及重新成立特权商人行会。经过这种措施，有些强

[①] 《水户市史》中卷（二）第10页。
[②] 信夫清三郎：《日本政治史》（中译本）卷一，上海译文出版社1982年版，第172—173页。

藩在攫取成长起来的商品经济的成果上获得成功,或者加强了垄断性的藩外贸易,在幕府的控制之外参加中央市场,从而使本藩的力量更为强大。而这势必加深与控制全国市场的幕府的矛盾。例如,1838年,为了保证油输入江户,幕府严令禁止各藩向畿内以外的西部诸藩买卖菜籽。但实际上,长州、岩国、广岛等西部诸藩却将菜籽称"芥末",广泛买卖,从事榨油业。长州藩成立国产会所后,便由藩掌握这种原来由在乡商人、地主、村役人等从事的买卖。[1] 又如,1840年,长州藩为吸引藩外商人,下令加强设在下关的越荷方。所谓越荷方,是指对日本北陆道所属七个藩国运来的货物进行收购的专门机构。北陆道所属七个藩国出产的大米与海货(如海带、鲱鱼等)原来均经海路直接运往大阪。由于路途遥远,加上常有风暴,运货船往往在下关休息后,继续前往大阪。长州藩利用此机会,向货主提出由越荷方保管并代销货物,所得款项,除扣除栈租及手续费,全数交还货主。货主因可免去由下关向大阪的海运之苦,而且由于缩短了运输路线,还能够加快资金周转,所以都乐意将货物交给越荷方代销。这样,原来流向大阪市场的货物,便转而流向下关,幕府通过控制商品流通获得的相当一部分好处便被长州藩分润了。

上述情况,引起了幕府警惕。1842年,幕府下令禁止各藩实行专卖。1843年,公布萨摩藩侵犯幕府独占贸易的中国货物走私事件,并因此于6月命令萨摩藩将新潟地区上交幕府。1843年9月,长州藩在幕府的压力下,被迫废止国产会所,停止对中国商品的专卖,将对中国商品的管辖权移交郡奉行所。[2] 这种做法,使各藩解救财政危机的努力受到挫折,进一步加强了各藩与幕府的矛盾。

在西方列强侵略威胁日趋严重的形势下,幕府仍然力图使朝廷完全脱离实际政治,对其封锁消息。这种情况下,天皇与幕府的矛盾也有进一步发展。1846年10月,朝廷向幕府发出"命令书",说:天皇对于外国船只的来航深为挂念,明确表示了了解局势变化的愿望。

1853年,培理舰队至日本叩关。严重的民族危机使日本国内产生了更

---

[1] 津田秀夫:《封建经济政策的展开和构造》,御茶的水书房1961年版,第八章。
[2] 難波信雄:《幕藩制改革的展开和农民斗争》,见《大系日本国家史》三,东京大学出版会1975年版。

第九章 日本幕藩改革与中国洋务运动时期阶级关系的不同变化

为强烈的改革旧体制、加强防御力量的要求。如前所述,强大的内外压力,迫使幕府撤销了建造大船的禁令,使各藩在军事力量的发展上获得更大的权力;同时迫使幕府将培理来航之事禀告朝廷,并向各藩大名咨询对付外来威胁的方法。

上述改革措施的直接后果之一,是使各藩,特别是西南雄藩的力量获得了迅速发展。如前所述,鸦片战争前后,日本已开始引进和仿造西方近代化武器。1853年9月,幕府解除了建造大船的禁令,各藩,特别是西南雄藩得以更加放手地扩充自己的军事力量。首先是水户藩奉幕府之命在石川岛设立造船所,制造西式军舰。萨摩藩1849年委托学者箕作阮甫摘译《水蒸船略说》。1852年,在鹿儿岛城内的精炼所内成功地造出了雏形蒸汽机。在制造大船禁令解除的第二年,即1854年,便在樱岛设立三处船渠,着手造船。佐贺藩于同年着手制造蒸汽轮船。1856年,长州藩设立惠美须鼻造船所,制造轮船。1859年,土佐藩派造船匠至石岛造船所学习造船技术,之后设立种崎造船所。大野藩在1858年也设立了造船所。造船是一种综合工艺,需要多种近代工业相互配合,才能完成。因此,各藩造船业的发展,势必带动其他近代工业的进步。以萨摩藩为例,继造船业后,先后建立反射炉、熔矿炉、硝子制造所等,并开始进行煤气灯、电信机、地雷、水雷的研究和制造。显然,近代化造船业及其他工业的设立,使各藩的力量获得迅速发展。如前所述,日本以幕府为中心的统治秩序是以幕府力量超越各藩力量为前提的,各藩利用幕府为了加强对外防御力量,不得不对各藩军事力量发展放松限制的机会,乘机扩充实力,势必削弱幕府对各藩的力量优势,造成以幕府为中心的统治秩序的动荡。

上述改革措施的直接后果之二,是打破了旧体制下由幕府垄断政治权力的局面,扩大了朝廷与各藩大名的发言权,使他们得以参与幕政。如井上清先生所指出的:"幕府对于外交事务一向不和大名、天皇联系,完全独断独行。但受到培理舰队威胁之后,完全失去信心,开始向各大名和幕府官员咨询对策,也报告天皇。""幕府的独裁完全破产了。"[①]朝廷及各藩抓住这一机会,积极参与幕政,力图扩大自己的影响。肥前藩藩士中野晴虎在《方今形

[①] 井上清:《日本历史》(中译本)中册,天津人民出版社1975年版,第463页。

势论》中主张建立新的政体,让各大藩藩主,例如肥前、萨摩、肥后、常陆、尾张、长门等都与德川将军一样作为将军,而以小藩藩主为副将军,以安天下人心。1858年,长州藩在所定藩是三大纲中提出,以朝廷为忠节对象,以幕府为信义对象,把幕府放到了与各藩并列的位置上。田中彰先生所指出的,这时,"幕府和雄藩之间,已不能以原来幕藩体制下纵的关系来衡量了,而开始了以幕府地位下降和雄藩地位上升为特点的变动,雄藩逐渐成为能够和幕府对抗的势力"。①是符合当时情况的。

幕府在被迫进行改革时,便十分担心出现上述后果。1854年7月,幕府海防专员目付崛织部提醒幕府:"封建之弊,是尾大不掉,郡县之忧为陵夷土崩",武备脆弱,必须大力加强,但"不可不及早讲求对策,以防范尾大不掉之弊。如果诸侯兵威不振,无须防范,则猖狂横暴之外夷,又难以制伏……今后当充实武备,命令一下,即可击退敌人,但其间养寇贪赏之弊,或将萌芽,前车之鉴不鲜"。②1857年,当主持幕政改革的阿部正弘病死,彦根藩主井伊直弼便在部分谱代大名的拥护下,企图恢复原来由将军和谱代大名独占幕府权力的旧体制,与力主让各藩参与幕政的势力形成尖锐对立。这种对立明显反映到将军继嗣的选拔问题上。当时的德川将军家定,虽然已过而立之年,但体质孱弱,智力发育不全,不能生育。萨摩藩主岛律齐彬、土佐藩主山内容堂、越前藩主松平庆永、安中藩主板仓胜明、宇和岛潘主伊达宗城等主张以水户藩主德川齐昭的儿子一桥家的庆喜为将军继承人,受越前藩主重用的桥本左内提出了一整套围绕立一桥庆喜为继嗣的政治改革方案。他说:"于今之势,第一在于建储,第二在使如我公(松平庆永)、水老公(德川齐昭)、萨公(岛津齐彬)者为专职担任国内事务之宰相,使肥前公(锅岛直正)为专职担任外国事务之宰相,再增派如川路(平漠)、水井(尚志)、岩赖(忠震)者为辅佐。此外,荐举天下著名有识之士,不论其陪臣或外士之地位,以儒者名义,委派其辅助前述专职之宰相。使尾张(德川庆胜)、因州(乌取藩主松平庆德)守卫京师,并派彦根(井伊直弼)、户田(大坦城主户田氏)共为辅佐。虾夷地则派伊达远州(宇和岛藩主伊达宗城)、

---

① 《体系日本历史》五:《明治国家》第37页。
② 《幕府末期外国关系文书》七,附录,东京大学出版会昭和年间版,早稻田大学馆藏书。

第九章　日本幕藩改革与中国洋务运动时期阶级关系的不同变化

土州(山内容堂)前往。此外,再举用小名中之有志者,则今日之势岂非颇具戏剧牲乎?"①这明确反映出各雄藩期望通过立一桥庆喜为继嗣,建立起由各雄藩藩主组织的联合内阁的愿望。而井伊直弼等谱代大名及大部分幕府官员则主张按照"皇国的习惯",挑选与将军血缘最近的纪州德川家的庆福为将军继承人,认为"天下之和平,在于大将军家之威德,而不仅在于贤或愚"②,要求将权力继续集中于德川将军和谱代大名之手。所以,这场政争的基本分歧并不在于对某一个人的好恶,而在于一桥派的家门和外样雄藩企图对谱代大名独占的幕府权力和专制统治体制加以改革,以增强雄藩对幕政的发言权。而谱代大名及老中势力则顽固坚持传统的将军专制方式,力图排除外样雄藩和朝廷对幕政的干涉,彻底谋求德川幕府的专政。

从上述不同目的出发,双方展开了激烈争斗。萨摩藩主岛津齐彬派心腹西乡隆盛至江户,争取出自岛津家的将军夫人的支持,以拥立一桥庆喜。此外,为使朝廷发出拥立一桥庆喜的密令,岛津齐彬还致信与其有姻戚关系的关白近卫忠熙,力图影响朝廷。井伊直弼则派家臣长野义言至朝廷建议九条关白拥立德川庆福。长野义言向九条转达井伊直弼的意见说:今舍血统相近之人而另有发现,则近似外国作法,而非尊重正统之我国风习,故主人(直弼)认为,无论何时何地,与将军血统相近之人,乃具有天下之声望者也。天皇倾向雄藩意见,在关于将军继嗣问题的密敕中提出了与井伊直弼上述意见不同的年长、贤明和声望三个条件。九条将密敕篡改为:当此形势紧急多变之时,如奉事之主统治稳定,守护西城,扶持政务,是为昌盛矣,使雄藩拥立一桥庆喜的活动受挫。岛津齐彬接到西乡隆盛的报告后,不甘失败,准备举兵进京,以图挽救。但不久,岛津齐彬突然去世,举兵之事流产。1858年8月4日,幕府断然宣布以德川庆福为将军继嗣。幕府大老井伊直弼同时着手清除反对派,将越前藩主松平庆永和尾张藩主德川庆胜革职并处以幽禁,暂时禁止一桥庆喜来江户。8月14日,原德川将军家定亡故,9月14日,德川庆福成为第十四代将军家茂。

在此期间,幕府未得天皇敕令,先后与美、俄、荷兰、英国、法国等国签署

---

①② 信夫清三郎:《日本政治史》(中译本)第一卷,上海译文出版社1988年版,第248、253页。

了所谓"友好通商条约"。天皇以此为理由指责幕府"违敕",认为必须提高"朝廷威严",指出:上述情况暂且不论,朝廷威严岂可树立?即使当时之政务委于关东,然若对涉及天下国家危亡之大患置之不顾,正如前所述,又何以对神宫以下诸先祖?如只考虑公武关系之事,则软弱无力。目前与平时不同,发生如此国家大事,又当关东专横之时,如事事皆加允诺,则何以行耶?9月14日,孝明天皇向幕府和水户藩发出"旨趣书",一方面指责幕府签署条约时的轻率态度和有司之专擅,另一方面提出由大老、阁老、三家、三卿、家门、各藩、外样、谱代等共同商议评定,以"公武合体"来扶助德川家。同时,又令朝廷中与幕府关系密切的九条关白辞职。

幕府对此作出了强烈反应。10月13日,以逮捕梅田云滨为始揭开了"安政大狱"的序幕。之后,站在一桥派一边的志士接连遭到迫害。桥本左内在江户的住宅被搜查,本人受传讯;西乡隆盛与在京都共同活动的日照和尚被迫逃回鹿儿岛,在绝望中一起投入锦水湾,西乡隆盛虽被救起,月照和尚却命归黄泉。1859年5月24日,在幕府的压力下,朝廷左大臣近卫忠熙、右大臣鹰司辅熙、前任关白鹰司政通、前任内大臣三条实万受到了削发为僧的严厉惩罚。9月23日,幕府又命将德川齐昭幽禁水户,一桥庆喜革职隐居,还先后免去了一桥派官吏作事奉行岩濑忠震、军舰奉行永井尚志、西丸留守居川路圣谟和大久保忠宽等人的职务,并命水户藩家老安岛带刀切腹自杀,将桥本左内和吉田松阴处死。

幕府的严厉镇压,激起反对派的愤怒还击。1860年3月24日,十七名水户藩武士及一名萨摩藩武士在江户内城樱田门袭击了幕府大老井伊直弼的坐轿,砍下了他的脑袋。安政大狱和樱田门事件,使培理舰队来航后日趋尖锐的幕府与雄藩以及幕府与朝廷的矛盾公开化了。它标志着日本统治阶级陷入了无可挽回的分裂。

2. 下级武士的崛起。

在分析日本的社会结构时,笔者已指出,日本的土地所有制是一种具有等级结构的土地所有制。全部武士虽然都依靠剥削农民的剩余劳动生活,但他们各自拥有土地的情况和对农民剩余劳动的分割情况却存在很大差别。

德川将军拥有全国最大的领地,17世纪末叶便达七百万石左右,占全国

第九章　日本幕藩改革与中国洋务运动时期阶级关系的不同变化

土地的四分之一。其次是各藩大名,其中最多的如位于加贺的前田家达一百零二万石,最少的也有一万石。据统计,德川幕府时期拥有五十万石以上的大名有七人,十万石以上的四十人左右,五万石以上的约五十人,五万石以下的一百五、六十人。①再下便是直属将军的武士和各藩陪臣。直属将军的武士,据享保七年(1722年)的调查,有旗本五千二百零四人,御家人一万七千三百零九人。其中拥有领地的为二千六百七十人,领地额总数为二百六十三万七千五百三十余石;领取禄米的为一万九千八百三十九人,禄米总额为五十五万四千七百八十石。旗本的收入,最高达九千五百石,最低者只有二十俵,其中有千石以上收入者为八百三十四人,五百石以上收入者为八百四十二人。御家人收入最多的为二百四十石,大多在百石以下,最低的只有薪金四两和一人的口粮。②各藩陪臣中领取禄米达万石以上的全国仅七十余人,大部分为二十俵左右,最少的只能领几贯钱。③以金泽藩(加贺藩)为例,万石以上的只有八人,五十俵以上的三千六百零七人,二十俵左右的六千二百四十六人。④

土地所有制上的等级结构,反映到政治上则形成门阀制。武士能否升官晋爵主要并不取决于他的才能,而由"家格"即门第决定。"家格"以将军家最高;根据与将军家的亲疏关系,依次又分出三家、三卿、连枝、越前家、谱代、外样等区别;由于领土大小,又有国主、城主、领主之别;按在江户城内的席次顺序,则分出溜间、大廊下、大广间、帝鉴间、雁之间、菊之间、柳之间等差别。各藩陪臣同样有这种差别,例如仙台藩藩士有所谓一门、一家、一族、宿老、着坐、大刀上、大藩士、组士、旗元、足轻、乡士等区别。⑤低级武士即使具备了承担更高职务的能力,也不能取得高于其家格规定以上的地位,而平庸之才只要具备高贵的家格,就可以当大官。这使广大下级武士在政治上受到压抑,不要说幕政,连藩政他们也不易直接参与。

显然,由于经济和政治上的原因,下级武士与高级武士,特别是与幕府

---

① 粟田元次:《日本近代史》(中译本),正中书局1982年版,第109、111页。
② 泷川政次郎:《日本社会史》,刀江书院1953年版,第264—265页;土屋乔雄:《日本经济史概要》,东京大学出版会1972年版,第273页。
③ 粟田元次:《日本近代史》(中译本),正中书局1982年版,第111页。
④ 土屋乔雄:《日本经济史概要》,东京大学出版会1972年版,第274页。
⑤ 羽仁五郎:《明治维新史研究》,岩波书店1978年版,第194页。

统治者存在着比较严重的矛盾。这种矛盾虽然是统治阶级的内部矛盾,但在一定条件下也会发展到相当尖锐的程度。

西方列强的入侵和商品经济的进一步发展,使上述矛盾更加扩大。

随着商品经济的发展,市场价格不再由幕府及各藩大名所支持的株仲间所控制,而在更大程度上受价值规律和供求需要支配。署名武阳隐士者在其所著《世事见闻录》中曾指出:"一切价格之高低,均在商人掌握之中,此系其最重要之手段。其中米价一项于国家至关重要,因米谷为武士家禄,乃国家人命所系也。米谷虽为武士及百姓之本,然彼等不得定其价格,为商人所操纵,故武士与农民即使丰收亦有忧虑。商人与农民、武家不同,占有国家最重要之原料,以商品为珍宝而获利。世间之灾难成彼等之幸福,他人之困难成彼等获利之资本。"商人的囤积居奇,再加上领主阶级消费欲望的不断增加,开港后生丝、原棉等原料的猛烈输出,以及国内外金银比价不同造成大量黄金流出等因素的综合作用,促使物价暴涨。兰医伊古田纯道抱怨说:"横滨开港以来,物价岁岁腾扬,今年尤甚,百文原可购白米三合,现只能购一合八勺,其他各色物品与以前相比,价格上涨达四五倍。"① 在这种情况下,武士开支激增,生活很快显出困窘之状。此前,已经有人指出:"武士中不论大小,一般都是贫困。尤其是那些俸禄低微的武士,更是困苦之极。穷武士中,甚至于出卖祖上传下来的武器……将军的赏赐物也被送进当铺,或是出卖求现。至于家中其他贵重物品,更是毫不介意地随手变卖。"②

同时,由于农村两极分化加剧,本百姓数量减少,年贡征收困难,幕府和各藩大名的财政收入出现危机,为摆脱这种危机,幕府和各藩大名或通过所谓"知行借上""半知行借上"迫使下级武士缴纳钱财。例如水户藩自1774年以来几乎"恒常化"地使用这种方法③,或者减少给予幕府直属武士和各藩陪臣的俸禄。据太宰春台所著《经济录拾遗》记载:"近来诸侯,无论大小,皆感国用不足,贫困已极,借用家臣俸禄之事,少则十分之一,多则十分之五六。"又据新宫凉庭所著《破家回忆录》记载:"大小诸侯,因穷人增多,以致难于维

---

① 《武州世直一揆史料》第176页。
② 武阳隐士:《世事见闻录》,改造社1926年版。
③ 井上胜生、乾宏已:《长州藩和水户藩》,见岩波讲座《日本历史》卷十二:《近世》四,岩波书店1975年版,第303页。

第九章　日本幕藩改革与中国洋务运动时期阶级关系的不同变化

持政务,尤其对于陪臣,须裁减三成或半数,甚至其余的人也须遭到减薪,真是可怜。"

下级武士与幕府及各藩大名等高级武士矛盾的扩大,不仅由于下级武士的日趋贫困,还由于部分下级武士实际职业的转变,以及部分富裕农民和商人取得下级武士的身份。

下级武士由于生活贫困,相当多的人不得不越过身份制的限制,从事以前被他们所不齿的商业和手工业活动。例如仙台藩的下级武士广泛从事提灯、扎发髻绳、伞、笔等手工业生产。在扎发髻绳行业中,还出现十三家由"足轻"经营的批发行,不仅在自己家中雇佣一些贫穷足轻为工匠裁纸,还支配六十家左右的武士家庭从事捻绳。①此外据《江户町方书上》记载,当时的二百五十家商人中,本人是武士、浪人,或者祖先是武士、浪人和乡士者,达到四十八家。又据三井高房所著《町人考见录》,京都町人石河自安、高屋清六、平野祐见、三木权太夫等人都出身于武士、浪人家庭。

下级武士除直接从事工商业以摆脱生活贫困外,还通过收容养子的方式,帮助商人获得武士身份而取得钱财。从 1710 年颁布的《武家诸法度》中便可以看出这种现象的普遍存在,《武家诸法度》中斥责说:"近世风俗,关于继嗣一事甚至不论血统关系,而惟财货多寡。"幕府将军德川吉宗(1716—1751 年)曾想制止这种现象,但却未见多大收效。至 1853 年,百石俸禄的武士养子地位可以卖到百两,八十石俸禄的"与力"职的继承权开价为千两。

幕藩统治者为解救财政困难,有时也通过出卖下级武士身份筹集资金。例如水户藩在宽政期间便在事实上使"献金乡士"制度化了,规定献金超过五百两以上者,便可给予武士身份。这使一部分富裕农民和在乡商人取得了下级武士身份。②

由于部分下级武士转变为商人、手工业者,一部分富裕农民和商人又取得了下级武士身份。这使下级武士的阶级地位实际上部分地发生了质变。因而,下级武士与以幕藩统治者为代表的高级武士的对立已不再完全属于统治阶级的内部矛盾,在某种程度上具有了统治阶级与被统治阶级的矛盾

---

① 楫西光速:《日本资本主义的成立》(中译本)卷一,商务印书馆 1963 年版,第 151 页。
② 井上胜生、乾宏已:《长州藩和水户藩》,见岩波讲座《日本历史》卷十二:《近世》四,岩波书店 1975 年版,第 302 页。

对立性质。这种变化,势必加剧和扩大原有的下级武士与以幕藩统治者为代表的高级武士的矛盾。19世纪初期,本多利明在其所著《经世秘策》中便指出,当时的下级武士已"恨主如仇了"。这决定了下级武士成为日本当时统治阶级中最富于改革要求的部分。

早在天保改革时期,有一些藩为了加强本身力量,已打破门阀限制,起用了一批下级武士。培理舰队来航,加深了日本的危机,在幕藩改革的过程中,下级武士显得更为活跃。1854年,二十八岁的出身于下级武士家庭的西乡隆盛成为萨摩藩主岛津齐彬的亲信扈从。西乡隆盛在萨摩藩的实际地位,如麦克拉伦在《日本公文集》序言中所指出的:"萨摩藩主岛津是既保守而又妄自尊大的,不能期待他有任何作为,故此伟大的西乡,名义上虽为他的扈从,实际上却成为藩的领导者。"①1856年9月,长州藩为加强兵学教育,命被迫蛰居的吉田松阴再兴松下村塾。吉田松阴的父亲杉百合之助是长州藩一名俸禄二十六石的下级官吏。吉田松阴本人于1851年12月因感海防吃紧,未得藩府许可便去常有俄美舰只出没的东北诸藩游历,被处脱藩亡命罪,失去武士身份,成为浪人。他历来主张:"愈贵者愈迟钝,愈贱者愈敏锐","育天下英才必起自无名小卒"。②因此,松下村塾的学生大多是被排斥在藩校"明伦馆"以外的下士、足轻等下级武士及其子弟,伊藤博文、山县有朋等人皆是。这些人大多成为藩政改革的骨干。此外,有一些中上级出身的武士,如高杉晋作、桂小五郎、井上馨、木户教允等为吉田松阴富于改革要求的思想所吸引,也求学于其门下。

"安政大狱"发生后,吉田松阴曾计划让门人赤根武人去京都"与大和土民协办捣毁伏见监狱",救出梅田云滨③,并希望得到藩政府要员周布政之助等人的支持,以实现其武装反幕的计划。但他本人却被周布政之助等人投入监狱。这使吉田松阴认识到:"今日之幕府、诸侯皆已为醉人,无扶持之术。非草莽崛起之人无所望矣。"④吉田松阴就义后,他的门生久坂玄瑞继承和发展了他的"草莽崛起"思想,提出:"宜先将政府置之度外,各藩

---

① (加拿大)诺曼:《日本维新史》(中译本),商务印书馆1962年版,第81页。
② 广赖丰:《吉田松阴研究》第259页。
③ 《致北山安世信》,见《日本思想史大系》54,岩波书店1970年版,第525页。
④ 《日本思想史大系》54,岩波书店1970年版,第337页。

第九章　日本幕藩改革与中国洋务运动时期阶级关系的不同变化

有志之士相互联合","诸侯不足恃,公卿不足恃,除草莽志士纠合义举外实无计策"。①樱田门事件中,袭击井伊直弼的水户、萨摩藩士也自称为"草莽"。这表明下级武士及其代表人物逐步形成了明确的独立意识,面对幕府的高压政策,他们怀抱更为强烈的改革要求,开始越过各藩的当政者,站到了政治斗争的前列。

　　樱田门事件以后,由久世广周和安藤信正继任老中。为了缓和幕府与朝廷及各藩的矛盾,他们策划将军德川家茂与孝明天皇的妹妹和宫结婚,以促成以幕府为中心的"公武合体"。与此同时,以孝明天皇和长州藩、萨摩藩等雄藩大名为主,则企图促成以朝廷为中心的"公武合体"。例如长州藩提出了"航海远略"之策,认为应该建立如下的统治体制:国是远略出于天朝(朝廷),幕府奉而行之,正君臣之位置,而使海内如一。同时,实行政事委于幕府这一日本三百年来国内之政道。但各藩以下级武士为主的急进改革派对"公武合体"持批判态度。例如水户藩的木桥讷庵,早年曾过继给巨商大桥谈雅为嗣子,以后成为著名儒学者。他于1861年10月起草了一份意见书,指斥"公武如一"是庸人之见、凡俗之陋见,认为当前之重大关键在于是否舍弃幕府,天朝兴废之关键亦在于此,要求迅速由天朝公开向海内颁布攘斥外夷之敕命,激奋人心,并说:"我门下之豪农中,亦有五、六欲率兵一、二百以勤王,由此可以推知,天下之大,英雄甚伙。"又如萨摩藩武士有马新七,原来是乡居武士坂本正直之子,后移居鹿儿岛城,成为城中武士。他要求:结合有志大名,追究幕府奸党之罪,联合诸大名,攘除外夷,再造皇室。起初,各藩以下级武士为主的急进改革派与以孝明天皇及长州藩、萨摩藩等雄藩大名为主的"公武合体"派尚能联合于"尊王攘夷"旗号下,共同反对擅自签订"安政五国通商条约"的幕府。但随着斗争的深入,情况发生了新的变化。

　　1862年1月,和宫离开京都,来到江户城中将军夫人的住所,准备与德川家茂举行婚礼。尊王攘夷派认为幕府此举是将天皇之妹作为人质。以大桥讷庵为代表的关东地方的志士作出了激烈反应。他们于2月13日袭击了幕府老中安藤信正的坐轿。由于计划事先被一桥庆喜家的老臣泄露给幕

---

① 福本义亮:《松下村塾的伟人久坂玄瑞》,城文堂1934年版,第464、502页。

府,袭击未能成功。大桥讷庵被捕,参加袭击的志士全部遇难。而以萨摩藩的有马新七等人为中心的九州各藩的志士则想策动萨摩藩主的生父岛津久光起兵倒幕。但岛津久光的攘夷主义是为了维持封建秩序,他认为以下级武士为主的急进改革派的活动会导致封建等级秩序的破坏,是浪人轻率之行为。他警告说:此不但酿成本国(藩)之祸害,且扰乱皇国之统一,终成群雄割据之形势,反陷于外夷之术中,不忠不孝,无甚于此者。有马新七等因此不得不放弃原来的计划,独自策划倒幕义举,准备首先暗杀支持幕府的关白九条尚忠和所司代酒井忠义。参与这一计划的有萨摩藩、长州藩、土佐藩等三百余人。岛津久光得知此计划后,非但不予支持,反派出镇抚使前往志士们的集结地点——位于伏见的寺田屋旅馆,实行镇压,杀害了以有马新七为首的六人,史称"寺田屋之变"。

这时,各藩以下级武士为主的急进改革派只能将希望寄托于天皇了。他们集结于京都,积极活动。在三条实美等公卿的支持下,促使天皇限期幕府于1863年5月10日实行攘夷,并准备挟天皇实行攘夷亲征,举兵倒幕。但各藩志士,特别是下级武士的活动,同样引起孝明天皇的反感,天皇强烈的攘夷主义也和岛津久光一样是为了维护封建秩序。因此,他厌恶扰乱封建秩序的志士,将所掌握的各藩在京都志士的行动计划密告了幕府。1863年8月18日,幕府依靠萨摩藩岛津久光和会津藩主松平容保的兵力,发动"8·18"政变,将各藩志士从京都地区一律赶出,三条实美等七位尊王攘夷派卿也被驱出朝廷,流亡长州藩。

长州藩与幕府的矛盾原来即比较尖锐。在藩政改革中,不少下级武士出身的改革志士得以参与藩政。如木户孝允出身于一个俸禄为二十石的藩医家中。1840年成为俸禄为一百五十石的桂家的养子。之后,先后师从吉田松阴、江川英龙等人。1860年后,致力于长州藩的军政改革,反对航海远略策,极力使藩内舆论转向尊王攘夷。他预见到幕府统治将要崩溃,1863年7月,提出加强本藩建设,等待时机,以图大举的思想,"际此前途未可预料之时,我藩有志之士图一时快意,纷纷离藩,实有伤藩之元气,因而不能应付他日一旦发生之事变,致成终天之遗憾,此应一再注意者也。目前形势下,内乱朝夕发生,割据自不待言,巩固国本实为至要。如若国本不巩固,亦不可能真正勤王。因此,我藩目前应聚精会神,巩固国本,以此为目标,乃首要之

第九章　日本幕藩改革与中国洋务运动时期阶级关系的不同变化

措施也。"①此外,如高杉晋作虽出身于上士家庭,但由于吉田松阴的影响,特别是1862年他奉命至上海,目睹了英国侵略军的罪行,痛感日本必须改革才能避免重蹈中国的覆辙,归国后便积极投入了寻求"富国强兵"的藩政改革之中。他认为:"食肉之士等辈不堪用事……如欲编组新兵,务需矫正门阀之积弊……不问士庶,加厚俸禄,专募强健之人。"②从这种指导思想出发,他组建的与正规藩军不同的"奇兵队"选拔士兵时,不拘身份、等级,从一般农民、商人、手工业者,主要是藩中最下层的武士中招募。从1864年五百五十九名奇兵队队员的身份看,48.6％为武士,42.4％为农民,4.5％为商人,奇兵队的服装、武器及训练方法均效法西方列强。③

在上述参与藩政人物的思想和活动影响下,长州藩成为反幕态度较为激烈,且具有较强反幕实力的重要据点。"8·18"政变中被驱出京都的志士大都陆续集结于长州藩,至1864年7月达四千人之多,反幕实力进一步增强,与幕府的矛盾也更为激化。在这种情况下,一部分人轻率地率兵进京,向皇宫禁门(蛤御门)发动进攻,企图恢复在朝廷的势力,结果遭到会津、萨摩两藩军队的镇压而失败。幕府以此为借口于1864年8月,发动了第一次征长战争。与此同时,英、法、美、荷四国联合舰队对上关发起进攻。这一严峻形势,使长州藩以下级武士为主的急进改革派陷于困境。主张"公武合体"的保守势力乘机抬头,夺取藩政权,处死了对"禁门之变"负有责任的三位家老、四位参谋,向幕府表示恭顺,并下令解散早已使藩内门阀势力侧目的"奇兵队"。

残酷的现实教育了以下级武士为主的急进改革派,使他们认识到大名、天皇均靠不住,只有依靠自己的力量,才能实现倒幕的目的。高杉晋作便表示:"自作不忠不孝人,欲令国政为维新。"④1864年12月,高杉晋作率"奇兵队"与伊藤傅文所率的"力士队"在下关发动起义,历时二个月,夺取了长州藩政权,使原来雄藩反对幕府的带有很大妥协性的斗争,转变为以下级武士为主的急进改革派对于幕府的武装割据。这一重要事变,显示出以下级武士为主的急进改革派力图掌握幕藩改革的主导权,日本的政治重心逐渐由

---

① 信夫清三郎:《日本政治史》(中译本)卷一,上海译文出版社1988年版,第332页。
② 岩波讲座:《日本历史》(近代1),东京岩波书店1962年版,第204页。
③ 古田薫:《高杉晋作的一切》,新人物往来社1978年版,第25页。
④ 奈良本辰边:《高杉晋作》,中央公论社1965年版,第324页。

上层武士移到下级武士。

3. 豪农豪商对于改革的支持。

在分析日本的社会结构时,笔者曾指出,具有等级结构的日本土地所有制,首先表现为"士农工商"四个社会等级中只有武士等级才能取得土地所有权。同时,由于日本有长子继承制度和严禁土地买卖规定,造成日本地产的"硬化",使土地所有权很难转移。虽然随着商品经济的发展,一部分上层本百姓和商人通过押入及投资开垦荒地等方式,实际占有了大量土地,但在法权上土地仍归领主所有。这样形成了货币所有权和土地所有权的对立,以及土地的实际所有和法权所有的背离。

上述情况,反映到阶级系上便形成豪农豪商与领主阶级的矛盾。

豪商,指日本城镇和在乡商人中的富商。由于货币所有权和土地所有权的对立,商人手中的资金难以流入土地,主要作为商业资本和高利贷资本在市场上运动。随着商品经济的发展,商人的经济力量不断膨胀。长崎富商西川如见在其所著《町人袋》中曾如此夸耀商人的富有:"金银流通于天下,町人掌管了天下的金银财富。"荻生徂徕在《政谈》一文中也谈到同样的情况:"由于商人势力的兴盛,日本全国商人互通声气;地方和江户的物价保持平衡,又使百万商人结成整体,其势力就连将军大名也无法战胜。"武阳隐士在《世事见闻录》中描述了大富豪三井的发家情况:江户日本桥"骏河町有三井八郎右卫门者,已被称为日本第一大商人。据称其祖先于宽永时期(1630年前后)自势州(今三重县)松坂去江户谋生,筹得少许资金后返回故乡,便约得一名伙伴,轮流各把棉花一驮运往江户销售。销售数额日渐增长,遂成日本最大富豪,大商店有三处,雇有千余名伙计,每日若售得黄金二千两,则予以表彰。二千两黄金相当于大米五千俵之价。五千俵米为五千农民辛苦一年之所得。以五千人一年辛苦之所得,竟能于一日之内毫不费力地获得"。到了19世纪初,商人力量有了进一步发展,以至本多利明在《经世秘策》中说:"日本国分为十六份,其中十五份为商贾占有,武家占有的仅一份而已。"

马克思曾指出:在资本主义社会以前,同商业资本进行商品交换的主要对手是"剩余产品的主要占有者",即"奴隶主、封建地主、国家"。[①]幕藩制下

---

① 《马克思恩格斯全集》卷二十五,人民出版社1997年版,第370页。

第九章　日本幕藩改革与中国洋务运动时期阶级关系的不同变化

的日本,领主阶级是农民剩余产品的主要占有者。因此,商业利润的基本来源是年贡,也就是说商人获得的利润主要是从领主阶级手里瓜分来的原属领主有的农民的剩余劳动。由于货币权与土地权的对立,使商业利润难以流入土地,即使有一部分商业利润经过货币权与土地权对立壁垒间的缝隙,即町人请负新田及典入农民田地而流入土地,也只能使一部分商人转变为新兴地主,而不可能成为领主。这样,商品经济越发展,商人的经济力量越强大,他们从领主阶级手里瓜分去的农民剩余劳动的份额便越大,这迫使领主阶级在经济上越来越需要求助于豪商富贾。只野真葛在所著《独考论》中说:大名"在领地内已经无法周转,只好就到江户、大阪去找债主,结果将年贡米分给商人"。太宰春台在《经济录》中也说许多大名,无论大小都低三下四地向町人借钱。

经济力量的增强,必然使豪商的实际社会地位大大上升。小川显道在《尘冢谈》中说:"于法是武士治人,而商民治于人,实际上,而今却是一个町人当家的时代。"有人甚至形容道:"大阪的富商一怒,大名为之心惊。"①

在某种程度上发展的商业高利贷资本是封建领主阶级维护自己统治的不可缺少的因素,但超过了一定限度,商业、高利贷资本的发展又对封建领主阶级的统治构成威胁。因此,领主阶级对商业、高利贷者超过其允许限度的发展总是多方压制。1789年(宽政元年)鉴于许多直属武士对豪商负债累累,幕府颁发"捐弃令",宣布1784年(天明四年)以前札差②对旗本和御家人的债一律无效;天明五年(1785年)以后的债款,不论多寡,一律按照禄米每百俵每年偿还三两的比例,分年偿还。1843年(天保十四年),幕府再次颁发捐弃令,规定旗本和御家人对札差的贷款,不论新旧一律无息分期偿还,贷款百两以上的每年偿还五两,百两以下的每年偿还百分之五。这一捐弃令,使将近半数的札差破产。③各藩统治者也时常采取类似措施。据安岗重明先生研究,各藩为了支持日益拮据的财政情况,从很早起便以年贡米作担保向高利贷商人借取大量钱款,每年需归还的款项占各藩财政支出的相当部分。为了摆脱这一负担,有些藩便单方面决定停止归还借款和延期

---

① (加拿大)诺曼:《明治维新史》,商务印书馆1962年版,第56页。
② 从武士手中收购禄米票的高利贷者。
③ 泷川政次郎:《日本社会史》,刀江书院1953年版,第322—323页。

支付利息。①三井高房所著《町人考见录》记载,当时京都有五十余家豪商因"过度的骄奢和对大名贷款的失败"而破产。幕藩统治者不但采取赖账的办法打击豪商,有时还直接没收豪商的财产。18世纪初,关西九州大名欠豪商淀屋许多债,年贡米全被淀屋支配,幕府也欠了淀屋几万贯银子。结果幕府以莫须有罪名,抄没了淀屋的家产,据说值一亿二千两银子。此外,幕府还经常向江户和大阪的豪商强征御用金。例如1761年12月,幕府向鸿池善右卫门、三井八郎右卫门、加岛屋久右卫门等二百另五名大阪豪商征取御用金一百七十万三千两。1838年幕府征取的御用金占其财政总收入的17.8%,其中町人御用金达五十一万八千三百三十六两。②

如果说豪商中的特权商人由于领主阶级的上述打击,而与领主阶级存在着矛盾,那么豪商中的"在乡商人"与领主阶级的矛盾就更大。因为他们不但受到与其他豪商同样的打击,还受到领主阶级支持的特权商人的排挤。例如,大阪的三所棉市问屋在幕府支持下,不仅想独占大阪农村的棉花交易,还想独占摄河地区的棉花交易。从1797年开始取缔棉花由产地向各处的直接贩卖和运输。这种做法延续到1823年(文政元年)终于激起一千零七个村庄的在乡商人和农民联合反抗。结果,迫使棉市问屋改变了独占棉花交易的做法。又如1854年(嘉永七年)当幕府每次命令除棉屋仲间外,禁止其他人在摄河地区从事棉花的直接贩卖和运输时,都遭到在乡商人和农民的反抗。不久,幕府便被迫取消了禁令。

豪农,主要指农村中的新兴地主。日本的地主制,"主要是村方地主制和质地地主制"。③日本地主的产生大致经过三条途径,其一,由"名主百姓"演变而来。所谓名主百姓是指百姓的部分上层,他们中的不少人与日本中世后期的名主有血缘关系,持有较多的名田,名子、被官、家抱门屋等是隶属于他们的下层农民。由"名主百姓"演变而来的新兴地主在村方地主中占有相当数量,村吏职务往往由他们充当。其二,产生于本百姓的分化过程中。随着农业生产力的逐步提高和商品经济的发展,本百姓的分化日趋严

---

① 大口勇次郎:《幕藩制解体的起点》,见《讲座日本史》四:《幕藩制社会》,东京大学出版会1971年版,第176页。
② 《吹尘录》,转引自古岛敏雄《近世经济史的基础过程》,岩波书店1978年版,第355页。
③ 木地础:《日本村落史》,弦文堂昭和五十三年版,第5页。

第九章　日本幕藩改革与中国洋务运动时期阶级关系的不同变化

重。一部分本百姓遇到天灾人祸或无力缴纳沉重的年贡,不得不将自己名下的耕田有限期地甚至永久性地抵押出去。开始时,土地押金的利息大多采取如下方式偿付:如农民甲将土地抵押给乙,乙自己耕种押进的土地。该土地上的收获物在扣除甲应交的年贡后,即作为押金利息归乙所有。以后,随着农民剩余劳动的增加,押入土地的富裕本百姓或町人逐渐地将土地交他人耕种,他们则收取地租。这样,在本百姓的分化中,便产生出地主。这种情况到元禄八年后更趋明显。由于土地抵押的增加,加之押出过程中发生了诸如押出者死亡以及几经转押等复杂情况,使土地耕作权的实际掌握与检地账的登录日益不符。这迫使幕府不得不正视土地抵押问题,于元禄八年六月提出了"关于处理质地问题的十二条备忘录"。在此规定中,放宽了对于土地抵押的限制,由原来禁止将土地押死改为有条件地承认土地的押死,条件是抵押土地时双方在契约上写明:到期不赎回,土地押死。[①]到延享元年(1744年)五月,又减轻了对土地永久买卖的处罚,使土地买卖在事实上得以发展。例如明治维新后发展为拥有二百余町土地的山梨县地主根津家,在地租改正前占有土地十三町二反六亩步,其中的五町八反步,是在文政五年(1822年)至庆应三年(1843年)中买进的。[②]从而加速了本百姓的分化,使地主有所增多。其三,一部分町人投资开垦新田,成为地主。自享保七年始,德川幕府为了克服巨大的财政困难,不得不放弃贞享四年(1687年)制定的禁止町人请负新田的政策,同意町人投资开垦新田。[③]这使一部分町人转化为地主。

　　地主的产生和发展,使本百姓的剩余劳动不再为领主阶级所独占。如果说单纯领主制下的分配关系可以表示为:生产物 A=农民所得 B(必要劳动)+领主所得 C(剩余劳动),那么地主制出现后,分配关系便应表示为:生产物 A′=农民所得 B′(必要劳动)+(领主所得 C′+地主所得 D′)(剩余劳动)。尽管在法权上土地仍属领主阶级所有,但在实际上领主阶级的土地所有权已受到新兴地主阶级的严重侵蚀,使领主阶级对土地的所有在某种程度上发生了实际所有与法权所有的背离。而对日本新兴地主阶级来说,虽

[①] 北岛正元:《土地制度史》II,山川出版社昭和五十五年版,第109—110页。
[②] 永原庆二等:《日本地主制的构成和阶段》,东京大学出版会1972年版,第20页。
[③] 北岛正元:《土地制度史》II,山川出版社昭和五十五年版,第167—168页。

然由于扩大了土地的占有权和使用权,实际上部分地形成了地主土地所有制,但由于日本土地所有制的等级结构,不允许武士以外的社会等级拥有合法的土地所有权,因此日本地主土地所有制在法权上不可能获得表现,也就是说新兴地主仅仅取得了土地的占有权和使用权,而在法权上土地仍归领主阶级所有。马克思曾指出:"只是由于社会赋予实际占有以法律的规定,实际占有才具有合法占有的性质,才具有私有财产的性质。"①所以幕藩制下的地主所有制在严格的意义上说是非正式的,土地并没有完全成为新兴地主可以自由支配的私有财产。正因如此,领主阶级得以利用他们对土地的法权所有限制地主土地所有制的发展。《德川禁令考》和《御仕置裁许帐》等史料中记载有许多这方面的事例。例如天和三年九月(1683年)武藏国下落合村有百姓八郎左卫门等七人与牛迅榎町的利右卫门商定,以押金三十两,将土地一町二反步转让给利右卫门,但他们拿到押金后,没有将土地转让给利右卫门,利右卫门因此提出控诉。幕府评定所得知这一情况后,非但没有支持利右卫门索取土地的要求,反而以违反《禁止永久买卖法令》的罪名,判处八郎左卫门等七人下狱或流放。再如贞享三年闰三月,上总国小村的新太郎和岩舟村的甚右卫门分别从小泽村的伝次郎和伝三郎处以"赖纳买"形式押入土地。事发后,押出土地者被流放,押入土地者除被没收所押入的土地外,还被科以罚金。又如贞享三年六月武州三开尻村的六左卫门和长兵卫之间实行土地有偿转让,并签订了合同。该合同上没有写明"田地永久买卖",但也没有规定土地抵押期限和赎回期限。由于该合同概念模糊,被认为属于"田地永久买卖"性质。结果,转让人、买进人和证人都受到了下狱或流放的处罚。②从其他史料中也可以看到这方面的事例。根据《毛利十一代史》的记载,长州藩为了改变地主大量占有田地,造成领主年贡收入减少的情况,在1761年开始的宝历检地中检出"有德百姓"即地主新开、隐瞒或降低土地等级的土地达四万余石。同时实行"石抨",即迫使地主减少地租,阻止贫困本百姓因破产而弃地。这些措施遭到地主的反对,"有德农人皆以石抨

---

① 《马克思恩格斯全集》卷一,人民出版社1962年版,第382页。
② 以上材料均转引自北岛正元《土地制度史》II,山川出版社昭和五十五年版,第100—102页。

148

第九章 日本幕藩改革与中国洋务运动时期阶级关系的不同变化

为恶政,并谤上"。①

领主阶级与地主阶级围绕土地所有权问题的斗争,构成了领主阶级与地主阶级矛盾的基本内容。

由于地主土地所有制的发展受到了领主阶级的限制,加上日本商品经济较为发展,这使许多地主将资金转移至工商业,成为工商地主。以枚方宿内地区为例,嘉永三年该地的冈新町村、冈村、三矢村、泥町村的上层本百姓中除三户专门从事农业外,其他均兼营他业。详情见下表:

日本永嘉三年枚方宿内地区上层本百姓从业情况②

村名	人 名	家族(人)	下人	职 业
冈新町村	九右卫门(44岁)	5	6	批发商,农闲酿酒业
	平藏(46岁)	9	2	农闲制造酱油
	半兵卫(58岁)	5	2	农业
	次郎兵卫(67岁)	3	2	批发商、村役人农业
	太右卫门(33岁)	4	4	农业
	惣三郎(37岁)	2	2	农业间隙从事素面业
	仁兵卫(59岁)	4	1	村役人,农业间隙从事白米小卖
	善兵卫(35岁)	5	2	村役人,开设旅馆
	八郎兵卫(22岁)	7	4	农业间隙从事酿酒业
	庄治郎(27岁)	4	4	农业间隙从事酿酒业
	佐兵卫(17岁)	4	1	农业间隙从事纸类买卖
	六兵卫(40岁)	3	2	农业间隙从事酒买卖
	喜右卫门(31岁)	3	3	村役人批发商开当铺
	(20岁)	1	2	农业

这部分工商地主带有更为明显的资本主义色彩,他们与领主阶级的矛盾具有更为深刻的内容。

综上所述,可知日本的豪农豪商是介于领主阶级与本百姓和手工业工人之间的中间剥削阶层。随着商品经济的发展,这个阶层以一种不可阻挡的势头,相当迅速地发展起来,越来越严重地分割着领主阶级的剥削收入。

---

① 《毛利十一代史》,太田报助撰庚戌1910年(宣统二年)和刻本。
② 福山昭:《近世农村金融的构造》第79页。

这扩大了豪农豪商与领主阶级之间的矛盾。

但是应该指出,日本的领主土地所有制与欧洲的领主土地所有制有所不同。欧洲各等级的封建主除德国有所谓无地骑士外,一般都拥有领地或庄园,他们基本上在领地生活。而日本武士等级从德川将军、各藩大名始,绝大部分不在乡村生活,居住于江户或其他城下町。据记载,享保九年(1724年),江户城人口大概有百万,其中一半以上是武士,町人即工商业者约为四十六万五千人。[①]这使日本的豪商一方面与领主阶级存在矛盾,另一方面又有着明显的相互依赖的一面。

由于日本领主阶级基本生活在城下町,因而他们在极力维护自然经济,防止本百姓分化,以保证年贡收入的同时,又不得不允许商品经济在一定程度上的发展。只有这样,日本领主阶级才能将年贡米转化为货币,购买各种消费用品和奢侈品,满足其城居生活的需要。正因如此,德川幕府时期的城市与欧洲中世纪的城市不同,前者往往既是政治统治中心,又是工商业中心;后者仅是工商业中心。所以日本领主阶级与工商业阶层的矛盾,不如西欧工商业阶层与封建贵族的矛盾那样尖锐。实际上,日本的御用商人、特权商人主要是依靠幕藩统治者的保护和支持发展起来的。例如"藏元"便是由富商和高利贷者充任的一种御用商人。他们在大阪等地替幕府或各藩大名保管和出售年贡米及其他年贡物资。为此,"藏元"一方面以向幕府或各藩大名收取一部分佣金,同时他们又利用垄断大米来源的特殊地位,囤积居奇,获取高额利润。"株仲间"则是特权商人,他们以向幕府缴纳营业税和特许费,即"冥加金"为代价,换取垄断某些产品买卖的营业特权,获取高额利润。江户、大阪的两个著名特权商人机构"十组问屋"、"二十四组问屋"早在宽文年代即17世纪60年代即已组成,并得到幕府公开承认。到18世纪后期,田沼意次(1719—1788)掌管幕府权力时,更注意依靠三都特权商人加强对商业的统治。利用从特权商人处得到的税金和贿赂充实财政。结果进一步密切了特权商人与领主阶级的关系。

由于日本武士阶层基本居住在城下町,日本幕藩统治者在乡村便只能依靠上层本百姓即所谓名主百姓维护其统治。这些上层本百姓因为拥有较

---

① 高木卓:《日本的历史》,读卖新闻社1960年版,第163页。

第九章 日本幕藩改革与中国洋务运动时期阶级关系的不同变化

多土地的使用权,资金和农具也比较充足,容易积累起更多剩余劳动,往往率先转化成地主。以小郡宰判为例。担任大庄屋的是宰判中拥有最多田地使用权的高持地主,一般庄屋则从至少拥有三町田地使用权的地主中挑选。[①]所以,日本幕藩统治者在农村的基层统治,实际上必须依靠地主维持。由于这一原因,再加上一部分地主通过献金取得乡士身份,跻身武士等级,更缩短了与领主阶级的距离。

同时,随着豪农豪商力量的发展,幕藩统治者已不可能完全按照传统方式进行统治,往往不得不采取放宽政策的办法,缓和与豪农豪商的矛盾。例如允许豪商投资开发新田,大幅度减轻对土地永久买卖的惩罚,实际上接近于废除禁止土地永久买卖法令等。有的藩还表现出将对本百姓的直接剥削转变为依靠地主进行剥削的倾向。例如长州藩在天明改革(1786年)中所采取的一些措施就是这样。天明改革前,该藩贫困本百姓无力缴纳年贡时,往往以田地为抵押,向地主借高利贷缴纳年贡,这种做法称为"借替"。地主也愿意"借替",因为当贫困本百姓无力归还借款时,地主可乘机将其土地的使用权收于自己名下。但是由于这样会加速农村两极分化,减少本百姓数量,所以"借替"往往受到藩主派出代官的严格限制。天明改革时,长州藩将原来的十七名代官削减为七名,扩大了村役人的权力。例如将年贡米的征收办法改为"由村役人一手引清",废除了代官的监视。由于废除了代官的监视,农村的"借替"迅速发展。据井上胜生和乾宏已先生研究:"从天明时期开始,地主、村役人向无力缴纳年贡的贫困本百姓的'借替'急剧增长。"[②]这必然促成农村土地的使用权进一步集中到地主手里,从而使领主阶级对本百姓的直接剥削逐步转变为依靠地主阶级的剥削。

此外,由于日本豪农豪商的剥削收入除从领主阶级的年贡收入中分割得一部分外,更主要的是直接榨取贫困本百姓、小作人和一般工商业者,这使日本豪农豪商与贫困本百姓、小作人及一般工商业者之间存在着尖锐的阶级矛盾。随着豪农豪商的发展和两极分化的加剧,这种矛盾日趋广泛和严重。到德川幕府中后期,日本的农民起义和城市捣毁运动已不像早期那

---

① 《大庄屋林勇藏》,见岩波讲座《日本历史》卷十二:《近世》四,岩波书店1975年版,第270页。
② 《长州藩和水户藩》,见岩波讲座《日本历史》卷十二:《近世》四,岩波书店1975年版,第272页。

样主要是反对领主阶级的剥削,而包含有明确的反对豪农豪商的内容。据吉之助先生研究,当时的农民一揆提出了"废除商业高利贷资本""无偿归还农民抵押给地主的土地,以及不缴地租"等要求。①这种日趋严重的阶级对立,使得原已与领主阶级有着某种互需关系的豪农豪商,更加需要依靠领主阶级的保护,才能维持其剥削,因而相对密切了与领主阶级的关系。

综上所述,可知由于日本社会结构的独特性,在领主阶级与本百姓和一般工商业者间存在一个中间剥削阶层,即"豪农豪商",随着商品经济的发展,这个阶层的力量日益膨胀。但由于日本的土地在法权上只能归领主阶级所有,加上身份制的限制,使得豪农豪商虽然在经济力量上迅速膨胀,但却难以不仅在实际上而且在法权上获得土地所有权,难以跻身于统治阶级之列,因而造成了豪农豪商与领主阶级的对立。这使豪农豪商有改变现状,摆脱领主阶级的桎梏,以谋取经济、政治上更大发展的要求。但也由于日本社会结构的独特性,日本豪农豪商与领主阶级的对立,不像西欧中世纪工商业者与封建贵族的对立那样尖锐,而存在着相互依赖和利用的关系。加上在幕藩改革中,幕府及各藩的领主阶级迫于商品经济的迅速发展,大都修改了原先恢复以本百姓为直接剥削对象的计划,转而采取在一定程度上鼓励商品经济的发展,以利用商品经济成果,解决其财政困难的办法。这使日本的豪农豪商不可能像欧洲特别是法国资产阶级那样采用革命的方法反对旧秩序,而比较倾向于自上而下的改革。因为这样可以使他们既不丧失既得利益,又能取得更大发展。所以,日本统治阶级内的改革派能够赢得豪农豪商阶层特别是其中不享有特权的商人、地主的同情和支持。这使豪农豪商成为幕藩改革的重要社会基础。豪农豪商对于以下级武士为主的急进改革派的支持,成为幕藩改革深入发展的重要因素。

在安政大狱中被捕的梅田云滨,原来是若狭藩的武士,1852年因批判幕府,被驱逐,成为浪人,后在京都开设私塾,从事反对幕府的秘密活动。原来梅田的生活非常贫困,他曾赋诗叹曰:"妻卧病床子啼饥。"②以后,一些豪农豪商因倾向他的政治主张,成为他的门生或把兄弟,如京都郊外川岛村的豪

---

① 依田憙家:《日本近代国家的成立和革命情势》,八木书店昭和四十六年版,第102、103页。
② 服部之总:《明治维新讲话》(中译本),生活·读书·新知三联书店1957年版,第18页。

第九章 日本幕藩改革与中国洋务运动时期阶级关系的不同变化

农兼商人山口薰次郎、大津的豪商键屋五兵卫、大和五条的豪商下迁又七、备中连岛的豪农兼商人三宅定太郎等。这些豪农豪商向梅田云滨捐助了大批活动经费。因此在安政大狱被捕以前的云滨,早已一点也不贫乏。在鸟丸御池的他的住宅里一遇有客来访,随时飨以酒肴,有时还从祇园町召唤舞伎来侑酒,并能实际操纵贿赂公行的公卿官府。樱田门事变中,刺杀井伊直弼的武士获得的饷银是水户藩袋田地方从事蒟蒻生意的豪商樱岗家提供的。"寺田屋事变"之后,各地志士集中到京都从事反幕活动。信州伊那谷的豪农、蚕丝批发商兼酒店女主人松尾多势子积极支持上述活动,以自己的蚕丝交易所作为联络地点,在志士们中间从事秘密联络活动。

  幕府发动第一次征长战争后,长州以下级武士为主的急进改革派在向藩内保守势力争夺藩权的斗争中,得到豪农豪商的大力资助。从事航运业的豪商白石一郎将自己的全部财产支援了奇兵队;豪商入江和作拿出两千两金银支援下关起义;豪农吉富藤兵卫以金银五百两支镇奇兵队,并亲率农商兵将井上馨从监狱中救出。此外,小郡的豪农林勇藏1863年便开始动员他管辖的村长和公务人员,在经济上支持奇兵队等诸队。为了响应功山寺起义,小郡组成了有二十八人参加的"村长同盟",其中包括著名的豪农商秋本新藏。

  随着以下级武士为主的急进改革派力量的强盛,原来虽然与幕府有着较为深刻的矛盾,但仍然被迫服从于幕府的一些大特权商人,也转而支持幕藩改革向更为深入的方向发展。中井信彦先生在分析了当时著名的财阀三井家后指出:"三井虽然看来很强大,却因封建的反动措施而陷于极端的困境,又苦于人民的压力,就以小栗小野介(幕府后期的主要负责人之一)为中心,力图与幕府的财政政策紧密结合,在长州征伐失败以后,又改向萨长势力靠拢。"[①]《三井家三百年家乘》记载道:"王师(反幕军)军事行动所需要的贷款,大部分为三井家所提供。"[②]

  4.以下级武士为主的急进改革派加强与下层本百姓的联系,利用下层民众力量,推进急进的改革主张。

  在分析日本社会结构时,笔者曾指出,幕藩体制下的日本,其剥削方式

[①] 中井信彦:《商人地主的何题》,《明治维新与地主制》第241页。
[②] 《三井家三百年家乘》,1937年版,第15页。

的最大特点是幕藩统治者以本百姓为直接剥削对象,由于这种剥削方式为幕藩统治者提供主要经济来源,因此,在一般情况下,幕藩统治者总是竭力阻止或延缓农村的两极分化,力图维持甚至增加本百姓数量。这使日本本百姓所受剥削程度较中国小农弱,地位也较中国小农稳定。但这仅是与中国比较而言,就日本社会自身来说,本百姓特别是下层本百姓和其他贫苦农民如水吞百姓、小作人等作为主要的被剥削者,所承受的剥削程度仍然是非常严重的。

幕藩统治者为了满足其本身以及从他们手中支取俸禄的各级武士的寄生生活需要,为了取得保证国家机器运转的经费,力图将本百姓的全部剩余劳动据为己有。德川家康时期的幕府主要谋臣本多正信说:"百姓是天下的根本。治理他们的方法,首先是把每人田地的地界丈量清楚,然后让他们保有一年的用费和粮食,将其所余征为年贡。让百姓无所余,又无不足,这样征收,才是治民之道。"①德川家康则用更为露骨的语言表达道:"让百姓不死不活,最利于取得年贡。"②从这样的目的出发,幕藩统治者一般将年贡征收率保持在五公五民、六公四民,高的甚至达七公三民、八公二民。役人在收购年贡米的时候,还采取各种手段变相增加年贡米的征收率。例如故意将米抛撒在地,任意挑剔米质。征收专供幕藩统治者享用的御膳米时,要求就更苛刻了,每一粒米都必需挑选过,据说征收一升米,要五、六人从早忙到晚。③除了以米为主的本年贡外,农民还要负担"小物成""伝马役"④"助乡役""国役"等各种苛捐杂税。⑤

为了保证年贡米和各种苛捐杂税的征收,幕藩统治者要求农民将生活本平压低到最低限度。1649年幕府所公布的《庆中触书》(对各藩乡村的告示)便教训农民说:"农民是不懂利害也没有长远打算的人,所以一到秋季就让妻子随意吃掉稻米和杂粮。假如整年不忘记正月、二月、三月,就该珍惜粮食,专吃杂谷了。""如果想一下饥馑的时候,那么随便把大豆叶、小豆叶、

---

① 井上清:《日本历史》(中译本)上册,天津人民出版社1974年版,第314页。
② 高木卓:《日本的历史》,《士农工商》,读卖新闻社1960年版,第158页。
③ 同上书,第153、157页。
④ 伝马即驿马。
⑤ 高木卓:《日本的历史》,《士农工商》,读卖新闻社1960年版,第157页。

第九章 日本幕藩改革与中国洋务运动时期阶级关系的不同变化

豇豆叶、薯芋的落叶胡乱丢掉就会觉得太可惜了。""男子耕地,女子织布和做晚饭,夫妇都应劳动。即使是美貌的妻子,如不把丈夫放在心上,喜欢喝茶聊天、游山玩水,就得和她离婚。""有田不多,难于度日的人,如果孩子多,就要送人,要给人使唤,要多考虑常年糊口的问题。"此外,幕藩统治者还常用严酷刑罚逼迫农民缴纳年贡,例如将未能缴清年贡的农民捆绑在木柱上,丢入灌满冷水的水牢中,按在令人痛苦万分的木马上等。①

到德川幕府后期,农村两极分化加剧,本百姓数量减少,年贡征收率下降。在这种情况下,为了摆脱危机,幕藩统治者除了采取"均田"政策,即对豪农豪商兼并土地的行为作一定限制外,往往通过检地等方式,扩大年贡征收数额。在检地过程中还经常出现役人向本百姓索取贿赂的事情,这进一步加重了农民的负担。

除幕藩统治者外,下层本百姓和水吞百姓、小作人等贫苦农民还要承受豪农豪商的剥削。随着豪农豪商阶层的发展,农村下层本百姓和水吞百姓、小作人数量日益增多。据记载,在元禄年代(1688—1703年),畿内②及其他经济较先进的地区,已出现为数不少的水吞百姓。尾浓江领地十二万零一百八十九家农户中,有田地的为九万零四十八户,没有田地的为二万八千零四十一户。能登的一个村子里,享保九年(1724年)的赋额为二百十二石,共有十九家农户,其中十三户有田,六户没有。③古岛敏雄先生指出:"各地方和各村的土地集中情况有相当差别。但是大体上可以这样说:即商品经济侵蚀深透的地方分解得快,落后地方分解得慢。例如在畿内,到了德川时代后期,没有田地的贫农达到百分之五十到七十的村子已经相当多。在长州,无地贫农约占百分之五十弱。还有完全没有田地贫农的村子。在关东,大概以无地贫农占百分之十到二十的地方居多。"④这部分少地或无地的农民为了维持生计,必须向兼并有大量土地的豪农豪商租进土地;同时,他们中的多数仍然登录在检地账上,这样,他们便必须既缴纳年贡,又缴纳地租,接受

---

① 高木卓:《日本的历史》,《士农工商》,读卖新闻社1960年版,第158页。
② 畿内:京都附近地区。当时包括山城、大和、河内、和泉、摄津五国,故又称五畿,现为京都、大阪府及兵库县等地。
③ 中村吉治:《日本经济史》下卷,1957年版,第69页。
④ 古岛敏雄:《近世商业性的农业的展开》第158页。

领主阶级和豪农豪商的双重剥削。

开港以后,由于棉花、生丝等农产品大量输出,引起这类农产品价格急涨,使日本国内棉及绢织业受到严重打击。例如京都开港前一个丝的价格为七十两左右,开港后激增到一百四十两。许多机屋因买不起原料被迫停业,京都西阵地区在开港前的三十年中平均每年需要生丝一万三千至一万四千个。开港后,因许多机屋被迫停业,生丝需要量降低到八千二百五十个,这就使相当一部分原来受雇于机屋的无地农民陷于困境。据统计,仅桐生一地就有一千五百多人无法生活。[1]1859年,桐生领三十五个村曾派出代表再三向幕府请愿,要求禁止生丝出口。[2]

农民,特别是其中的下层本百姓、水吞百姓、小作人等贫苦农民,由于承受着领主阶级、豪农豪商及国际资本主义的上述严重剥削,因而具有强烈的革命要求。18世纪初期,日本全国各地平均每年发生五次农民起义。到18世纪后半期已经有十五次左右。1833年,日本各地发生的农民起义共计三十余起。1866年,则增至四十余起。各次农民起义都在不同程度上提出了反对阶级剥削和阶级压迫、特别是反对年贡征收和幕藩官员为非作歹的要求。例如1837年发生于佐渡全岛的农民起义,曾要求把计算年贡米的事交给农民来办。1842年,近江的农民起义撕毁了"检地册"。1866年,今岛根县安浓地方的农民起义迫使代官弃职逃走。甲府(山梨县中部)不少地方的代官及关东八州的村役人以及上州岩鼻军营的奉行等也都在1866年被当地起义农民赶走。与农民起义并行的城市"破坏运动",即以流入城市的无地农民为主的市民暴动,也从公元18世纪初期开始爆发。到18世纪后末期,这种市民暴动几乎在包括大阪、江户的全国所有主要城市中爆发起来,19世纪初更见激烈。1837年,大阪发生以大盐平八郎为领袖的起义。大盐平八郎认为:"直到村落的'小前'(少地的农民)均为天赐的。"广泛号召城市下层市民和附近村庄的"小前"动员起来诛杀"使下民困苦的役人"和"大阪城内骄奢淫逸的大商人"。[3]大盐的起义反映了"各村的贫民"和"没有田地的人,

---

[1] 井上清:《日本历史》(中译本)中册,天津人民出版社1975年版,第470页。

[2] 山崎隆三:《幕末维新期的经济变动》,见岩波讲座《日本历史》卷十三,《近世》四,岩波书店1975年版,第146页。

[3] 冈本良一:《大盐平八郎》,创元社1956年版。

第九章 日本幕藩改革与中国洋务运动时期阶级关系的不同变化

以及即使有些田地也难赡养父母妻子的困苦者的要求"。[①]日本农民起义及城市破坏运动沉重打击了德川幕府的统治。依田熹家先生指出:"以革命路线和土地革命为基础的农民构成反封建斗争的主力。"[②]守屋典郎先生也指出:"在幕府末期,城市贫民和下层农民的'捣毁运动'和救世起义扩展到全国各地。""大规模起义使幕府的生存遭到威胁,成为明治维新的原动力。"[③]

由于农民起义从根本上说带有否定领主阶级及豪农豪商剥削的性质,因此它与幕藩改革的目的是不一致的。在一般情况下,农民也很难介入这类主要由统治阶级发动的自上而下的改革,但由于日本的特殊情况,日本统治阶级内部以下级武士为骨干的最具改革要求的派别,有可能利用农民力量推进他们更为激进的改革主张。

德川幕府时期的日本实行分封制,各藩国拥有相对独立的财政权、警察权、司法权等权力。同时,幕藩统治者为了保证年贡收入,在法律上规定本百姓不得离开土地,并以相应的组织形式加以保证,例如在农村成立五人组,将每五户本百姓编为五人组,如果五人组中有人不缴纳年贡,犯罪或抛离土地,便处罚五人组全体成员。处于自然经济状态下的小农原来便具有极大的分散性和对土地的依附性。由于日本的分封制和不准本百姓离开土地的规定,使得日本小农的分散性和对土地的依附性变得更为强烈。到德川幕府后期,虽然因农村两极分化加剧,不少失去土地的农民,用逃散等方法反抗领主阶级和豪商豪农的双重剥削,但总的来说规模很小,没有也不可能形成像中国历史上那种动辄聚集数万乃至数十万人,以全国为活动范围的大规模流民群。因此,日本的农民起义往往限于村落、领地或某一藩国的范围之内,难以发展成为全国规模的行动。

幕藩制日本在政体上实际是一种双轨制。天皇虽然没有实际权力,但由于他被神化了,而且是"万世一系"的,因此在精神上始终是日本最高权力的象征。天皇不掌握实际权力,他与农民阶级的矛盾相对而言比较缓和。这使日本农民在阶级矛盾日趋尖锐的状况下,往往将希望寄托于天皇。例

[①] 羽仁五郎:《日本人民史》(中译本),生活·读书·新知三联书店1958年版,第43页。
[②] 依田熹家:《日本近代国家的成立和革命情势》第95页。
[③] 守屋典郎:《日本经济史》(中译本),生活·读书·新知三联书店1963年版,第35页。

如1837年大盐平八郎起义所追求的便是"一切遵照神武天皇的政道,实行宽宏大量"的政治改革。①而不像中国那样,较大规模的农民起义一般将矛头直指皇帝,明确要求改朝换代。显然,日本天皇那种在精神上至高、在实际上又较为超脱的地位,在日本的阶级对立中发挥了某种调和或缓冲作用,这在一定程度上钝化了日本农民起义的锋芒,使其与中国的农民起义相比具有较大的妥协性。

由于以上原因,日本中、小规模的农民起义虽然此起彼伏,频仍不断,但却没有形成过全国规模的以夺取最高权力为目的的农民起义。远山茂树先生指出:"1866年到1868年,民众的斗争虽然达到了农民战争前夕的阶段,但终于没有发生农民战争。"②这里所说的农民战争,指的就是那种全国规模的、以夺取最高权力为目的的农民起义。福武直先生也指出:动摇幕藩体制"基础的农民贫困和武装暴动。虽然广泛地出现过,但仍没有发展到全国规模"。③日本农民斗争的这种特点,使它存在着较易为统治阶级内部的改革派所利用的客观可能性。

如前所述,由于日本土地所有制和政权结构等方面的特点,日本统治阶级内部各等级、阶层和派别之间存在着相当尖锐的利害冲突。德川幕府后期所出现的严重的内忧外患,使整个日本幕藩制国家产生了倾覆的危险。在这种情况下,日本统治阶级,包括保守的幕藩统治者在内,不得不考虑实行改革。由于日本统治阶级内部原已存在尖锐的利害冲突,改革在一定意义上说是一种利益分配的再调整。因此改革一发动,很快便使各种力量之间原已很脆弱的相对平衡状态破裂。各等级、各阶层、各派别都想使改革按自身的需求发展。日本统治阶级的内部矛盾因此更加尖锐化。其中特别明显的是幕府与西南雄藩、下级武士与幕藩统治者之间的冲突的加剧,这使日本统治阶级内部在幕藩改革的过程中酝酿形成了一个以下级武士为骨干力量的反对派,日本史称"倒幕派"。"倒幕派"与主张保持幕府统治的保守力量相比,开始并不占优势,这迫使他们将眼光转向激烈反对幕藩统治者而又可能被他们利用的贫苦农民。

---

① 井上清:《日本历史》(中译本)中册,天津人民出版社1975年版,第448页。
② 远山茂树:《日本近现代史》(中译本)卷一,商务印书馆1983年,第11页。
③ 福武直:《日本社会结构》(中译本),广东人民出版社1982年版,第10页。

第九章　日本幕藩改革与中国洋务运动时期阶级关系的不同变化

安政大狱期间,吉田松阴便提出"仅靠长州藩之力不能打倒幕府",主张"用奇策,奇策就是促成百姓一揆",并设想:"跋涉天下,于农民起义之处乘机举事。"①

"8·18"政变后,以下级武士为主的急进改革派进一步将眼光转向贫苦农民,"开始了以争取人民支持为目的的有意识的努力"。②

禁门事变后,乘幕府讨伐长州藩之际,长州藩的门阀保守势力控制了藩政权,并下令解散由以下级武士为主的急进改革派领导的奇兵队。在这种情况下,以下级武士为主的急进改革派进一步加强了与贫苦农民的联系,以图反抗。这从他们当时为奇兵队等诸队制定的纪律中可以看出。这些纪律包括:(1)以礼让为本,以不违背民心为宗旨。礼让者不乱尊卑之序,各守本分,凡事不可任意妄为,应忠实诚恳而不骄傲自满。(2)切莫妨碍农事,不准擅入农户。狭路遇到牛马,应避于道旁,以利通行。凡属耕地,虽无稼禾亦不准践踏。(3)山林之竹木栌楮等固不待言,即道旁之草木亦不准砍伐;至于勒索民家之水果、鸡犬等物,尤在严禁之列。(4)言语应谦虚和蔼,不准稍涉威吓口气,务使人民乐于接近。(5)应劝诱乡勇队员自动前往击剑场,劝农家小儿入学学习。(6)应以不畏强敌百万,而畏弱民一人为武道之本。③这些措施,使长州藩以下级武士为主的急进改革派更多地赢得了农民的支持。以下级武士为主的急进改革派的力量因而大为增强,经过历时两个月的战斗,重新掌握了长州藩政权。

在乌羽伏见之战时,以下级武士为主的急进改革派提出了减免年贡一半的口号,争取广大农民的支持。

综上所述。我们可以看到,幕藩改革时期的日本阶级关系发生了剧烈变化。其主要特点是在统治阶级中分化出了一个以下级武士为主的急进改革派,这个派别与当时在日本拥有强大经济力量的中间剥削阶级即豪农豪商具有密切联系,并在一定程度上获得了广大下层本百姓等贫苦农民的支持,因而有力量在幕藩矛盾及幕府与朝廷的矛盾迅速扩大之际,首先在长州藩实现了对幕府的武装割据,力图从幕府及各藩保守的大名手中夺取改革

---

①②　青木惠一郎:《日本农民运动史》卷一,三一书房1976年版,第71、494页。
③　井上清:《日本的军国主义》(中译本)第一册,商务印书馆1972年版,第97页。

的主导权,从而为幕藩改革向明治维新的转变奠定了基础。

二、中国洋务运动时期阶级关系的变化

1. 中国民间工商业层力量的发展远不如日本的豪农豪商。由于中日两国社会结构等方面的差别,中国的经济基础、政治体制和意识形态在洋务运动期间没有发生如同日本在幕藩改革期间所发生的那样深刻的变化,因而阶级关系的变化远不如日本激烈。

洋务运动期间,在外国资本主义侵略的刺激和洋务派所办近代化企业的影响下,中国的商品经济获得了比以前迅速的发展,有别于官办企业和官商的带近代意义的民间工商业的力量有所增强,但从来没有达到日本豪农豪商阶层那样的程度。中国的经济命脉仍然主要掌握在封建地主阶级手中。中国的封建地主阶级在民间工商业层面前并没有日本武士在豪农豪商面前那样的穷窘相。中国民间工商业的维持和发展必须在更大程度上求助于封建政府的恩准和保护。郑观应当时即说:"第商务之战,既应藉官力为保持,而工艺之兴,尤必藉官权为振作。"[①]以 1875 年至 1894 年间的全部三十三家近代采矿业的情况为例,其中商办的仅湖北荆门煤矿一家,官办的九家,其余二十三家都官督商办。[②]由此可见洋务运动期间中国民间工商业力量之弱小。

弱小的民间工商业本来便易受到封建统治阶级的控制,而中国由于土地可以买卖,又没有严格的身份制的限制,货币主要流向占有大量土地的官僚地主。因此,洋务运动时期,商品经济的发展虽然对于向近代意义的民间工商业的投资起了普遍的刺激作用,但真正拿得出钱来投资的,除买办富商外,主要是官僚地主,如朱其昂、戴恒、龚寿图、李松云、杨宗濂、严信厚、朱鸿度、胡恩燮、唐松岩、聂缉椝等无不如是。所以,中国近代意义的民间工商业的代表人物在开始阶段主要来自官僚地主,而不像日本豪农豪商那样主要来自武士之外的社会等级。正因如此,中国早期民间工商业层与封建地主

[①] 郑观应:《商战上》,见夏东元编《郑观应集》上册,上海人民出版社 1982 年版,第 590 页。
[②] 孙毓棠编:《中国近代工商史资料》辑一下册,中华书局 1962 年版,第 1170 页。

第九章　日本幕藩改革与中国洋务运动时期阶级关系的不同变化

阶级的关系要比日本豪农豪商阶层与武士等级的关系密切。

中国民间工商业层与日本豪农豪商相比，力量上更为弱小，与封建统治阶级的关系更为密切，这使其很难发挥如同日本豪农豪商阶层在幕藩改革期间所发挥的那样的作用，即成为封建统治阶级中分裂出来的急进改革派的坚实的社会基础，在给予反映商品经济发展趋势的急进改革派以经济援助的同时，影响这个派别导引社会变革向适合于建立新的生产关系的方向发展。

2. 中国封建统治阶级中难以分裂出强大的反对派。中国的土地制度基本上没有形成等级结构，土地所有权较完全。与此相应，中国没有形成日本那样严格的门阀以及身份制，实行的是可以变动的等级制，庶民地主能够通过科举考试以及捐纳、军功等跻身于缙绅地主的行列；中国封建政权的组织形式是中央集权下的郡县制，不像实行分封制的日本存在幕府与各藩以及幕府与朝廷的对立。这使中国封建统治阶级的内部矛盾比幕藩制下日本封建统治阶级的内部矛盾要缓和一些，也使中国封建朝廷对整个地主阶级，特别是其官僚队伍的控制远较日本幕府对各藩大名和武士的控制有效。

太平天国起义后，咸丰皇帝和慈禧太后又相继采取了调整满汉地主以及缙绅地主和庶民地主之间关系的政策，例如任命更多汉族官员为督抚，增加大学士中汉族官员的名额，给予庶民地主更多的经军功、捐纳之途转变为缙绅地主的机会，等等。同光年间，一大批所谓"中兴之臣"，如曾国藩、左宗棠、李鸿章、彭玉麟、李瀚章等便都是由汉族庶民地主经科举以及军功而爬升为官僚缙绅的。清廷的上述政策，使其在更大程度上赢得了汉族地主和庶民地主的支持，扩大了统治基础。曾国藩升授内阁学士兼礼部侍郎衔后，在给其祖父的信中写道："六月初二，孙荷蒙皇上破格天恩，升授内阁学士礼部侍郎衔。由从四品骤升二品，超越四级，迁擢不次，惶悚实深。"[①]左宗棠被封伯爵后，在奏折中表示："微臣于疑谤交集之时，蒙文宗显皇帝特旨垂询而起，其受两朝恩知之隆愈深，其图报之心愈切。"[②]

[①] 《曾文正公全集·家书》卷一，传忠书局刻本，中国书店出版社 2011 年版，第 147 页。
[②] 《左文襄公全集·奏稿》十一，传忠书局刻本，中国书店出版社 2011 年版，第 77 页。

同时，清廷注意保持和加强中央政权对于地方的力量优势。例如1861年初（咸丰十年）奕䜣等人提出仿西洋之法练兵的主张，奏称："自强之术，先必练兵，现在抚议虽成，而国威未振，亟宜力图振兴，使该夷顺则可以相应，逆则可以有备，以期经久无患。"①为防止地方经此举获得超过中央政权的力量，清廷决定仿西洋之法练兵，首先从练京营八旗——神机营开始，"不练兵则已，练兵莫要于京城"，"强干弱支，无尾大不掉之患"。②因此，到同治初年，仿西洋之法练兵方逐步推广到天津、上海、直隶、东三省及东南沿海各省。直到1864年（同治三年）总理衙门仍奏请饬令："务拨旗兵或绿营正身兵丁，交给洋弁教练，断不可令招募之勇学习，庶免后患。"③再如清廷在委以曾国藩等洋务派首领以方面重任，利用他们镇压太平天国起义的同时，不忘在军事上，将嫡系部队作适当布置。曾国藩率兵进攻天京时，清廷便令官文至武昌，扼长江上游，令富明阿等分守扬州、镇江、据长江下游，令僧格林沁屯兵皖鄂之间，威慑石城。表面上为配合曾国藩进攻天京，实际暗含牵制之意。又如为避免曾国藩凭借在镇压太平天国过程中膨胀起来的力量形成坐大之势，清廷对曾国藩部属左宗棠、李鸿章、沈葆桢、杨载福、刘长佑等人相继采取扶持政策，让他们羽翼渐丰，先后脱离曾国藩系统，并与曾国藩争权夺利、分庭抗礼，使清廷得以从中利用，达到分而治之的目的。

显然，由于中国缺乏日本豪农豪商那样力量较为雄厚又与封建统治阶级对立比较尖锐的中间剥削阶层，因而很难有类似日本豪农豪商对领主阶级那种足以加速封建统治阶级内部分化的强烈影响；中国中央权力的控制又比幕府有效得多，因此，中国封建统治阶级内部要分裂出强大的反对派比日本困难得多。洋务派重要首领曾国藩在攻陷太平天国首都天京前，势力有很大发展，用他自己的话来说："长江三千里几无一船不张鄙人之旗帜。"④当时游说曾国藩另起炉灶，与清廷分庭抗礼者不乏其人。但曾国藩却不敢轻举妄动，在攻下天京后，为避免功高震主，落个狡兔死走狗烹的下场，不得不奏请裁撤湘军，自剪羽翼，以缓和与清廷日趋尖锐的矛盾。

---

① 《筹办夷务始末》咸丰朝卷七十二，中华书局1979年版。
② 葛士濬：《皇朝经世文续编》卷六十二，台联国风出版社1960年版，第7页。
③ 中国史学会主编：《洋务运动》（三），上海人民出版社1961年版，第461页。
④ 《曾文正公书札》卷二十三，传忠书局光绪三年刊本，第42页。

第九章 日本幕藩改革与中国洋务运动时期阶级关系的不同变化

洋务运动中后期,随着商品经济的发展,洋务派发生了分化。这种分化主要表现为一部分实际经营洋务企业的人员脱离官办或官督商办企业投资于民间工商业。例如朱其昂,同治年间曾参与镇压太平军,"纳赀为通判,累至道员"。①1872年受李鸿章委派筹办上海轮船招商局。1878年创办天津贻来牟机器磨坊,开始经营私人资本主义企业。再如徐润,十五岁进上海宝顺洋行当买办。在镇压太平军时,因"转运得力",被清廷赏加四品衔。1873年受李鸿章委派会办上海轮船招商局。之后,因受盛宣怀排挤,离开轮船招商局,先后投资创办同文书局、广百宋斋书局、广东香山天华银矿、热河建平金矿、锦州天一垦务公司、景纶缆丝厂等私人资本主义企业。又如杨宗濂,曾以在籍户部员外郎身份参与镇压太平军,被涒擢为道员,后因事被革,复任职于台湾水陆营务处兼台南北铁路,并总办商务洋务,兼开埠事宜,1891年受李鸿章委派,督办上海机器织布局,1893年织布局遭火灾后,于1895年在无锡创办私人资本主义企业业勤纱厂。

从上述这些人的情况来看,一般是洋务派的中下层人物。他们之所以由经营洋务企业转而投资创办私人资本主义企业,不少是在经营洋务企业的过程中遇到某种挫折或排挤。例如促使朱其昂转向私人资本主义企业投资的原因之一,是他在筹办轮船招商局时集股不利,在局内的地位逐步下降。徐润则是在经营房地产等生意时,因碰上上海钱庄倒账风潮,以及盛宣怀的趁机勒索,几至倾家荡产,而被从轮船招商局排挤出来的。杨宗濂是因为上海机器织布局遭火灾后,李鸿章派盛宣怀集股重办,而退出上海机器织布局的。这部分人从洋务派中分化出来,投资创办私人资本主义企业,促进了中国民间工商业的发展。从长远的观点看,必将发生破坏封建经济及封建统治的作用。但这种分化却很难像日本以下级武士为主的急进改革派从封建统治阶级中分裂出来那样,造成传统封建统治秩序的急剧破裂。因为,如前所述,这些洋务派的中下层人物,不少是在兴办洋务事业的过程中遇到某种挫折或排挤而从洋务派中分化出来的,他们离开洋务派的同时,他们原来所掌管的那部分权力往往也就同时丧失了,而弱小的中国民间工商业层又不可能给予封建统治阶级内的反对派以有力的支持。因此,这些人不像

---

① 赵尔巽:《清史稿·列传239》,中华书局1977年版,第3页。

日本以下级武士为主的急进改革派那样，得以利用日本幕藩统治者为了进行改革不得不起用一批下级武士的机会，迅速地扩大自己的权力，当他们从日本领主阶级中分裂出来时，非但不发生权力的丧失，反而得以在豪农豪商的支持下，借助农民的力量，进一步攫取权力，并首先在长州藩夺取了改革的主导权，形成对于幕府的武装割据，从而造成传统封建统治秩序的急剧破裂。正因如此，中国的洋务派虽然也有分化，但洋务运动的主导权却始终掌握在力图用新手段维护封建统治秩序的洋务派大官僚手中，没有也不可能发生如同日本幕藩改革过程中那种造成封建统治秩序破裂的分化。由于缺乏这种分化，洋务运动虽然在客观上为中国进一步变革准备了某些条件，但它的物质成果，例如近代化企业、先进的武器装备、新式军队等均为清廷所掌握，而不可能像日本幕藩改革中那样，部分地落于以下级武士为主的急进改革派手中。因此，应该说，在较短的历史时期内，洋务运动所取得的物质成果，主要起了加强清廷封建统治的作用。所以，甲午战争之后，当康有为等年轻的士大夫为挽救民族危机的神圣使命所驱使，利用帝后两党的矛盾，登上政治舞台，提出反映民间工商业发展要求的变法主张时，他们发现他们面对的是一个远比日本幕藩统治者强大而一致得多的对手。

3. 洋务派与农民处于尖锐的阶级对立之中。占中国人口绝大多数的农民，特别是其中的贫雇农是中国封建统治阶级的主要剥削对象。如前所述，中国的封建国家与直接剥削本百姓的日本幕藩统治者不同，主要依靠地主阶级剥削农民。这使中国小农的经济地位不如日本本百姓稳定，所受剥削的严重程度也要超过日本。清末时，陶煦曾说："余曾周历远近村落，窃观夫老稚勤动，男妇况瘁，三时无论矣。其在暇日，或捆屦、或绚索、或赁春、或佣贩、或撷野蔬以市、或拾人畜之遗以粪壅、都计十室之邑，鲜一二游手也，亦极治生事矣。而服食日用，窭贫空乏日以甚，终岁不能支一家。遑问盖藏哉。"为什么呢？他发现原因在于"吴中之田，十、九与绅富共有之也。上农不过任十亩，亩入不过二石余。取租而平，则八口无饥也；乃多者二十而取十五，少亦二十而取十二三，车牛有费，修耒有费，粪田有费"。"壹资给于租余之数分、疾病丧嫁之端尚未之及，奈何而民不穷且毙也"。[①]

[①]《重租申言·推原》，转自陈绍闻编《中国近代经济文选》，上海人民出版社1985年版，第284页。

第九章　日本幕藩改革与中国洋务运动时期阶级关系的不同变化

日本在近代以前农业生产率便高于中国,商品经济又较为发展,社会分工程度超过中国,这使西方列强的商品输入给日本农民带来的灾难在一定程度上小于中国。例如日本开港后的棉花、生丝的大量出口,虽然给一部分从事制绢和棉纺的日本农民以沉重打击,但由于纺与织的分离程度较高,使日本的织布业可以很快转入利用价廉质优的洋纱织布的轨道,从而促进日本织布业的发展。而织布业的发展能吸收相当一部分少地或无地的农民,为他们提供新的谋生机会。在商品经济不发展的中国,社会分工极不充分,纺与织两道工序基本上仍然被同时组合在家内手工业中。所以,西方列强对中国的棉制品输入,往往只能抢去中国农民的一部分市场,而难以提供新的就业机会,从而使这些依靠家内棉纺织业以补农田收入不足的贫苦农民变得更为贫苦。

显然,由于以上原因,中国阶级对立的尖锐程度要超过日本。中国农民又不像日本本百姓那样严格地依附于土地,中国的人口数量明显高于日本,因此在严重的阶级剥削下,每逢灾年,往往出现巨大的跨县跨省的流民群。例如乾隆四十七年陕抚毕沅奏告:"乾隆三十三、四等年,两湖偶被灾浸,小民流徙,络绎前来……男妇不下十余万人。"[1]再如嘉庆年间,"杭嘉湖及苏、常等府,每届秋冬之间,有江北淮徐海一带游民,百十为群,或乘坐船只,或推挽小车,或结队步行,衣履齐全,不类乞丐,号称饥民,所过乡村,坐索饭食……该匪徒等岁以为常,视同行业……近来愈聚愈多,沿途无赖之徒,随而附和"。[2]中国中央集权制的封建国家政权既利于封建统治阶级集中全国力量镇压农民的反抗,也使农民容易找到一致的打击目标。中国又没有日本天皇那样表面上超脱于各派力量之上,因而能在阶级冲突中发挥某种调和与缓冲作用的因素。这使中国的农民较易发动起全国规模的以夺取最高政权为目的的战争,其妥协性较日本那样限于局部地区的农民起义要小得多,在客观上很少可能被封建统治阶级内部的改革派利用。

太平天国起义就是典型的全国规模的以夺取最高政权为目的的农民战争,它对清廷的封建统治构成了致命的威胁。在这种致命威胁面前,内部关

---

[1]　《皇朝经世文编》卷三十六:《户政·农政上》,世界书局1964年版。
[2]　《仁宗实录》卷二九一,华文书局1985年版,第17页。

系原来即比日本领主阶级协调的中国封建统治阶级,更易于勾结一气,以共同对付农民起义。著名的地主阶级改革派林则徐、魏源等虽然对清廷的妥协外交、腐败政治甚为不满,但当轰轰烈烈的太平天国起义爆发时,他们都毫不犹豫地站到清廷一边,坚决反对太平天国起义。洋务派更是如此。如前所述,洋务运动主要是应镇压太平天国起义需要而发动的,因此洋务派从一开始便与农民阶级处于尖锐的阶级对立之中。奕䜣于1861年1月(咸丰十年十二月)提出:"就今日之势论之,发捻交乘,心腹之害也。俄国壤地相接,有蚕食上国之志,肘腋之忧也。英国志在通商,暴虐无人理,不为限制,则无以自立,肢体之患也。故灭发捻为先,治俄次之,治英又次之。"①明确地将太平天国及捻军等农民起义视为主要敌人。曾国藩出山伊始,便猛烈抨击那些不敢放手镇压农民起义的官员:"盖缘近年有司亦深知会匪之不可遏,特不欲祸自我发,相与掩饰弥缝,以苟且一日之安,积数十年应办不办之案而任其延宕,积数十年应杀不杀之人而任其横行,遂以酿成目今之巨寇。"②表示自己决心以"严刑峻法痛加诛戮",即使为此而"身得残忍严酷之名亦不敢辞"。③洋务派另一位重要成员左宗棠在这方面毫不逊色。1860年6月,左宗棠得清廷任命,以四品京堂候补随同曾国藩襄办军务,走上了直接镇压太平天国起义的道路,左宗棠在战争中每以多杀农民义军为快,在他的文书中如下话语屡见不鲜:"毙贼三千有余,阵斩贼目多名,极为痛快。"④因此,在整个洋务运动中,没有也绝对不可能发生如同日本以下级武士为主的急进改革派利用农民的力量打击以幕府为中心的保守势力那样的情况。

---

① 《筹办夷务始末》咸丰朝卷七十一,中华书局1979年版,第18页。
② 《曾文正公全集》卷二:《奏稿》,传忠书局刻本中国书店出版社2011年版,第2页。
③ 《曾文正公全集》卷二:《书札》,传忠书局刻本中国书店出版社2011年版,第12、16页。
④ 《左文襄公全集》卷上:《家书》,岳麓书社2009年版,第9页。

第十章
日本幕藩改革与中国洋务运动的不同转变

一、日本幕藩改革转变为明治维新，中国洋务运动没有类似转变

由于日本幕藩改革过程中，阶级关系发生急剧变化，封建统治阶级中分裂出了一个以下级武士为主的急进改革派。这个派别在思想境界上突破了"东洋道德、西洋艺术"的限制，以"开国进取"为宗旨，效法欧美列强，积极谋求"富国强兵"，要求将幕藩改革向更高阶段推进，即建立资产阶级性质的统一的民族国家。结果，势必与企图将幕藩改革限制在原有水平上，即仅引进西方先进技术及在体制上作局部变更，而继续维护传统的封建统治秩序的幕府势力发生尖锐矛盾，从而造成幕藩改革的激烈分化。以下级武士为主的急进改革派获得了具备雄厚经济力量的豪农豪商的支持，能够借助农民的力量，并且掌握了长州藩等强藩的实权，得以部分地占有幕藩改革的物质成果，例如拥有新式军队和近代化武器等，因而能以较为强大的力量与保守的幕府势力相抗衡，努力促使幕藩改革按照他们的愿望向明治维新转变。

第二次征长战争前，掌握了长州藩政权的以下级武士为主的急进改革派加速推行改革政策，制定了"富国强兵""殖产兴业""开国贸易"等一系列促进资本主义生产关系及生产力发展的政策。他们对英国商人古拉巴说："盛行贸易是富国的第一条，我们开放下关，希望你和英国人及全世界的人都来进行贸易。"[①]进一步破除封建门阀观念和身份，不拘一格选用人材，录

---

① 古川薫：《高杉晋作略传》第 74—75 页。

用村医出身、精通西洋军事学的大村益次郎,进行军制大改革,将火绳枪、甲胄等全部卖掉,代之以最新式的来复枪,编成来复枪队;废除以往作为藩兵制度基干的八组制度。①将组员中有才干者任命为步枪队、炮队的指挥,其余的则大都解除其军务;并重新规定一千零五十石以下的藩士提供军役人员的比率,废除以往军队中持枪等各种勤务兵,一律改为步枪兵,集数十家军役步枪军为一队,断其主从关系;又把藩主一家及八家以下一千石以上高级武士的家兵从其主人手中抽出编成步枪大队,使原来私属性很强的武装,转变成初具国家军队性质的军队,除正规军外,还保留了奇兵队等诸队,农民参加诸队的日益增加;藩厅在藩内各地设立训练所,由农商平民中征调十六岁至三十五岁者一千六百名,每月训练三天,共训练六个月,所需武器由豪农豪商捐献,一律装备"格威尔"枪。

土佐藩的中冈慎太郎在《与同志书简》中曾对长州藩情况作如下描述:"从马关开战、京师生变始,内外大难,一时齐迫,外和列强,内承天下数万之兵,以内讧得统一。如小五郎(桂)、东行(高杉晋作)、去年从英国归来的井上闻多(馨)、伊藤俊助(博文)等,辅佐国君,得宜行之策,定国是大论,政事一新。二国(防长)人民悉入不生之地,于是士气益着实,武备日整,此间废议论,相成实行,国中大势一新。枪炮队成,枪由米奈赫路,炮由本込、长玉等率,兵制全改,骑兵也很强盛。国中每日大队调练。最初一日间大抵有四十六队位,发炮不绝,势不可挡。"

萨摩藩的大久保利通和西乡隆盛等人则在胜海舟和五代友厚的影响下,采取了"割据富国"的做法,为了达到"富国强兵"的目的,加速了改革步伐,更多地引进外资及西方先进技术和装备,聘请外籍专家,发展工业,选派留学生和考察人员赴英学习,以加速新式人材的培养,此外还命藩士村田经芳研制新式枪炮,在长崎设立贸易机构,保护生丝和其他商品出口,设立"开成所"普及军事技术和洋学等。②通过这一系列措施,实力有了进一步增强。

长州、萨摩两藩改革的深化、力量的增强,使以下级武士为主的急进改革派深受鼓舞。中冈慎太郎指出:"自今以后,兴天下者,非萨长两藩莫属,

---

① 八组是把"马迴"以上的藩士编成八组,由藩内最高家族统率的队伍。
② 胜田孙弥:《大久保利通传》卷上,东京同文馆1990年版,第570页。

天下近日内必从二藩之令已昭然若揭。"又说:"他日立国体,绝外夷之轻侮,以此两藩为基础。"①

为了加强反幕力量,坂本龙马、中冈慎太郎、五代厚等人积极推动萨、长两藩以下级武士为主的急进改革派实行联合,坂本龙马请西乡隆盛以萨摩藩名义,在长崎为长州藩代购军火;长州藩则应西乡盛隆要求为萨摩藩军队购买粮食。同时,五代友厚倡导萨、长两藩在下关设立萨、长合作的商社,以建立萨摩、长崎、下关为中心的西南日本贸易圈,与幕府垄断贸易的做法相抗衡。因此,萨长联盟不仅是倒幕斗争的需要,也反映了日本豪农豪商希望废除幕府对市场的控制,自由发展工商业的愿望。

经过一系列努力,1866年1月,正式成立了萨摩藩和长州藩互相援助的同盟。当幕府发动第二次征长战争,命令萨摩藩参加征长时,掌握萨摩藩军权的西乡隆盛即表示:"征伐长州等地自引灾祸,不可再扬幕威。"并说:"天下动乱,德川氏走向衰运,正在此时。"②坚决拒绝发兵,这使幕府势力陷于前所未有的孤立之中。德川庆喜也不得不承认:"外藩公然拒绝幕府的命令,不能使之服从,幕府的威严完全坠地,其衰亡之状,明白显露。"③

与此同时,各地的农民、手工业者频频发动反幕起义。1866年5月初,由于物价特别是米价暴涨,幕府又向市民征收巨额军费,不堪忍受的群众首先在兵库奋起发动了激烈的捣毁运动,运动由西宫迅速扩展到将军正在逗留的大阪,席卷近畿、东海各城市,延续了好几天。到月底,在江户又爆发了更大规模的群众起义。在大阪被捕的市民愤怒地向官吏宣称:"这次暴动的罪魁就是将军。"④城市发生暴动的同时,农村相继发生农民起义。这一年较大规模的农民起义多达几十起,特别是江户暴动之后,在武藏、上野一带发生了以贫苦本百姓、小作人、手工业者等为主力的大规模起义。起义者捣毁了幕府的代官所和高利贷者的住宅,烧毁了土地清册和借债字据。这一切,进一步削弱了幕府的力量。

---

① 中冈慎太郎:《与同志书简》,转自尾佐竹猛《明治维新》上卷,宗高书房昭和五十三年版,第687、688页。
② 《大西乡全集》卷一,平凡社1977年版,第229页。
③ 日本史籍学会:《德川庆喜公传》卷三,东京大学出版会1997年版。
④ 井上清:《日本历史》(中译本)中册,天津人民出版社1974年版,第493页。

◀◀◀ 东方文化圈内的不同趋向

在这种形势下，朝廷内曾经主张公武合体的岩仓具视等公卿也开始与以下级武士为主的急进改革派建立联系，转而主张倒幕。

四面楚歌的幕府，虽然不顾一切地于1866年6月发动了第二次征长战争，兵分三路进攻长州藩，但长州藩经过近代化训练的军队掌握了先进武器装备和作战方法，又在很大程度上摆脱了封建门阀观念和身份制的束缚，得到藩内从贫苦本百姓、手工业者到豪农豪商等各阶层的支持，在藩外则有萨摩等强藩的援助，士气旺盛，战斗力强，在各条战线上都给予幕府军队以沉重打击，使幕府军队处于欲进不能、欲罢不得的困境。7月，德川将军家茂病死。幕府借此名义慌乱退兵，单方面宣告休战，结束了第二次征长战争。

德川庆喜继德川家茂为征夷大将军后，在法国的支持下，加速引进和仿制近代武器，改革官制、军制，计划成立"日法贸易公司"垄断日本生丝贸易，并策划关闭下关港，断绝长州藩的外贸活动，削弱长州藩实力。德川庆喜采取的一系列措施，清楚地表明幕府在积蓄力量，准备寻找时机再次发动征服长州藩等强藩的战争。

掌握萨、长等藩实权的以下级武士为主的急进改革派，洞察幕府意图，决意不给幕府以喘息之机，发动倒幕战争，夺取全国政权。长州藩的木户孝允说："今关东（幕府）政令一新，兵马之政亦颇有可观之处。不可低估一桥（德川庆喜）胆略，若今朝失去挽回朝政之机，被幕府先发制人，庆喜实如家康之再生。"[1]1867年9月，萨摩藩的西乡隆盛和大久保利通通过岩仓具视等朝廷公卿酝酿用天皇名义发布"讨幕密敕"。之后，萨摩等强藩以下级武士为主的急进改革派又在京都召开秘密会议，制定武力倒幕的行动计划。

面对萨、长等强藩义无反顾的咄咄逼人之势，虚弱的幕府企图通过"奉还大政"的方法，即在形式上将权柄交还天皇，实际上由将军继续掌握，以消除倒幕的借口。1867年10月15日，天皇接受德川庆喜"大政奉还"的请求。但萨、长等强藩以下级武士为主的急进改革派认识到如不打倒幕府，就不能建立真正推行他们改革主张的政权。因此，几乎在德川庆喜请求"大政奉还"的同时，西乡隆盛、木户孝允、大久保利通等便通过朝廷内主张倒幕的公卿发出了讨幕密旨，并广泛宣传如果打倒幕府，实现王政复古，将减少年贡

---

[1] 土方久元：《回天实记》（庆应三年三月二十一日），东京通信社1900年版。

第十章　日本幕藩改革与中国洋务运动的不同转变

一半,以动员广大本百姓参加倒幕运动。

在这种情况下,各地发生了广泛的破坏幕府统治的活动。例如1867年10月下旬,从京坂地方到东海道、江户,乃至甲府和阿波的德岛,广大民众纷纷涌上街头,不分昼夜地又跳又舞,反复唱着:"还不好吗! 还不好吗!"两个多月中,使幕府在京都、大阪、江户、横滨、名古屋等重要地区的统治几乎陷于瘫痪。幕府从农民中招募来的步兵部队也开始大量逃跑。以下级武士为主的急进改革派意识到这是推翻幕府统治的极好时机,大久保利通指出:此时是"千载难逢的张扬朝威的大好机会,一举必获天下有志之士雀跃响应"。[①]1868年1月3日,萨、长两藩以下级武士为主的急进改革派调动兵力把守皇宫,成功地发动政变,由天皇发布《王政复古大号令》,命德川庆喜"辞官、纳地",废除将军制度,组成由总裁(从皇族中任命)、议定(从公卿诸侯中任命)、参与(从廷臣、藩士、庶民中任命)构成的天皇政府。西乡隆盛、大久保利通等被任命为参与,并掌握了新政府的实权。

1868年初,德川庆喜依仗尚存在力量,打起"除君侧之奸"的旗号,发动了反对新政府的武装叛乱,虽然在数量上,旧幕府军尚占一定优势,但由于以下级武士为主的急进改革派所掌握的新政权获得了广泛的社会支持,因此军事力量上的强弱之势很快发生了变化。当时担任新政府军顾问和参谋长的西乡隆盛曾对此作过生动的记述:"以人数多寡相比,在贼军多五倍(实际是三倍)的情况下能获得这样大的胜利,实为前所未闻。京、摄(京都、摄津)之间人心丧失大半。时至今日,虽然伏见一带为战火烧毁,但每逢萨摩、长州的军队通过时,男女老少都走出来,在路旁合掌叩拜,口里不住地道谢。在战场上,一路都有人拿出粮食,或烧好菜汤,斟上酒,给作战兵士慰劳……"[②]旧幕府重臣胜海舟也指出:幕府"聚敛盛而市民日益离心……依此形势判断,纵使敌军不来,都城之瓦解亦为期不远矣"。[③]在这种情况下,德川庆喜发动的反对新政府的叛乱很快被粉碎,德川庆喜被迫在江户献城投降,之后,被贬为一个普通藩主。幕府势力从根本上被打垮。

以下级武士为主的急进改革派建立的新政府,在打垮了幕府势力的同

[①] "向内大臣近卫忠房之建言",转引自尾佐竹猛《明治维新》下卷,白扬社1943年版,第833页。

[②][③] 岩波讲座《日本历史近代I》,东京岩波书店1962年版,第286、288—289页。

时,公布了《五条誓文》和《五张告示》,提出了以"富国强兵""殖产兴业"和"文明开化"为基本内容的改革方针,通过废藩置县、改革封建身份制、取消武士特权、大力普及和加强近代化国民教育、实行地税改革、扶植私人资本主义等一系列措施,终于将日本引导上了建立资产阶级性质的统一的民族国家的道路,成功地实现了幕藩改革向明治维新的转变。

洋务运动期间,中国的阶级关系虽然也发生了一些变化,但由于中国社会结构与日本的差异,以及商品经济的发展程度较日本低下等原因,中国洋务运动时期阶级关系的变动不如日本幕藩改革时期那样剧烈,传统的封建统治秩序在主要方面仍然得以维持。

中国的封建统治阶级内部这时虽然出现了一个洋务派,这个派别兴办了中国最早的近代企业,对中国近代性质的民间工商业的初步发展起了促进作用,为以后的维新派的产生提供了必要的社会条件,但这个派别主要的经济基础仍然是封建经济,思想上基本未脱离"中体西用"的窠臼,它追求的是通过局部调整,巩固封建统治秩序,而不像日本以下级武士为主的急进改革派那样要求从根本上改革封建统治秩序。这使洋务派必然与发展中的民间工商业及农民阶级产生尖锐的矛盾,不愿也没有力量与慈禧太后为代表的封建保守势力从根本上分道扬镳,当然更不可能发生类似日本以下级武士为主的急进改革派经过激烈的阶级斗争,掌握改革的主导权,促使改革向明治维新转变那样的情况。

因此,当着一批反映新生的民间工商业发展要求的年轻士大夫发动戊戌维新,试图对中国封建统治秩序实行带有根本意义的改革时,他们除了获得以光绪皇帝为代表的少数帝党人物有限度的支持外,受到了包括洋务派在内的几乎整个封建统治阶级的反对。

以洋务运动的领袖人物李鸿章为例。还在1875年李鸿章与日本驻华公使森有礼的一场辩论中,他便明确表示了反对中国实行像日本明治维新那样的变革。李鸿章以日本明治维新期间仿行欧式服装为由,激烈抨击日本的变革:"阁下对贵国舍旧服仿欧俗,抛弃独立精神而受欧洲支配,难道一点不感到羞耻吗?"森有礼理直气壮地答曰:"毫无可耻之处,我们还以这些变革感到骄傲,这些变革决不是受外力压迫的,完全是我国自己决定的。正如我国自古以来,对亚洲、美国和其他任何国家,只要发现其长处就要取之用

第十章 日本幕藩改革与中国洋务运动的不同转变

于我国。"李鸿章却毫不为动地表示:"我国决不会进行这样的变革,只是军器、铁路、电信及其他器械是必要之物和西方最长之处,才不得不采之外国。"①李鸿章的上述立场到戊戌维新期间不能说没有变化,例如他在1896年出访欧美之后,开始注意到中西政教的优劣之处,他指出:欧美各国"政教大略无殊,其根本全在上下一心,故能齐力合作,无事不举,积富为强。中国则政杂言庞,而取财之法不逮远甚"。②但从来没有进步到要求对封建政教实行改革的境界。因此,在戊戌维新期间,虽然由于维新派的某些具体主张例如新式练兵、废八股、兴学堂等与李鸿章不无相合之处,加上李鸿章需要争取维新派的好感,以缓和舆论对他出面签订《马关条约》等行为的抨击,在私下里,李鸿章曾对康有为等表示一定程度的同情。但是,李鸿章对维新派远较洋务派激进的改革主张从来就不赞成。伊藤博文在戊戌维新期间曾来华活动,他"私于李鸿章曰:'治弱国如修坏室,一任三五喜事之徒,匠以重椎绖以巨索,邪许一声,压其至矣。'鸿章曰:'侯言良是……'"③相反,李鸿章一直努力与慈禧太后为代表的守旧势力保持着密切的联系。在戊戌政变发生后,当张元济去见李鸿章要求他出来"调和调和"时,李鸿章责他:"你们小孩子懂得甚么?"④由两面讨好,转为顺从慈禧旨意搜捕康梁。当然,在这时李鸿章也作过一些如保全康有为祖墓的事,但这只是老于世故的李鸿章在当时复杂的国内和国际斗争中善于多方拉拢、少树政敌的作法,并不反映他在政治上对维新派的同情和支持。

与维新派关系最密切的洋务派领袖人物张之洞对待戊戌维新的态度在洋务派中更具典型性。1895年,维新派激于甲午战争的失败,起而倡导变法救国。他们以"开风气,开知识,非合大群不可","合群非开会不可",⑤发起成立强学会。由于维新派高举救国大旗,猛烈抨击签订《马关条约》的李鸿章,一时为众望所归。张之洞作为一个接触过西方文化的洋务派人物,思想上有一定的开明之处,他与李鸿章又有较深的矛盾,企图利用维新派的社会

---

① 实藤惠秀:《中国人日本留学史稿》,生活·读书·新知三联书店,第63—64页。
② 《复河南巡抚台刘景韩》,见吴汝伦编录《李文忠公全书》卷三十:《尺牍》,上海商务印书馆1921年版。
③ 《戊戌履霜录》,见中国史学会编《戊戌变法》(一),上海人民出版社1957年版,第383页。
④ 中国史学会编:《戊戌变法》(四),上海人民出版社1957年版,第328页。
⑤ 《康南海自编年谱》光绪二十一年,中华书局1992年版。

◀◀◀ 东方文化圈内的不同趋向

影响,提高自己的声望,扩大势力,因而在开始时,对强学会采取了同情乃至支持的态度。张之洞不仅本人向北京强学会"捐五千金",向上海强学会捐款一千五百两,成为当时捐款最多的一个,他的亲信杨锐还是北京强学会的发起人之一,儿子张权也列名北京强学会。但是从一开始,张之洞对维新派一些重要的政治主张便持明确的否定态度。据《康有为自编年谱》载:1895年9月15日,康有为为在上海成立强学会事至南京,与时署两江总督的张之洞"隔日一谈",张之洞"颇以自任",但"不信孔子改制"。随着维新运动的发展,张之洞与维新派的分歧更见明显。1897年,《时务报》转载了严复在1895年所作的《辟韩》一文。在这篇文章中,严复批判了中国封建君臣之道,他说:秦"以来之君,正所谓大盗窃国者耳。国谁窃?转相窃之于民而已。既已窃之矣,又惴惴然恐其主之或觉而复之也,于是其法与令,蝟毛而起,质而论之,其什八九,皆所以坏民之才,散民之力,漓民之德者也";称赞了西方资产阶级民主制度。他说:"西洋之言治者曰:'国者,斯民之公产也。王侯将相者,通国之公隶仆也。'"认为中国与西方各国有强弱之分的重要原因是由于各自实行不同的政治制度,西方实行资产阶级民主制度,"则西洋之民,其尊且贵也,过于王侯将相",中国实行封建专制制度,"中国之民,其卑且贱,皆奴虏子也。设有战斗之事,彼其民为公产公利自为斗也,而中国则奴为其主斗耳。夫驱奴虏以斗贵人,固何所往而不败?"①张之洞不能容忍如此大胆地否定封建专制制度的言论。《辟韩》在《时务报》转载不久,张之洞便授意幕僚致函《时务报》总理汪康年称:"《辟韩》一篇,文犯时忌,宜申明误录,以解人言。"②明确表示反对《时务报》转载《辟韩》。之后,张之洞又指使屠守仁于《时务报》发表《辩辟韩书》,宣称"夫君臣之义,与天无极,其实尊卑上下云尔,自有伦纪以来,无所谓不得已之说也",攻击严复在《辟韩》中所提出的主张是"蔑古拂今,干纪狂诞之说"。③1898年4月,正当维新派加紧活动,积极吁请光绪皇帝实行维新变法时,张之洞撰写了《劝学篇》,全面系统地阐述了其"中学为体、西学为用"的"改革"主张,以抵制维新派的资产阶级改良主义要求。他认为:"五伦之要,百行之原,相传数千年,更无异义,圣人所以为圣

---

① 贡少芹编:《严几道诗文钞》卷三,辽海书社1990年版。
② 叶瀚:《致汪康年书》,转自汤志钧《康有为与戊戌变法》,中华书局1984年版,第207页。
③ 《时务报》第二十九册,时务报社1897年版,第20、22页。

人,中国所以为中国,实在于此。"因此,判断变法的正确与否,只能看其是否能坚持集中体现封建统治秩序的三纲五常:"若并此弃之,法未行而大乱作矣;若守此不矢,虽孔孟复生,岂有议变法之非者哉。"①张之洞以《劝学篇》明白无误地划清了自己与维新派的界限,当时便有人评论说:"文襄之图富强,志不在富强也,盖欲借富强以保中国,保中国所以保名教。""文襄之作《劝学篇》,又文襄之不得已也,绝康、梁以谢天下耳……"②。其实这不只是张之洞个人,正是洋务派与维新派的根本区别之处。张之洞与维新派具有上述根本区别,使他必然在关键时刻站到慈禧太后为代表的保守势力一边,共同镇压维新派。戊戌政变后,张之洞便电请慈禧太后重惩维新党人。③

在洋务派的经济活动中占据重要地位的盛宣怀,对戊戌维新采取了与李鸿章、张之洞基本相似的态度。1895年,盛宣怀禀告刚签订《马关条约》回国的李鸿章:"丧师失地之后,即为收复计,亦当为善后计矣。中国苟能发愤自强,除吏政、礼政、刑政暂不更动外,户政、兵政、工政必须变法。"④在戊戌维新过程中,盛宣怀进一步阐述了他与维新派对立的变法方案,明确提出:"中国根本之学不必更动,止要兵政、商政两端采取各国之所长,厘定章程,实力举办,此即足食足兵之道,无他奇巧。"⑤坚持洋务派"中学为体,西学为用"的路线,反对维新派的资产阶级改良主义要求。

事实表明,洋务派特别是掌握了洋务运动领导权的洋务派大官僚,虽然从事了一系列在客观上有利于资本主义在中国发生发展的经济活动,但在中国的历史条件下,没有也不可能像日本以下级武士为主的急进改革派那样,公开而大规模地从封建统治阶级中分裂出来,他们仍然属于旧的封建统治营垒,因此他们不可能像日本以下级武士为主的急进改革派那样依靠豪农豪商的支持,借助农民的力量,经过尖锐的阶级斗争,战胜保守势力的阻挠,促使改革向有着明确的资产阶级性质的维新变法转变。相反,当维新派

---

① 《张文襄公全集》卷二○二,二○三;《明纲》《变法》等篇,中国书店1990年版。
② 辜鸿铭:《张文襄幕府纪闻》卷上:《清流堂》,新生报社1956年版。
③ 《张文襄公全集》卷一五六,中国书局1990年版,第31页。
④ 《盛宣怀禀李鸿章》光绪二十一年四月十一日,《恩惠斋函牍留稿》,转自夏东元《盛宣怀传》,四川人民出版社1988年版,第208页。
⑤ 《盛宣怀复怀伯葵阁学》,光绪二十四年六月二十三日,《戊戌亲笔函稿》,转自夏东元《盛宣怀传》,四川人民出版社1988年版,第208页。

的变法活动威胁到包括他们自身利益在内的封建统治秩序时,他们大都站到封建保守势力一边,以公开的或较隐晦的方式支持了封建保守势力镇压维新派的活动。很显然,中国的洋务运动不可能由洋务派促成类似日本幕藩改革向明治维新那样的资产阶级性质的转变。

二、中国的维新派缺乏日本以下级武士为主的急进改革派那样的力量,未能完成维新任务

由于中国与日本在社会结构等方面的区别,领导了中国洋务运动的洋务派没有也不可能促使洋务运动发生类似日本明治维新那样的资产阶级性质的转变。然而,洋务运动既然在客观上对中国资本主义的发生发展起了促进作用,就不可避免地为新的资产阶级性质的变法运动准备了条件,戊戌维新正是在洋务运动期间中国资本主义有了进一步发展的条件下,由维新派发动的。根据维新派的变法要求分析,这个派别在阶级属性上远比洋务派更接近于日本以下级武士为主的急进改革派。这个派别极力想在中国促成类似明治维新那样的资产阶级性质的变法。1888年,康有为在给光绪皇帝的第一次上书中便指出:"日本崎岖小岛,近者君臣变法兴治,十余年间,百废具举,南灭琉球,北辟虾夷,欧洲大国,睨而不敢伺。"[①]中日甲午战争后,康有为更加明确地提出:"日本维新,仿效西法,法制甚备,与我相近,最易仿摹。"[②]要求"以日本明治之政为政法"[③]。1898年3月进呈《日本变政考》,在书末跋语中满怀信心地宣称:"日本变政备于此矣。其变法之次第,条理之详明,皆在此书。其由弱而强者,即在此矣。""我朝变法,借鉴于日本,一切已足。"但是中国的维新派却缺乏日本以下级武士为主的急进改革派那样的力量去实现他们的变法要求。

1. 中国的维新派不可能从民间工商业层获得如同日本以下级武士为主的急进改革派从豪农豪商那里获得的有力支持。

如前所述,在洋务运动时期,作为维新派重要社会基础的民间工商业层

---

① 《上清帝第一书》,见中国史学会编《戊戌变法》(二),上海人民出版社1957年版,第129页。
② 《康南海自编年谱》,中华书局1992年版。
③ 《上清帝第五书》,见中国史学会编《戊戌变法》(二),上海人民出版社1957年版,第195页。

虽有发展,但与日本相比仍然十分弱小,而且与封建统治阶级有着较为密切的联系。因而,他们能够向维新派提供的援助远没有日本的豪农豪商向以下级武士为主的急进改革派所提供的那样广泛而有力。

且不说日本有不少豪农豪商直接组织武装力量参加以下级武士为主的急进改革派所领导的反幕斗争,仅以活动经费的援助为例,也可看出两国在这方面的区别。中国的维新派在组织强学会时,所得捐款主要来自帝党的想利用维新派扩大自己影响的洋务派大官僚,在维新派的其他活动中也不见有民间工商业层大批捐款的记载。而日本以下级武士为主的急进改革派的活动经费主要地来自豪农豪商的支持。如前所记,幕府发动第一次征长战争后,长州藩以下级武士为主的急进改革派在向藩内保守势力争夺藩政权的斗争中得到豪农豪商在经济上的大力支持,从事航运业的豪商白石一郎将自己的全部财产支援了奇兵队,豪商入江和作拿出两千两银子支援下关起义,豪农吉富藤兵卫以金银五百两支援奇兵队;又据《三井家三百年家乘》记载:"王师(即反幕军队)军事行动所需要的贷款,大部分为三井家所提供。"

2. 中国的维新派与农民的关系比日本以下级武士为主的急进改革派与农民的关系疏远,后者可以借用农民力量反对幕府为代表的保守势力,前者却没有能借用农民力量反对慈禧为代表的保守势力。

中国的维新派缺乏日本以下级武士为主的急进改革派从豪农豪商处所获得的那样较为有力的支持,又缺乏日本以下级武士为主的急进改革派在幕藩改革过程中所经受的那种较为长期而激烈的阶级斗争的锻炼,因此,他们对慈禧太后为代表的封建保守势力有较大的妥协性和幻想,不如日本以下级武士为主的急进改革派对幕府为代表的守旧势力认识得那样深刻,反对得那样坚定。如康有为声称:"吾向来论改官制,但主增新,不主裁旧,用宋人官差并用之法,如以尚书翰林同直南斋,侍郎编修均兼学政,亲王、京卿同任枢垣总署,提督、千把同作营官,专问差使,不拘官阶,故请开十二局及民政局,选通才以任新政,存冗官以容旧人。"①企图通过保护守旧势力的既得利益,争取他们的支持。而如前所记,日本以下级武士为主的急进改革派

---

① 《康南海自编年谱》,中华书局1992年版。

则公开宣称:"今日之幕府、诸侯,皆已为醉人,无扶持之术。非草莽崛起之人无所望矣。"①甚至天皇的敕命违背了他们的维新要求时,他们也敢于抗命:"若天下万人以为合乎道理者,方可称为敕命","非义之敕命非敕命,不可奉之"。②两相比较,中国维新派对守旧势力的态度显得软弱、幼稚得多。正因如此,中国的维新派没有也不可能如同日本以下级武士为主的急进改革派那样鲜明地提出:"用奇策,奇策就是促成百姓一揆","跋涉天下,于农民起义之处乘机举事"③。相反,他们却很害怕农民起义,康有为在《公车上书》中便明白表示:清廷若不变法图强,不但会遭帝国主义"瓜分豆剖",而且"金田之役,将复起矣"。从这一立场出发,中国的维新派势必抱一种与农民对立的态度。

中国的维新派与农民的关系较日本以下级武士为主的急进改革派与农民的关系疏远,其原因不仅在维新派这方面,还在中国农民这一方面。如前所述,中日两国农民在近代前的发展程度即存在区别,日本农民基本实现了向商品经济小生产的转化,而中国农民则基本上仍然处于自然经济形态。因此,日本以下级武士为主的急进改革派带有资本主义色彩的主张,易于在日本农民中获得共鸣。例如长州藩以下级武士为主的急进改革派领导奇兵队等诸队发动向藩内守旧势力夺权的斗争时,由部分上层武士组成的调停派在向藩厅提出的意见书中也不得不承认:因诸队"说服农商兵,人心归服,故凭兵威难以制服,反将激其气势","各郡百姓,并非因金钱而归服诸队,以目前情势观之,人民似认为正义属于诸队,故民心悦服"。④而中国的维新派却从未在农民中获得过这样的支持,相反,他们积极主张学习西方先进文化的态度,却使囿于自然经济的农民群众把他们当作二毛子大加挞伐。在戊戌变法后不久兴起的义和团运动中,出现过以下口号:"一怒庆王天主翁,二怒钦差袁奸雄,三怒助洋鸿章李,四怒将军裕不忠,五怒聂姓提督死得苦,死后还得流(留)骂名,六怒贼子通洋保国会,不久落头归阴城,七怒变(遍)地死一多半,闰月秋时是大乱。"将康有为的保国会视为里通外国的组织,与庆

---

① 《吉田松阴》,见《日本思想大系·54》,岩波书店1978年版,第337页。
② 《大久保利通文书》,日本史籍协会丛书1927年版,第88页。
③ 青木惠一郎:《日本农民运动史》卷一,三一书房1976年版,第71页。
④ 井上清:《日本的帝国主义》(中译本)第一册,人民出版社1984年版,第97页。

亲王奕劻、袁世凯、李鸿章等放在一起加以讨伐。①

3. 中国的维新派不可能像日本以下级武士为主的急进改革派那样，首先夺取局部地区的权力，直接占有改革的部分物质成果，为促成资产阶级性质的维新变法服务。

由于中国维新派缺乏日本以下级武士为主的急进改革派那样广泛的社会基础，又没有日本幕、藩以及幕府与朝廷那样的矛盾可以利用，因此不可能像日本以下级武士为主的急进改革派那样，依靠豪农豪商的支持，利用农民的力量，经过武装斗争，首先夺取局部地区的权力，然后逐步扩大，而主要只能通过上书、组织学会等合法手段，争取帝党支持，登上政治舞台。这使中国的维新派如同他们的靠山光绪皇帝一样，从未获得过实际的权力。

对比一下夺取长州藩权力的以下级武士为主的急进改革派和中国无权的维新派的情况，可以获得鲜明的印象。

安政年间，在严重的外来威胁面前，长州藩主被迫实行藩政改革。在日本特殊的历史条件下，改革开始不久，藩内即分成两大派，以上层武士和门阀势力为主的守旧派称为"俗论派"，以下级武士为主的急进改革派称为"正义派"。"正义派"力求推行其急进的改革方针。例如由高杉晋作等组织了"奇兵队"等著名的进步武装。"奇兵队"的组织原则是"以志愿者编成，不分藩士、陪臣、步卒，应同处一队，专重视才能"②，此外，还招收大量农民、市民志愿者参加。这对门阀势力无疑是强烈的冲击。因此，"正义派"推行的急进的改革方针，很快遭到以上层武士和门阀势力为主的"俗论派"的反对。长州藩主亲自召集"奇兵队"等诸队长命令限制诸队名额，总人数不许超过一千五百名，并要求在队内"应由队长严加管束，必须遵守服装等各项规则，以保持武士与平民之区别"③。之后，"俗论派"又利用"禁门之变"和幕府发动第一次征长战争的机会，进一步否定"正义派"对幕府实行"武备恭顺"的意见，主张对幕府谢罪，以示恭顺，同时下令解散"奇兵队"。在"俗论派"咄咄逼人的攻势面前，"正义派"意识到如不夺取藩政权，无法实现他们急进的改

---

① 王火选辑：《义和团杂记》，见中国社会科学院近代史研究所编《义和团史料》上册，中国社会科学出版社1982年版，第11页。
② 《奇兵队日记》第一，日本史籍协会1990年版。
③ 《奇兵队日记》第四，日本史籍协会1990年版。

革要求;同时他们得到豪农豪商的支持,能够借助农民的力量,又有尖锐的幕藩矛盾及幕府与朝廷的矛盾可加利用,因此也有力量发动夺权斗争。于是,高杉晋作、伊藤博文等人毅然领导诸队,奋起夺权。经过为时两个月的战斗,打败藩兵,迫使藩主罢斥了掌握藩政权的"俗论派"代表人物如中川宇右卫门、三宅忠藏、小仓源五右卫门、椋梨藤太等,改由"正义派"的代表人物掌握藩政权。

"正义派"掌握了藩政权后,得以放手推行其急进的改革方针,如前所述,他们制定并实行了"富国强兵""殖产兴业""开国贸易"等一系列有利于资本主义生产关系和生产力发展的政策,大大增强了长州藩的实力,为今后的反幕斗争作了重要准备。诺曼先生指出:"维新前夕在长州藩内所展开的正义党对俗论党的斗争,事实上我们可以说是维新之际以西化及现代化的新兴势力为一方和以保守主义及孤立主义的势力为另一方之间所展开的全国规模的斗争的一次预习。正义党在长州的胜利乃是同样势力在1867—1868年以及此后数年间在全国舞台上胜利的一个先声。"①此话不无道理,以下级武士为主的急进改革派如不能夺取长州藩的政权,他们就不能在长州藩实行较为彻底的改革,也就不可能为全国规模的反幕斗争提供一个可靠的出发点。

与日本的急进改革派相反,中国的维新派由于没有力量像长州藩的"正义派"那样发动武装夺权斗争,因而只能企图通过对守旧势力的妥协换取维新的成功。

1898年6月16日,光绪皇帝在"诏定国是"后的第五天召康有为讨论新政。康有为问:"皇上既知道非变法不可,为什么长久没有举动,坐看国家危亡?"光绪叹息道:"奈掣肘何!"康有为意识到"上碍于西后无如何",于是建议:"皇上可以就权力能够做到的先做,虽然不能尽变,如果扼要地做几桩大事,也可以救中国。不过现在的大臣大都老朽守旧,不懂世界大势,要靠他们来变法,是没有希望的。""皇上决定变法,只有擢用有才干的小臣,给以官职,准许他们上条陈,观察他们是否有真才实学,予以破格擢用,办理新政。至于守旧大臣,可保持他们的原有俸禄,使之没有失位的恐惧,他们便不会

---

① (加拿大)诺曼:《日本维新史》,商务印书馆1962年版,第67页。

第十章 日本幕藩改革与中国洋务运动的不同转变

阻挠新政了。"①但这只能是幻想。在实践中,中国的维新派,包括他们所依靠的光绪皇帝,深深感到了无权的痛苦。1898年6月,慈禧太后为了削弱帝党的力量,下令革除翁同龢协办大学士、户部尚书职务。光绪皇帝明知此举是对他而来,却惟有"战栗变色,无可如何"②。1898年9月4日,光绪皇帝下令将怀塔布等六名守旧派大臣革职后,遭到保守势力的强烈反击,他们利用手中掌握的权力,密谋政变,推翻新政。光绪皇帝"连发两道密诏",命康有为等"妥速筹商"。在这两道"密诏"中,光绪皇帝滴泪泣血地道出了他无权推行新政的苦衷:"近来朕仰窥皇太后圣意,不愿将法尽变,并不欲将此辈荒谬昏庸之大臣罢黜,而用通达英勇之人令其议政,以为恐失人心,虽经朕屡次降旨整饬,而并且随时有几谏之事,但圣意坚定,终恐无济于事。""朕亦岂不知中国积弱不振,至于阽危,皆由此辈所误;但必欲朕一旦痛切降旨,将旧法尽变,而尽黜此辈昏庸之人,则朕之权力实有未足。果使如此,则朕位且不能保,何况其他?"③戊戌变法失败后,梁启超在《新党某君上日本政府、会社论中国政变书》中分析戊戌变法失败原因时说:"皇上手下无尺寸之兵柄,与当时贵国之皇室略同。然当时贵国有萨长土佐诸藩相与夹辅,故虽借处士之功,尤赖强藩之力。"强调指出,中国的维新派未能像日本的急进改革派那样首先在局部地区夺取权力,是造成维新变法失败的重要原因。

中国的维新派中,虽然有部分是从洋务派的中下层中分裂出来的,但其主要成员不是来自洋务派,而是由一部分受西方进步思想影响的年轻士大夫,受严重的民族危机的刺激,反映发展着的民间工商业层的要求,在批判洋务运动的基础上组织起来的新的资产阶级性质的政治派别。如前所述,这个派别在中国的政治舞台上未能掌握实际权力。因此,戊戌维新虽然是利用洋务运动所提供的某些条件形成的,但是洋务运动的物质成果,例如近代化企业、新式军队和近代化武器装备等,在相当长的一个时期内基本为封建统治营垒所掌握,中国的维新派没有也不可能像日本以下级武士为主的急进改革派那样直接占有幕藩改革的部分物质成果,以增强维新变法的力

---

① 汤志钧:《戊戌变法史》,人民出版社1984年版,第355页。
② 梁启超:《戊戌政变记》,中华书局1954年版。
③ 赵炳麟:《光绪大事汇鉴》卷九,广文出版社1978年版。

量。以日本长州藩为例,在藩政改革的初期便开始了仿造西方近代化武器装备和训练新式军队的工作。由于以下级武士为主的急进改革派积极参加了藩政改革,并掌握了其中一部分领导权。因此,他们在反对守旧势力的斗争中,能够直接占有和利用改革的部分物质成果,例如"奇兵队"等新式武装力量,以及"格威尔"枪等近代化武器装备,从而增强了反对守旧势力,推行急进的改革方针的力量。中国的维新派大多没有参加洋务运动,又处于无权状态,当然没有也不可能直接占有洋务运动的物质成果,用来增强自己实行维新变法的力量。例如,当时清廷配备有近代化武器装备的新式军队基本上掌握在洋务派大官僚手中,特别是掌握在后党、署直隶总督荣禄的手中。1898年9月,当光绪皇帝察觉守旧势力可能发动政变,推翻新政时,连发两道"密诏",命康有为等"妥速筹商"。维新派环顾左右,寻找不到任何可靠力量与守旧势力抗衡,只得乞援于荣禄属下的袁世凯,结果被袁世凯出卖,落了个可悲可泣的下场。

综上所述,可知由于中国的维新派没有力量像日本以下级武士为主的急进改革派那样通过武装斗争首先夺取局部地区的权力;不可能像日本以下级武士为主的急进改革派那样直接占有改革的部分物质成果,因而更没有力量像日本以下级武士为主的急进改革派促成明治维新那样促成资产阶级性质的戊戌维新。谭嗣同就义前留下的扼腕切齿的叹息:"有心杀贼,无力回天。"[①]正是志在维新,却又乏力的中国维新派的真实写照。

[①] 《谭嗣同全集》,生活·读书·新知三联书店1954年版,第287页。

第十一章
结 论

综合上下篇的比较，我们可以将19世纪60年代前后中日两国发展道路的区别及其原因大致归纳如下：

日本历史上虽然曾经以中国为主要学习对象，但实际上中日两国的社会结构及社会某些方面的发展程度存在着重要区别，无论是土地所有制、政权组织形式、观念形态，小农经济和商品经济的发展程度，两国都各不相同。由于中日两国的社会结构和社会某些方面的发展程度存在着明显区别，因此，当中日两国作为东方的落后国家遭受西方资本主义国家的侵略时，社会状况的变化便出现了不同的趋势。

日本的小农经济在近代之前已进入小商品经济的发展阶段，而中国仍然处于自然经济阶段；日本商品经济的发展程度原来就比中国高，其经济关系中的资本主义因素要比中国发展而普遍。因此，西方资本主义的侵略，特别是商品输入促使日本旧的经济基础所发生的解体程度要超过中国。日本封建政权的组织形式——以幕府为中心的分封制，不如中国以皇帝为顶端的中央集权制严密和有力。日本历史上基本未遭受外来侵略，其分封制主要是适应封建领主阶级维护国内统治的需要而形成的，而中国历史上边患不断，为了抵御外来侵略，需要强大的中央政府有效地集中全国的人力、物力，因此中国的中央集权制不仅是适应封建统治阶级维护国内统治的需要，也包含抵御外来侵略的考虑。由于以上区别，西方资本主义的侵略对日本封建统治的冲击要大于中国。

上述不同，使中日两国在幕藩改革和洋务运动前夕所发生的社会危机程度显现出差异。在日本，以年贡征收为主的传统剥削方式和以幕府为中心的分封体制已较难维持。在中国,自然经济虽然也发生了某种程度的解体,封建统治体制特别是不适应在近代条件下实行对外交往的部分也受到了强烈冲击,但以征收地租为主的传统剥削方式和中央集权的封建统治体制尚未近于崩溃。虽然发生了太平天国起义,但这仍是一场旧的农民起义,它直接造成的是清王朝的统治危机,还不可能动摇以征收地租为主的传统剥削方式和中央集权的封建统治体制。也就是说,即使太平天国胜利了,也没有足够的理由说明他们会放弃以征收地租为主的传统剥削方式和中央集权的封建统治体制。

由于社会危机的严重程度不同,加上西学在中日两国的传播有深、浅和宽、狭之分,因此幕藩改革和洋务运动虽然在性质上都属于封建统治阶级的自救运动,但在政策上却存在重大区别。这种区别主要表现为:(1)幕藩改革一开始便提出了改革旧的统治体制的要求,而洋务运动基本不包含类似内容;(2)幕藩改革中,幕藩统治者基本放弃了压抑商品经济、维护以本百姓为直接剥削对象的传统做法,转而在不同程度上保护和奖励商品生产,力图通过控制商品流通、增收营业税等方法更多地掠取商品经济的发展成果;而洋务运动在开始阶段未提出发展商品经济的要求,以后虽有"振兴商务"的主张,但始终未成为清政府重要的经济政策。

本质上由中日两国社会结构和发展程度不同所决定的中日两国在幕藩改革与洋务运动中的重要政策区别,反过来,进一步扩大了中日两国社会发展程度的区别。例如,日本幕藩改革中采取的保护和奖励商品生产的政策,必然进一步增加作为中间剥削阶级的豪农豪商的力量;而部分地改革旧的统治体制,诸如放宽封建等级及身份制的限制,取消建造大船禁令、给各藩以发展军事力量的更大的自主权,等等,则使下级武士乃至不具武士身份的人能够登上政治舞台,使各藩得以扩充实力,加强了与幕府对抗的力量。这一切,必然使日本传统的封建统治秩序陷入更为严重的混乱之中,促成阶级关系的激烈动荡和分化。幕府和部分藩的统治者对这种改革后果十分惊惧,极力想将其纳入他们所允许的范围之内,而利用幕藩改革的机会迅速成长起来的以下级武士为主的急进改革派,要求继续改革,从而导致以下级武士为主的急进改革派从封建统治营垒中公开而大规模地分裂出来。他们利用分封制下幕府与朝廷的矛盾,以及幕府对各藩的控制相对薄弱的条件,首

第十一章　结　论

先夺取一两个藩的政权,直接占有改革的部分物质成果,例如西方先进技术、近代化武器和新式军队,在具有雄厚经济力量的豪农豪商的支持下,借助农民力量,通过武装斗争,最终打垮了以幕府为代表的保守势力,夺取了改革的主导权,在全国范围内推行其急进的改革方针,从而促使幕藩改革完成了向明治维新的转变。

中国的洋务运动没有实行与日本幕藩改革相似的政策,即没有在剥削方式和统治体制方面采取重要的改革措施。它的主要做法是通过引进和仿造西方先进军事装备及兴办一些近代化企业,以加强清王朝的统治力量。这种做法虽然在客观上也起了一定的刺激和加速中国资本主义发展的作用,但由于它是建立在基本维护以征收地租为主的传统剥削方式和中央集权的封建统治体制的基础上的,因此,洋务运动期间中国的阶级关系不可能出现像日本在幕藩改革期间那样激烈的动荡和分化,中国的封建统治秩序不可能陷入像日本在幕藩改革期间那样的混乱之中。到洋务运动后期,洋务派虽然也发生了一定程度的分裂,有少数中下层分子站到了洋务运动的对立面,主张实行资产阶级性质的维新变法,但洋务派从总体上说,特别是始终掌握洋务运动领导权的洋务派大官僚,基本上没有从封建统治营垒中分裂出来。从洋务派中分裂出来的那部分成员,没有也不可能像日本以下级武士为主的急进改革派夺取幕藩改革的主导权那样夺取洋务运动的领导权。洋务运动的物质成果,例如,西方先进技术和近代化企业等,从长远的历史观点看,对促进中国资本主义的发生发展起了一定的作用,但在当时的一个相当长的时期内(所谓同光中兴时期),主要被封建统治阶级直接掌握,用来维护封建统治。由于中国的洋务派基本没有从封建统治营垒中分裂出来,而从洋务派中分裂出来的少数成员又没有也不可能夺取洋务运动的领导权,以及占有洋务运动的物质成果,因此中国的洋务运动难以发生像日本那样由下级武士为主的急进改革派从封建统治营垒中公开而大规模地分裂出来,夺取幕藩改革的主导权,促使幕藩改革向明治维新转变的情况。

在中国,发动资产阶级性质的戊戌维新的是一批在洋务运动后期,接受西方先进思想影响、受严重民族危机的刺激、反映发展着的民间工商业层要求的年轻士大夫,这批人或者没有直接参与洋务运动,或者参与了而没有居于掌权地位,对洋务运动的弊病看得较为清楚,要求实行比洋务运动更高层

185

次的改革,走日本明治维新的道路。而当时中国缺乏像日本豪农豪商那样较为强大的中间剥削阶层;中国的维新派难以像日本以下级武士为主的急进改革派那样借助农民的力量;中国的维新派又不像日本以下级武士为主的急进改革派那样有幕、藩及幕府与朝廷的矛盾可以利用,很难首先夺取局部地区的权力,占有改革的部分物质成果,为全国规模的维新变法提供可靠的出发点。由于上述原因,中国的维新派在力量上比日本以下级武士为主的急进改革派弱小得多,而中国维新派面对的封建守旧势力却不像日本的领主阶级那样是一个业已陷入大规模分裂和崩溃的阶级,而仍然是一个具有较为深厚的社会基础、较为一致,又直接占有洋务运动物质成果的阶级。这种力量对比上的极为悬殊,使中国的维新派只能将变法的希望寄托于没有实际权力的光绪皇帝身上,而没有也不可能像日本以下级武士为主的急进改革派那样,依靠中间剥削阶层的支持,借助农民的力量,利用所占有的改革的部分物质成果,利用幕、藩以及幕府与朝廷的矛盾,发动反对以幕府为代表的保守势力的武装斗争,在夺取改革主导权的基础上实行维新变法。因此,当着强大的封建守旧势力进行反击时,中国维新派的失败便是必然的了。

中国戊戌维新的失败,打破了中国维新派效法日本,即能自强的希望。它表明中国不可能由日本式道路建成独立的近代化民族国家,而必须寻找适合自己国情的道路。在这个意义上说,它启示了后来的辛亥革命,也启示了更后一些的伟大的新民主主义革命。如果再将这一系列终于在1949年为中华民族赢得主权独立,同时也为中国民族工商业的发展提供了无限希望的革命,与日本的近代化发展过程比较一下,可以发现中国人在这个世界上要建立起独立的近代意义的民族国家,不知要比日本人多付出多少倍的代价。完成这种罕见的艰难事业,需要的是无与伦比的独创性。中国人必须学习外国的一切先进东西,但是在中国人面前没有任何只需模仿便可成功的完整模式。中国人更应该走自己的路。唯其如此,中国人的成功,将使人类的发展经验变得更加完整,更具有普遍意义。

图书在版编目(CIP)数据

东方文化圈内的不同趋向:中日近代化道路的比较研究/王少普著.—上海:上海社会科学院出版社,2018
 ISBN 978-7-5520-2524-8

Ⅰ.①东… Ⅱ.①王… Ⅲ.①近代化-对比研究-中国、日本 Ⅳ.①K250.7 ②K313.407

中国版本图书馆 CIP 数据核字(2018)第 263530 号

东方文化圈内的不同趋向
——中日近代化道路的比较研究

著　　者:王少普
责任编辑:杨　国
封面设计:周清华
出版发行:上海社会科学院出版社
　　　　　上海顺昌路 622 号　邮编 200025
　　　　　电话总机 021-63315900　销售热线 021-53063735
　　　　　http://www.sassp.org.cn　E-mail:sassp@sass.org.cn
照　排:南京理工出版信息技术有限公司
印　刷:上海信老印刷厂
开　本:710×1010 毫米　1/16 开
印　张:12.5
字　数:189 千字
版　次:2018 年 12 月第 1 版　2018 年 12 月第 1 次印刷

ISBN 978-7-5520-2524-8/K·481　　定价:58.00 元

版权所有　翻印必究